DR. MARIO HERGER

Wenn Affen von Affen lernen

Wie künstliche Intelligenz uns erst richtig zum Menschen macht

PLASSEN
VERLAG

Copyright 2020:
© Börsenmedien AG, Kulmbach

Gestaltung Cover: Holger Schiffelholz
Gestaltung, Satz und Herstellung: Sabrina Slopek
Bildquellen Umschlag: Shutterstock
Gesamtherstellung: Daniela Freitag
Lektorat: Karla Seedorf
Korrektorat: Elke Sabat
Druck: GGP Media GmbH, Pößneck

ISBN 978-3-86470-649-3

Bibliografische Information der Deutschen Nationalbibliothek:
Die Deutsche Nationalbibliothek verzeichnet diese Publikation in der
Deutschen Nationalbibliografie; detaillierte bibliografische Daten
sind im Internet über <http://dnb.d-nb.de> abrufbar.

Postfach 1449 • 95305 Kulmbach
Tel: +49 9221 9051-0 • Fax: +49 9221 9051-4444
E-Mail: buecher@boersenmedien.de
www.plassen.de
www.facebook.com/plassenverlag

Für Sebastian, Gabriel und Darian.

And for May Kou.

Inhalt

Einleitung

„Auf die Frage von Lex Fridman, was Elon Musk
eine Superintelligenz fragen würde, antwortete Musk nach
langem Überlegen: ‚Was befindet sich außerhalb
der Simulation?‘“

Die Koreaner ließen ihren Tränen ungezügelten Lauf. Sie weinten bitterlich, als sie die Neuigkeit erfuhren. Nein, es handelte sich nicht um den Tod eines nordkoreanischen Diktators, wo man lieber öffentlich Tränen vergießt, was das Zeug hält, um nicht Zweifel an seiner Regimetreue zu wecken. Wir reden hier von Tränen, die den Tod eines Traums oder Glaubens beweinten, dass Menschen auch noch die nächsten Jahre die Vorherrschaft bei Go beibehalten würden. Nun aber hatte eine Maschine den südkoreanischen Go-Weltmeister regelrecht gedemütigt und zugleich menschlich und doch „außerirdisch" gespielt. Und das kam bei den Fans des in Asien äußerst beliebten Spiels einem Schock gleich.

Nicht so sehr der Sieg der Maschine über einen menschlichen Weltmeister war das Interessante, sondern was danach geschah. Auch nicht, dass eine Maschine irgendwann gewinnen wird, noch wie sie gewann, sondern was ein paar Wochen danach geschah, das sollte uns noch mehr staunen lassen.

Als AlphaGo, Googles auf künstlicher Intelligenz (KI) basierender Go-Computer, den koreanischen Weltmeister Lee Sedol im März 2016 mit 4:1 bezwang, war die Go-Welt buchstäblich aus dem Häuschen. Die Menschen weinten und Experten diskutierten aufgeregt, wie diese fünf Spiele verlaufen waren. Lee Sedol hatte sich anfänglich weniger Sorgen um den Spielausgang gemacht, von dem er dachte, dass er ihn eventuell knapp, aber doch für sich ausmachen würde. Er war eher neugierig gewesen, wie sein Gegner spielen würde. Der

Vergleich mit dem Schachturnier von 1997 von Deep Blue gegen Garri Kasparow wurde immer wieder zitiert.

Doch solch ein Vergleich zwischen Schach und Go ist nicht so einfach, wie er im ersten Moment scheint. Während bei Schach sich die Komplexität mit jedem Zug verringert, vor allem wenn Spielfiguren geschlagen werden und vom Brett verschwinden, so ist bei Go genau das Umgekehrte der Fall, wo auf dem 19x19-Felder-Gitter bei jedem Zug Spielsteine auf die Kreuzungslinien hinzugefügt beziehungsweise umgelegt werden.

Lee Sedol erwartete, dass die Maschine, die aus vergangenen Spielen gelernt und daran trainiert hatte, bei überraschenden Zügen ihre Probleme haben wird, da sie für sie unbekannt sein müssten. Deshalb verlagerte sich der Koreaner auf eine für ihn ungewöhnliche Spielweise. Er ließ sich auf eine außergewöhnliche und zugleich riskante Strategie ein. Doch genau das wurde ihm zum Verhängnis. AlphaGo gewann das erste Spiel und lernte dabei aus den Schwächen seines menschlichen Gegners.

War die erste Partie schon erstaunlich klar an die Maschine gegangen, so verblüffte erst recht der 37. Zug im zweiten Spiel die Beobachter und Lee Sedol. AlphaGo hatte einen Stein auf eine Position gesetzt, die nach menschlicher Logik und Spielerfahrung zu vermeiden, ja, sogar ein Fehler gewesen wäre. Aus statistischer Sicht bot dieser Zug nur eine Chance von 1:10.000, damit zu gewinnen. Doch genau dieser erwies sich als spielentscheidend.[1]

Nach menschlichem Verständnis bringen im frühen Stadium eines Spiels Steine auf den Kreuzungspunkten der dritten Linie kurzfristige Vorteile, auf der vierten dann langfristige Stärken bei der Eroberung des Spielfelds. Einen Stein auf die fünfte Reihe zu setzen, wird als wenig optimal betrachtet, da ein solcherart „verschwendeter" Zug dem Gegner die Chance gibt, sich kurz- und langfristig strategische Vorteile durch die Bedeutung der dritten und vierten Linie zu sichern. Doch genau auf einen Kreuzungspunkt der fünften Gitterlinie setzte AlphaGo einen Stein. Und 50 Spielzüge später erwies sich genau dieser Zug als genial, als die schwarzen und weißen Steine sich langsam an genau diesen Stein heranarbeiteten und AlphaGo den Vorteil und Sieg brachten.

„Seit Jahrtausenden spielen Menschen Go, aber erst ein KI-System zeigt uns, dass wir bislang nicht einmal die Oberfläche des Spiels angekratzt haben", meinte der chinesische Go-Spieler Ke Jie. Wäre der Zug von einem Menschen gemacht worden, hätte man dazu Intuition gesagt. Aber wie bezeichnet man so etwas bei einer Maschine? Der einzige Sieg, den Lee Sedol der Maschine abrang, wird auch der letzte Sieg eines menschlichen Go-Spielers gegen eine Maschine gewesen sein. Diese Niederlage führte im Go-besessenen Asien zu Bestürzung. Weinende Spielbeobachter und heftige Diskussionen waren die Folge.

Während die Öffentlichkeit nach wie vor diese Partien diskutiert und Go-Spieler die Züge der Maschine zu imitieren versuchen – ohne sie dabei, so nebenbei erwähnt, vollständig zu verstehen –, ist das, was in weiterer Folge geschah, noch spannender. Und dazu muss man die Entstehungsgeschichte der AlphaGo-Maschine verstehen.

DeepMind war ein 2010 vom 1976 in London geborenen Demis Hassabis gegründetes KI-Start-up, das von Google 2014 gekauft wurde. In Gesprächen zwischen den Gründern der beiden Unternehmen wurde schnell die Herausforderung, die Go bietet, klar. Im Gegensatz zu Schach, wo es eine endliche Zahl von Positionen und Zügen gibt und man mit reiner Rechenkraft arbeiten kann, bietet Go trotz einfacher Regeln einfach zu viele mögliche Züge an. Auch wird Schach bei fortgeschrittenem Spiel einfacher, da sich weniger Figuren auf dem Brett befinden und es damit weniger Zugmöglichkeiten gibt, während Go mit jedem neu positionierten Stein komplexer wird. Rechengeschwindigkeit allein hilft da nicht. Die Algorithmen von Schach und Go sind somit fundamental anders.

DeepMind entwickelte deshalb AlphaGo, um zu demonstrieren, dass man Go mithilfe künstlicher Intelligenz besser spielen kann, als menschliche Champions es schaffen würden. Dem KI-System wurden die Go-Regeln eingegeben und die Forscher fütterten es mit einer riesigen Bibliothek von 30 Millionen Spielen aus der Vergangenheit. Diese Bibliothek umfasste Spiele, die Menschen über Jahrhunderte gespielt und aufgezeichnet hatten. Im Oktober 2015 war es dann so weit. Das KI-System machte seine ersten Schritte auf dem Spielfeld und besiegte mit Fan Hui auch gleich zum ersten Mal einen menschlichen Go-Champion. Nach einer Reihe von Partien gegen den Menschen begann AlphaGo die nächste Trainingsphase und spielte unermüdlich Spiele gegen sich selbst, um seine Spielstärke nun ohne Menschen zu verbessern. Im März 2016 trat AlphaGo, auf diese Art vorbereitet, gegen Lee Sedol an – und gewann.

Die DeepMind-Forscher hörten an dieser Stelle aber nicht auf, sondern setzten ein neues KI-System für Go auf: *AlphaGo Zero*. Diesmal allerdings mit einem kleinen, aber entscheidenden Unterschied. AlphaGo Zero wurde nicht mit einer Bibliothek an Spielen gefüttert, die Menschen in der Vergangenheit gespielt hatten, sondern dem System wurden nur die Spielregeln selbst eingegeben. Daher auch der Zusatz Zero im Namen: Es wurde sozusagen von *null* – also ohne dem System menschliches Spielverhalten und Züge zu vermitteln, die „tabula rasa" – begonnen.

Ab dann überließ man das System sich selbst – für ganze drei Tage – und ließ es dann gegen seinen Vorgänger AlphaGo antreten. Das Ergebnis war niederschmetternd – für die Menschen. Dieses neue System – ohne das Wissen, wie menschliche Spieler Go-Partien je gespielt hatten – schlug das alte AlphaGo-System mit 100 zu 0.[2]

Für Hassabis sind die KI-Algorithmen von AlphaGo wie das Hubble-Teleskop. Sie sind Werkzeuge, um die Erforschung des Themas noch tiefer und intensiver angehen zu können. Sie dienen nicht dazu, den Menschen zu ersetzen, sondern ihn zu ermächtigen. Sowohl bei Schach als auch bei Go haben die Menschen nicht einfach aufgegeben, weil die Maschine besser spielt. Sie haben neue Lust am Spiel gewonnen und sind dank des von der Maschine Gezeigten besser geworden.

Diese beiden „Turniere" stellten für das Go-verrückte China einen einschneidenden Moment dar. Es war der chinesische „Sputnik-Moment", benannt nach dem Moment, als die Sowjetunion mit Sputnik den ersten Satelliten in eine Erdumlaufbahn brachte und die Amerikaner in Folge massive Investitionen in die Wissenschaft und Weltraumforschung tätigten, um den Rückstand aufzuholen. Die chinesische Regierung identifizierte ohne weiteres Zögern künstliche Intelligenz als eine Schlüsseltechnologie und gab die Richtung vor. Bis 2030 will das Land bei KI eine globale Dominanz erreichen.

Garri Kasparow, der ehemalige Schachweltmeister, der einen wesentlichen Beitrag zur Entwicklung von Schachcomputern geleistet hatte und bekanntermaßen 1997 gegen IBMs Deep Blue verloren hatte, wies in einer Kolumne in *Science* auf einen weiteren Unterschied zwischen AlphaGo Zero und Deep Blue hin.[3] AlphaGo Zero spielt gemäß Kasparow nicht Go mit den inhärenten Prioritäten und Vorurteilen von Programmierern, sondern hat einen offenen und aggressiven Spielstil, der eher strategisch denn taktisch erscheint. Weil sich ein KI-System wie eben AlphaGo Zero „selbst programmiert", scheint dieser Spielstil für Kasparow eher „die Wahrheit zu reflektieren".

Sind AlphaGo oder Deep Blue nun intelligent? Haben sie Intuition? Denken sie strategisch oder taktisch? Denken sie überhaupt? Freuen sich die Maschinen über ihre Siege? Und warum stellen gerade diese Spielausgänge Wendepunkte in der menschlichen Geschichte dar? Was sind die Gründe für die emotionalen Reaktionen der Spielbeobachter?

Wir berühren mit diesen Fragen eine Reihe von für Menschen wichtige Punkte, die zum Kern der menschlichen Existenz führen. Was bedeutet Menschsein und was ist der Sinn unserer Existenz? Wir haben uns daran gewöhnt, dass Maschinen und Werkzeuge uns an physischer Kraft und Ausdauer überlegen sind. Und wir ziehen fleißig Nutzen daraus.

Mit künstlicher Intelligenz erleben wir nun, wie Maschinen uns auch in kognitiver Kraft zu übertrumpfen beginnen. Und das wirft eine Reihe von philosophischen (und für manch einen auch religiösen) Fragen auf. Was ist Intelligenz eigentlich genau? Und was Bewusstsein? Können Maschinen Empathie haben und Emotionen und Gefühle zeigen? Haben wir Menschen überhaupt verstanden, was das ist? Haben wir einen freien Willen und können Maschinen den entwickeln? Wollen wir das überhaupt? Welche Moral und Ethik sollten wir solchen Maschinen beibringen, wenn überhaupt? Und wenn wir Maschinen mit Superintelligenz schaffen, die uns in allen Belangen überlegen sein werden, hat dann ein Gott oder Schöpfer, der uns angeblich geschaffen hat, nicht eigentlich versagt, weil er/sie/es etwas weniger Perfektes kreiert hat? Macht uns das nicht eigentlich zu Göttern?

Was auch immer die Antworten sein werden oder die neuen, noch interessanteren Fragestellungen, die zweifelsohne aufgeworfen werden, eines ist sicher: Diese von uns geschaffene neue Technologie wird uns zu einem fundamental besseren Verständnis führen, was Menschsein eigentlich bedeutet. Wie die erste Mondumrundung eines mit Astronauten besetzten Raumschiffes völlig unerwartet zu einem neuen Blick auf die Erde führte, so wird die Beschäftigung mit künstlicher Intelligenz uns helfen, uns selbst besser zu verstehen. Wie der Fokus auf das Ziel, auf dem Mond zu landen, unseren Fokus zurück auf die Erde brachte, genauso wird uns der Fokus, künstliche Intelligenz zu schaffen, zu einem besseren Verständnis von uns selbst bringen.

Und dazu ist es zunächst nötig, unseren Fokus auf unsere Artverwandten zu richten: nämlich auf Affen.

[1] In Two Moves, AlphaGo and Lee Sedol Redefined the Future. https://www.wired.com/2016/03/two-moves-alphago-lee-sedol-redefined-future/

[2] AlphaGo Zero: Learning from scratch, https://deepmind.com/blog/alphago-zero-learning-scratch/

[3] Garri Kasparov: Chess, a Drosophila of reasoning. In: Science 07, Vol. 362, Issue 6419, Dezember 2018, S. 1087, https://science.sciencemag.org/content/362/6419/1087

KAPITEL 1

Affen lernen von Affen

*„Mehrheit der Affen
bezweifelt, dass der Mensch
von ihnen abstammt."*

SCHLAGZEILE AUS
DER POSTILLON

Seit den 1950er-Jahren beobachten japanische Forscher auf der Insel Kōjima eine kleine Kolonie von Makakenaffen. Die Arme und Beine der zwischen einem halben und dreiviertel Meter großen Makaken sind typischerweise in etwa gleich lang. Manche der insgesamt 23 Arten haben lange und andere gar keine Schwänze. Jeder von uns hat sicherlich schon einmal das entzückende Bild von in vulkanischen Quellen badenden Makaken gesehen, deren nasses Kopfhaar ganz strubbelig wegsteht. Kein Wunder, dass diese niedlichen Primaten unter Wissenschaftlern für Studien beliebt sind.

Im Zuge ihrer Forschung begannen die Wissenschaftler, den Affen Süßkartoffeln zu essen zu geben. Nach einiger Zeit begann ein weibliches Jungtier, das die Forscher auf den Namen *Imo* getauft hatten, die Kartoffel vor dem Verzehr in Wasser zu tauchen, um den Sand abzuwaschen. Bei den älteren Affen war das nicht beobachtet worden. Sie hatten die Kartoffeln nur mit der Hand abgeputzt. Was mit diesem einen Jungtier begann, breitete sich langsam in der ganzen Kolonie aus. Mehr und mehr Makaken wuschen die Kartoffeln und nun erwachsene Jungtiere lehrten dieses Verhalten ihren eigenen Sprösslingen.

Imo kam aber auf einen weiteren Trick. Sie wusch die Kartoffeln nicht nur mit Wasser, sondern mit Meerwasser. Nach jedem Biss in die Kartoffel wiederholte sie das Waschen und „salzte" somit ihren Snack. Auch das wurde ihr von den anderen Affen abgeschaut und nachgemacht.

Andere Primaten lernen ebenso voneinander neue Tricks. Gleich 39 verschiedene Verhaltensweisen, von Werkzeuggebrauch, Werbeverhalten bis zur Fellpflege, konnten von Jane Goodall und anderen Forschern bei einer groß angelegten Studie von Schimpansen beobachtet und identifiziert werden.[1] Das Spannende hier ist, dass diese Verhaltensweisen isoliert in den einzelnen Gruppen entstanden waren.

Westafrikanische Schimpansen sind bekannt für die Verwendung von dünnen und dicken Ästen, um Ameisen zu fressen. Zuerst bohren sie mit einem dickeren Ast ein Loch in einen Ameisenhügel, dann schieben sie einen Grashalm in das Loch und warten darauf, dass genug Ameisen sich darin verbeißen. Den Grashalm ziehen sie dann durch ihre Finger und verschlingen die Ameisen auf einmal. Bemerkenswert ist dabei, dass die Schimpansen nicht am Boden sitzen bleiben, sondern auf einem Ast hängend den Ameisenhaufen bearbeiten. Das verhindert, dass sie von den verständlicherweise erbosten Ameisen am Boden attackiert und gebissen werden. Auch die Länge der eingesetzten Stöckchen variiert, je nachdem, mit welcher Art von Ameisen die Schimpansen es zu tun haben. Im Schnitt sind die Stöckchen 64 Zentimeter lang, aber bei schnelleren Ameisenarten muss schon mal ein 76 Zentimeter langer Ast herhalten.[2] Diese Technik, um an Ameisen heranzukommen und sie zu verzehren, wird von Generation zu Generation weitergegeben. Das Wort „nachäffen" kommt nicht von ungefähr. Affen lernen von Affen.

Was aber geschieht, wenn Affen von Menschen unterrichtet werden? Das beobachteten wir zum ersten Mal dank *Koko* ab den 1970er-Jahren. Koko war ein westliches Flachlandgorillaweibchen, das am 4. Juli 1971 – dem amerikanischen Unabhängigkeitstag, der traditionell mit Feuerwerken gefeiert wird – unter dem japanischen Namen Hanabi-ko (deutsch: Feuerwerkskind) im Zoo von San Francisco geboren wurde. Einige Zeit darauf fragte die Stanford-Doktorandin und Psychologin Francine Patterson beim Zoo an, ob sie sich für ihre Studien zur Tierpsychologie Koko „ausleihen" könne. Der Zoo stimmte nach einigem Zögern zu, nicht zuletzt, weil die Gorillakolonie unter einer Form von Ruhr gelitten hatte, die es erforderlich machte, das junge, bereits stark in Mitleidenschaft gezogene Gorillaweibchen zu isolieren.

Somit begann ab 1972 eine 46-jährige Zusammenarbeit, in der Patterson Koko die amerikanische Variante der Zeichensprache beibrachte. Zusammen mit Wörtern, die Patterson dazu sprach, verfügte das Gorillaweibchen sehr bald über ein umfangreiches Vokabular. Die mehr als tausend Wörter der nun sogenannten Gorilla Sign Language, die Koko nach vielen Jahren verstand, gaben einen Einblick in ihre kognitiven Leistungen, ihren Charakter und unter anderem auch in ihren Humor.

Dieser zeigte sich immer wieder. So sprang sie einmal in ein im Wohnwagen montiertes Waschbecken und riss es dank ihres Körpergewichts aus der Verankerung. Als sie daraufhin von den Forschern zur Rede gestellt wurde, zeigte sie in Zeichensprache „Kate war schlimm!" und meinte damit die Forschungsassistentin, die bei dem Ereignis dabei gewesen war. Ein andermal stahl sie einen roten Wachsmalstift, auf dem sie herumzukauen begann. Als Patterson sie zur Rede stellte, nahm sie den Wachsmalstift, zeigte „Lippe" und bewegte den Stift wie einen Lippenstift zuerst über ihre Ober- und dann über ihre Unterlippe.

Sie erwies sich auch als sehr kreativ beim Erfinden neuer Wörter, indem sie ihr bekannte Bezeichnungen kombinierte. Eine Maske bezeichnete sie als „Augenhut", eine Pinocchio-Puppe als „Elefantengesicht". Auch schimpfen und fluchen konnte sie. „Vogel" (die sie nicht mochte), „Nuss" (Englisch „nut", was sowohl „Nuss" als auch so viel wie „verrückt" bedeuten kann), „Toilette" und „schmutzig" zählten dabei zu ihren bevorzugten Schimpfwörtern. Tatsächlich schuf sie sich ein reichhaltiges Vokabular, um jemanden zu beleidigen. Mehr als zwei Dutzend Wortkombinationen hatte sie sich angeeignet, um unterschiedliche Personen, Tiere oder Dinge zu beschimpfen.

Bei einer Dokumentation zu Vögeln zeigte sie auf sich, dass sie ein Vogel sei. Auf das ungläubige Gesicht der Forscherin reagierend, deutete sie, dass auch die Forscherin ein Vogel sei. Bis sie es nicht mehr aushielt und sich als „Koko (der) Vogelclown" zu erkennen gab.[3] Koko, für die Patterson die Gorilla Foundation zum Schutz von Primaten gegründet hatte und die von dem Wohnwagen auf einem Parkplatz der Stanford University nach einigen Jahren in ein eigenes Gelände in Woodside umziehen konnte (deren Niederlassung sich bis heute noch dort befindet), war nicht der einzige Primat, mit dem Sprach- und Intelligenzforschungen betrieben wurden. Schon vor Koko konnte ein weiblicher Schimpanse namens Washoe ein paar Dutzend Zeichen zur Kommunikation verwenden. Und Koko hatte später noch das Gorillamännchen *Mike* als Gefährten, der sich aber als weniger lernbegierig als Koko und als eher schweigsam erwies.[4]

Interessanterweise zeigte sich Koko auch gern von ihrer widerspenstigen Seite. Wenn ihr eine Aufgabe als zu langweilig erschien, tat sie das genaue Gegenteil oder alberte herum. Bei einer Gelegenheit zerbrach sie Plastiklöffel und wollte damit nicht aufhören. Erst auf die bewusste Aufforderung, die Löffel zu zerbrechen, tat sie das Gegenteil und hörte damit auf. Oder als die Forscherin sie aufforderte, das ihr bestens bekannte Handzeichen für „trinken" (eine Faust mit ausgestrecktem Daumen, die an den Mund geführt wird) zu zeigen, sah sie ihr in die Augen, formte die Faust mit ausgestrecktem Daumen und führte sie – an das Ohr.[5] Kokos Spracherwerbsfähigkeiten ungeachtet haben Gorillas nicht die Bestrebung, Menschen werden zu wollen, genauso wenig wie wir Gorillas werden wollen. Koko blieb, was sie war, vielleicht sogar mehr, als sie es ohne den Erwerb von Zeichensprache gewesen wäre.

Auch der niederländische Primatenforscher Frans de Waal erforscht sein vielen Jahren Schimpansen, Bonobos und andere Affengattungen. Er studiert deren Charakter und die Dynamiken der Affenkolonien. In seinem Buch „Mama's Last Hug" schildert er unter anderem die Interaktion eines im Sterben liegenden greisen Schimpansenweibchens mit einem gleichfalls hochbetagten Forscher, der jahrzehntelang mit ihr gearbeitet hatte. Dabei zeigten die Gesten der Schimpansin – ihr freudiges Grinsen, als sie ihn erkannte, und das besänftigende Klopfen auf seinen Nacken, als wolle sie ihm sagen: „Sei nicht besorgt, meine Zeit ist gekommen" –, wie vertraut und berührend diese Interspezieskommunikation sein kann.

Wie auch immer man zu diesen Studien stehen mag – immerhin wurde Koko in eine künstliche, von Menschen geschaffene Welt hineingeboren und lebte vor allem mit Menschen, nie aber länger in einer Gruppe unter ihresgleichen: Sie geben einen faszinierenden Einblick in die kognitive Welt unserer Artverwandten, die einiges zum Verständnis von Primaten und der Achtung vor ihnen beigetragen haben. Es verwundert deshalb nicht die weltweite Trauer, als Koko am 19. Juni 2018 im Alter von 47 Jahren im Schlaf sanft verschied.[6]

Bei der Forschung mit Primaten und anderen Tiergattungen, die zu neuen Erkenntnissen zu Sprache oder Werkzeuggebrauch führt, ist eine Reaktion immer vorhersehbar: Viele Forscher und Menschen fühlen sich in ihrem Menschsein bedroht. Was als für Menschen einzigartig gesehen wird, wie eben der Gebrauch von Sprache, Intelligenz, Bewusstsein, Wissen oder die Verwendung von Werkzeugen, kann gemäß diesen Kritikern nicht auch Tieren (oder in späterer Folge Maschinen) zugeschrieben werden. Washoes und Kokos Gebrauch von Sprache wurde von starken Reaktionen und Ungläubigkeit begleitet, die Forscher wurden von den Kritikern attackiert. Den Primaten wurde abgesprochen, dass sie die Sprache verstehen und bewusst anwenden. Es handle sich um reine Reflexe, um Imitationen von Gesten der Forscher, die aber keinem Sprachverständnis entsprechen würden. Sich kaum unterscheidende ähnliche Forschungsergebnisse bei Babys und Kindern wurden hingegen sofort als Sprachverständnis interpretiert. Und wenn das alles nichts hilft, dann definiert man eben um, was Sprache, Intelligenz oder Werkzeuggebrauch ist.

Solche Reaktionen zeigen die tiefe Verunsicherung, die offenbar viele Menschen umtreibt, dass wir vielleicht doch nicht so einzigartig zu sein scheinen, wie wir meinen. Carl Jung war wie zahllose andere der Meinung, dass die Erforschung anderer Gattungen uns keine Erkenntnisse in Bezug auf uns Menschen liefern würde. Menschliche Selbsterkenntnis durch die Erforschung von Primaten schien ihm absurd. Und Jungs Meinung sollte uns heute als ebenso absurd erscheinen.

Hat Francine Patterson Koko damit auf eine höhere kognitive Ebene, zumindest in Teilen, gebracht? Frans de Waal, den ich dazu befragte, meinte vorsichtig:

> *„Ich glaube, wir alle schöpfen unser [kognitives] Potenzial aus, ebenso wie andere Primaten. Zum Beispiel zeigte Koko keine Kognition, die normale Gorillas nicht auch haben. Nur hat sie die vielleicht auf eine für uns leichter verständliche Weise gezeigt."*

> *„I think we're all at our potential, including other primates. For example, Koko hasn't shown any cognition that regular gorillas don't have. But she may show it in a way that we recognize more easily."*

Wenn aber unter unsere Fittiche genommene Primaten zu solchen Leistungen fähig sind, wie ist das bei anderen Tiergattungen? Und vor allem, wie wäre es, wenn Menschen von einer höheren Intelligenz geschult würden? Francine Patterson meinte, dass Kokos Leistung die jedes anderen Affen übertroffen hat, nicht weil sie klüger gewesen wäre, sondern weil wir ihr mit der Zeichensprache ein Werkzeug an die Hand gegeben hatten, mit der wir Menschen Zugang zu ihrer angeborenen Intelligenz hatten. Und für Koko erwies sich die Sprache auch als Hilfsmittel, ihr Umfeld zu verstehen, in das sie hineingeboren worden war. Zu welcher Leistung wären wir fähig, wenn uns jemand oder etwas ein ähnlich mächtiges Werkzeug an die Hand gäbe?

Affen, Menschen und Maschinen

Das vorliegende Buch habe ich – als Mensch – für Sie – als Mensch – geschrieben. Ich bringe Ihnen (hoffentlich) Neues bei, das Sie in Ihrem Umfeld und für Ihre Bedürfnisse angepasst verwenden können. So machen wir es seit Jahrtausenden. Als Eltern belehren wir unsere Kinder, wir bringen in Schulen, an Universitäten oder in Betrieben den künftigen Generationen das Wissen bei, auf dem sie aufbauen können und das sie befähigt, das Leben zu meistern und die Menschheit voranzubringen. Der Lehrling lernt vom Meister die Handgriffe, die nötig sind, um einen Schuh zu reparieren, ein Brot zu backen oder ein Auto zu reparieren. Auf Konferenzen wird vermittelt, was es mit der digitalen Transformation auf sich hat und wie wir erfolgreich ein Unternehmen gründen. Wir lernen von den neuesten Forschungsergebnissen der akademischen Kollegen oder hören inspirierende Vorträge, wie Menschen schwierige Hürden in ihrem Leben überwunden haben.

All das entspricht dem Stand von „Affen, die von Affen lernen". Und ich meine das nicht despektierlich. Immerhin hat uns das zu dem Stand an Fortschritt gebracht, von dem unsere Generation von allen bisherigen menschlichen Generationen am meisten profitiert. Das Wissen unserer Vorfahren, ihre Bräuche, ihre Erfahrungen und Wertvorstellungen machen das aus, was wir heute sind. Der genetische Vorteil, dass wir dank evolutionär fortgeschrittener Kaumuskeln, einer vielseitig einsetzbaren Zunge und unseres Gehirns komplexe Sprache entwickeln konnten, machte die Wissensansammlung und Informationsvermittlung an die Mitglieder unsere Gattung erst möglich.

Doch reicht das aus, um den Anforderungen in einer modernen Welt gerecht zu werden? Nutzen wir überhaupt unser volles Potenzial aus? Und ich meine damit nicht nur die privilegierten Teile der Welt mit Zugang zu ausgezeichneten Ausbildungssystemen. Was würde es für die Menschheit bedeuten, wenn wir überall auf dem Planeten jedem Einzelnen und jeder Einzelnen die volle Entwicklungsfähigkeit ihres inhärenten Potenzials ermöglichen könnten?

Erinnern Sie sich an die Go-Spieler, die nunmehr die Züge Alpha-Gos nachzuahmen versuchen? Hier ist eine Intelligenz in einer eingeschränkten Domäne besser als Menschen. Sie spielt Go, die der bisherigen menschlichen Spielweise überlegen ist. Wäre sie imstande, uns unter ihre Fittiche zu nehmen und ihre Spielweise Menschen beizubringen, auf welches Niveau beim Go-Spiel könnten wir Menschen aufsteigen?

Das ist nur der Anfang. Andere Domänen warten ebenso darauf, dass Menschen sie auf einem höheren Niveau beherrschen. Wäre es nicht schön, wenn Ärzte noch besser und früher Krankheiten diagnostizieren und entsprechende Behandlungen vornehmen könnten?

Konsequent durchdacht, könnten wir mit einer künstlichen Intelligenz jedem von uns eine künstliche Lehrmaschine zur Seite stellen, die uns Lehrinhalte und Interessengebiete individuell angepasst aufbereitet, sie uns in der Geschwindigkeit und der Weise vorträgt, wie sie für jeden Einzelnen von uns am besten sind, uns andere Interessengebiete erschließt und dabei motivierend und inspirierend wirkt. Die perfekte Lehrerin.

Schon die Khan Academy, die Tausende an exzellenten Lehrvideos online bereitstellt, zeigt Teile dieser Charakteristiken. Anstelle einer Lehrerin, die im Klassenraum vor zwei Dutzend Schülern unterrichten muss, ohne auf jedes Kind individuell eingehen zu können, kann sich jedes Kind mit der Khan Academy individuell das Tempo einteilen und sich die Inhalte so oft und so langsam oder so schnell wie nötig durcharbeiten. Zwar sind die Erklärweise und die Art der Wissensaufnahme für die Kinder gleich, aber zumindest das Tempo und die Zahl der Wiederholungen sind individualisierbar.

Jeder Mensch lernt unterschiedlich. Manch einer lernt am besten durch Zuhören, andere durch Mitschreiben, dem Nächsten hilft das Nachplappern und wieder andere wollen die Inhalte lieber beim Lesen aufsaugen. Und gar nicht so wenige müssen sich dabei bewegen und herumgehen, um ihr Hirn anzuregen. Wie auch immer der bevorzugte Lernstil von Affe zu Affe – Pardon: Mensch zu Mensch – ist, heute ist ein individuelles Eingehen auf den Schüler nur beschränkt möglich. Zu wenig skalierbar und zeitlich verfügbar sind menschliche Lehrkräfte, vor allem die besonders guten. Wir haben sicherlich bis dato Hervorragendes auf diesem Gebiet geleistet. Die Menschheit heute ist eine Wissensgesellschaft, die es ohne all das Lehren und Lernen, ohne die Anwendung des Wissens und die Schöpfung neuen Wissens niemals so weit geschafft hätte.

Wir erleben nun aber eine Periode, in der wir Werkzeuge schaffen, die uns den nächsten Schritt bei der kognitiven Entwicklung ermöglichen. Künstliche Intelligenz ist die mächtigste Technologie, die Menschen jemals geschaffen haben, auch wenn wir die genauen Möglichkeiten und Auswirkungen noch nicht vollständig begreifen können. Und das zu Kosten, die unschlagbar niedrig sind.

Bedarf für solch eine Technologie gibt es ausreichend. Nicht nur bei uns, wo individuell angepasste smarte Assistenten, die weit über das hinausgehen, was wir heute darunter verstehen, uns von der Geburt bis zum Tod begleiten und uns unterrichten und unterstützen. Viel mehr Auswirkungen werden sie aber in Ländern haben, wo es heute keinen, einen nur geringen oder unzureichenden Zugang zu Bildung gibt. Selbst wenn Kinder beispielsweise im Sudan eine Schule besuchen, sind immer noch zu viele Lehrer dort selbst kaum ausgebildet. Die besten Schüler dort wären in unserem Land nur im untersten Leistungsviertel anzutreffen.[7] Man stelle sich vor, welchen intellektuellen Schatz wir da heben könnten, wenn jedes Kind den für sich bestmöglichen Lehrer haben könnte. Und das können wir in bestimmter Form bereits in China beobachten. Dort bietet das Unternehmen Squirrel AI einen KI-Lehrer an, der sich an die Bedürfnisse und den Lernstil jedes einzelnen Schülers anpassen kann. Die Ergebnisse bislang sind vielversprechend, allerdings gibt es auch Kritik. Squirrel AI fokussiere sich aktuell zu sehr auf standardisierte Tests, bereite aber kaum auf die geforderte Anpassungsfähigkeit in einer sich stark ändernden Welt vor.[8]

Bevor wir begreifen können, wie künstliche Intelligenz unser Verständnis von Menschsein verändern wird, sollten wir uns jene Begrifflichkeiten und Konzepte genauer ansehen, die wir als typisch menschlich betrachten oder als unabdingbare Voraussetzung für unseren Umgang mit KI-Systemen. Ich kann jetzt schon verraten, dass wir weniger über uns und unser Menschsein wissen, als wir denken.

Neben Schulen stellt beispielsweise auch der medizinische Sektor in diesen aufstrebenden Ländern ein Nadelöhr dar. Indien oder der ganze afrikanische Kontinent sind chronisch mit Ärzten und medizinischem Personal unterversorgt. Das Problem ist weniger fehlendes Geld. Die Länder haben − wie uns Hans Rosling in seinem Buch „Factfulness" oder Steven Pinker in „Enlightenment Now" erklären − mittlerweile ausreichend Mittel, um Krankenhäuser zu bauen und zu betreiben. Wenn es nur Ärzte und Krankenpfleger in genügender Anzahl gäbe. Die Versorgungslücke in Indien ist so groß, dass wir bei den aktuellen medizinischen Ausbildungszahlen ungefähr 300 Jahre benötigen würden, um sie zu füllen.

Auch hier kann künstliche Intelligenz helfen. Sie könnte in geeigneten Diagnosegeräten eingesetzt die Triage − also die Vorauswahl − zwischen Patienten vornehmen, die tatsächlich ein Krankenhaus aufsuchen und von medizinischen Spezialisten untersucht werden sollten, und jenen, bei denen ein Krankenpfleger ausreicht. Malaria, Hauterkrankungen und jede Art von Wehwehchen könnten so in einem ersten Schritt von der KI analysiert und weitere Schritte empfohlen werden.

Wenn ich auf den folgenden Seiten von künstlicher Intelligenz, Maschinen, Robotern und Computern spreche, dann verwende ich für die Zwecke dieses Buches die Begriffe in austauschbarer Weise. Etwas vom Menschen Geschaffenes, das mit künstlicher Intelligenz und eventuell einem Körper versehen ist, dient den Menschen, um Aufgaben, die mit Denken verbunden sind, für uns zu erledigen. Ich meine damit nicht Kaffeemaschinen oder Kühlschränke, die Flüssigkeiten aufwärmen, Dinge kühlen, Sachen transportieren, unsere Wäsche waschen oder Rohstoffe umwandeln. Ich beziehe mich auf Maschinen, die Informationen transportieren, Ideen transformieren, Zahlen aufsummieren, Antworten auf Abfragen geben und Ziele in Pläne verwandeln.

---

[1] A. Whiten, J. Goodall, W. C. McGrew, T. Nishida, V. Reynolds, Y. Sugiyama, C. E. G. Tutin, R. W. Wrangham & C. Boesch: Cultures in chimpanzees; Nature volume 399, S. 682-685 (17. Juni 1999), https://www.nature.com/articles/21415

[2] Chimpanzees have favourite ‚tool set' for hunting staple food of army ants, https://www.cam.ac.uk/research/news/chimpanzees-have-favourite-tool-set-for-hunting-staple-food-of-army-ants

[3] National Geographic: Conversations With a Gorilla, https://www.nationalgeographic.com/magazine/1978/10/conversations-with-koko-the-gorilla/#close

[4] Website der The Gorilla Foundation http://koko.org/

[5] Francine Patterson, Eugene Linden: The Education of Koko, Holt, Rinehart and Winston, New York, 1981

[6] Remembering Koko, a Gorilla We Loved, https://www.newyorker.com/culture/postscript/remembering-koko-a-gorilla-we-loved

[7] Steven Pinker: Enlightenment Now. The Case for Reason, Science, Humanism, and Progress, Viking, 2018

[8] China has started a grand experiment in AI education. It could reshape how the world learns, https://www.technologyreview.com/s/614057/china-squirrel-has-started-a-grand-experiment-in-ai-education-it-could-reshape-how-the/

KAPITEL 2

Menschsein und Intelligenz als Ziellinie

„Eine Doppelconférence ist ein Dialog zwischen einem G'scheiten und einem Blöden, wobei der G'scheite dem Blöden etwas Gescheites möglichst gescheit zu erklären versucht, damit der Blöde möglichst blöde Antworten darauf zu geben imstande ist – mit dem Resultat, dass zum Schluss der Blöde zwar nicht gescheiter, aber dem Gescheiten die Sache zu blöd wird. Beide haben daher am Ende nichts zu lachen. Dafür desto mehr das Publikum."

KARL FARKAS

Das Verhalten eines Schimpansen, den sie David Greybeard getauft hatten, erweckte die Neugier der Primatenforscherin Jane Goodall. Aus der Ferne hatte sie beobachtet, wie er Grashalme in die Erde steckte, wieder herauszog und in den Mund nahm. Das wiederholte sich etliche Male. Bei näherer Untersuchung realisierte Jane Goodall, was der Schimpanse da gemacht hatte. Die Ameisen hatten sich in den Grashalm verbissen und er konnte sie somit herausziehen und verspeisen. David Greybeard hatte ein Werkzeug verwendet, um „Ameisen zu fischen".[1]

Goodalls Beobachtung hatte Auswirkungen auf die Definition von Menschsein und Intelligenz. Ihr Mentor Louis Leakey, der als Paläoanthropologe und Archäologe Jane bei der Forschung mit Primaten unterstützt hatte, meinte zu ihrem Bericht über den Werkzeuggebrauch bei Schimpansen:

> *„Nun müssen wir entweder den Begriff Werkzeug*
> *neu definieren, den Begriff Mensch neu definieren oder*
> *Schimpansen als Menschen akzeptieren."*

Bis dahin herrschte unter Forschern die Ansicht, dass nur Menschen Werkzeuge gebrauchen und ebendiese Tatsache den Menschen von allen anderen Spezies unterschied. Heute ist uns bekannt, dass eine Reihe von Tieren gleichfalls Werkzeuge verwendet. Krähen können recht komplexe Aufgaben mit Stöckchen und anderen Werkzeugen lösen.[2]

Eine der Aufgaben, die Forscher Krähen und Primaten vorlegen, besteht darin, dass die Tiere mehrere Werkzeuge in unterschiedlicher Reihenfolge benutzen müssen, um einfache Schlossverriegelungen zu öffnen und zu einer versteckten Leckerei zu gelangen. Diese für die Tiere neuartigen Aufgaben erfordern Planung, Überlegung, die Auswahl oder Herstellung eines geeigneten Werkzeugs, den geschickten Gebrauch desselben, eine Fehleranalyse, die Überredungskunst, einen Artgenossen oder jemanden außerhalb der eigenen Gattung zur Hilfe zu bewegen, und nicht zuletzt die Motivation, diese Aufgabe anzupacken und zu lösen. Diese Fähigkeiten beschreiben unserem Verständnis nach Intelligenz.

Intelligenz ist die generelle mentale Fähigkeit, die unter anderem die Fähigkeiten zum logischen Denken, Planen, Problemlösen, abstrakten Denken, zum Verstehen komplexer Ideen, eine schnelle Auffassungsgabe und das Lernen aus Erfahrung umfasst. Sie besteht nicht aus reinem Lernen aus Büchern, fachspezifischen akademischen Kompetenzen oder der Fähigkeit, Tests erfolgreich zu absolvieren. Es handelt sich um umfassendere und komplexere Fähigkeiten, die Umgebung zu verstehen, sich einen Reim darauf zu machen, und herauszufinden, was zu tun ist.[3]

Max Tegmark, MIT-Professor, Autor von „Leben 3.0" und Gründer des Future-of-Life-Instituts, definiert Intelligenz als „die Fähigkeit, komplexe Aufgaben zu lösen". Wir könnten nun eine Definition nach der anderen zu Intelligenz vorstellen. Allerdings änderten wir über die Jahre freimütig die Definition von Intelligenz und bestimmten sie immer wieder aufs Neue. Lange galt als ein Zeichen von Intelligenz bei Maschinen die Fähigkeit, Schach zu spielen. Strategische Spiele wie Schach oder Go sind ja generell die Drosophila für KI. So wie die Fruchtfliege für Biologen ist Schach für die Informatik das Vehikel, um Intelligenz zu studieren.[4] Eine Maschine würde dann als intelligent gelten, wenn sie den Schachweltmeister besiegen könne. 1997 geschah genau das. IBMs Deep-Blue-Schachcomputer gewann gegen Garri Kasparow mit 3½ zu 2½.[5]

Damit hatten Maschinen aber nicht den Zenit der Intelligenz erreicht und waren fortan Menschen gleichgestellt. Was passierte, war etwas anderes. Sofort wurden Gründe angeführt, warum es sich bei Deep Blue nicht um „echte" Intelligenz handeln würde. Deep Blue würde einfach seinen Vorteil von Brute Force, also der Rechengeschwindigkeit, ausnutzen, die es dem Computer erlaubt, Millionen von Zügen und deren Erfolgschancen in sehr kurzer Zeit vorauszuberechnen. Und das sei doch nur „dummes" Rechnen. Von wahrer Intelligenz könne man jedoch erst dann sprechen, wenn die Maschine wie der Mensch so etwas wie Intuition besäße, wie es beispielsweise das Spiel Go erfordern würde, denn da komme man mit Brute Force wegen der aberwitzig vielen möglichen Spielzüge nicht weiter.

Und dann geschah genau das im Frühjahr 2016 mit AlphaGo, das Lee Sedol besiegte. Mit einem ungewöhnlichen Zug, den wir bei Menschen der Intuition des Spielers zuschreiben würden. Gestatten wir AlphaGo mit diesem Sieg dieselbe Intelligenzstufe wie Menschen zu? Wir kennen die Antwort: Natürlich nicht! Die Maschine verwendet ja nur ein „neuronales Netzwerk" mit vielen Daten und simpler „Matrixrechnung", auch wenn wir deren Zusammenwirken nicht völlig verstehen. Aber Intelligenz sei doch etwas ganz anderes.

Der Computerwissenschaftler Larry Tesler nannte das „KI-Effekt". Dieser Effekt tritt auf, sobald eine Maschine ein intelligentes Verhalten an den Tag legt, das Beobachter unverzüglich als „unechte Intelligenz" bezeichnen. Intelligenz ist im Umkehrschluss immer das, was Maschinen noch nicht können.[6] Sobald wir wissen, wie Maschinen das machen können, und sie das Ziel erreichen, verschieben wir die Ziellinie.

Intelligenz aus diesem Blickwinkel und mit dieser Ziellinie – wer auch immer sie setzt – scheint sehr rasch als zu eng und einseitig definiert. In den vergangenen Jahren entwickelte sich ein neues Verständnis von Intelligenz und deren Unterarten, etwa soziale Intelligenz, emotionale Intelligenz, kulturelle Intelligenz, Schwarmintelligenz, Körperintelligenz, sogar spirituelle Intelligenz und das beinahe unüberschaubare Spektrum an tierischer und sogar pflanzlicher Intelligenz. Und nicht zu vergessen: Wir wurden als Gattung auch deshalb so erfolgreich, weil wir kollektiv, kollaborativ und verteilt unsere Intelligenzen und die damit verbundenen Fähigkeiten zusammenbringen können. Es benötigt Tausende von Menschen, damit wir so etwas Simples wie einen Bleistift produzieren können, und kein Einzelner weiß genau, wie man einen Bleistift wirklich macht. All diese Fähigkeiten bilden die allgemeine menschliche Intelligenz.

Der Informatiker Tomaso Poggio sagt, Intelligenz sei somit nicht nur ein Wort, sondern viele Probleme – nicht einer, sondern mehrere Nobelpreise. Der bereits verstorbene amerikanische KI-Forscher Marvin Minsky sprach deshalb auch von der „Society of Mind" als Kontrast zur „Theory of Mind".[7] Für Poggio zählt das Problem der Intelligenz zu den größten Rätseln der Menschheit, gleichwertig mit dem des Ursprungs des Universums und von Zeit und Raum. Jeder Fortschritt im Verständnis, wie Intelligenz funktioniert und wie sie auf Maschinen übertragen werden kann, hätte einen gewaltigen Multiplikatoreffekt, weil wir damit Maschinen entwickeln können, die uns beim Lösen der großen Fragen von Wissenschaft und Technologie helfen könnten.

Genauso wie uns Kopernikus mit dem Umstieg vom geozentrischen Weltbild, bei dem die Erde als Mittelpunkt der Dinge galt, zum heliozentrischen Weltbild mit der Sonne im Mittelpunkt völlig neue Perspektiven eröffnete, sollten wir uns vom Fokus auf den anthropozentrischen Begriff von Intelligenz lösen und zu einer allgemeinen Form und Definition kommen. Intelligenz ist ein multidimensionales Spektrum, das in unterschiedlichen Ausprägungen für jede Spezies und Maschine angepasst auftreten kann. Eine Spezies oder eine Maschine bewegen sich jeweils nur in einem kleinen Teil des gesamten multidimensionalen Intelligenzraumes.

Der Grund, warum wir uns mit dem Begriff und der Definition von Intelligenz so schwertun, ist unsere Erwartung, dass unsere Interaktion mit einem künstlichen System irgendwie „menschenähnlich" ist. Also so, dass wir eine sinnvolle Konversation über alle möglichen Dinge mit der Maschine führen können und sie dabei auch „Hausverstand" zeigt, unsere Normen kennt und uns nicht durch ihre Limitationen frustriert, sondern sich als hilfreich bei vielen Aufgaben erweist. Natürlich wird die Interaktion mit künstlicher Intelligenz anthropozentrisch, also auf den Menschen gerichtet sein. Immerhin ist solche Intelligenz von Menschen geschaffen, genauso wie von Koalas geschaffene KI „koalazentrisch" wäre.

Unsere Herausforderung ist, dass wir an Maschinen andere Ansprüche zu stellen scheinen als an Tiere. Von unserem Hund erwarten wir nicht, dass er den Müll hinunterbringt. Unsere Katze werden wir nicht beauftragen, das Paket vom Paketboten entgegenzunehmen und eine Unterschrift zu leisten. Wir verlangen von diesen Tieren lediglich, dass sie Einbrecher oder Mäuse verjagen und für niedliche Hunde- und Katzenvideos posieren. Während Intelligenztests für Menschen auch einiges an abstraktem Denken abfragen, kommt soziale Intelligenz darin fast nicht vor. Dabei wären beispielsweise Schimpansen oder Gorillas uns darin haushoch überlegen.

Maschinen stellen sich als komplexer und unbegreiflicher dar. Erwarten wir von einem Auto, dass es selbstständig bremsen kann? Noch vor wenigen Jahren hätten wir mit einem „selbstverständlich nicht" geantwortet. Heute gibt es in vielen Autos sogenannte Fahrerassistenzsysteme, die die Bremsen automatisch betätigen können, wenn es zu einer gefährlichen Situation kommt. Noch können wir uns nicht vollständig auf die Zuverlässigkeit solcher Systeme verlassen. Aber schon bald werden mit selbstfahrenden Autos nur noch solche Systeme von Computern gesteuert werden und auf den Straßen unterwegs sein, und der Mensch wird vom Lenken befreit sein. Unser rationales Selbst hat in der Zwischenzeit gelernt, dass Maschinen weiterentwickelt werden und immer mehr können. Von

Telegrafen stiegen wir auf Telefone und nun auf Messenger-Apps um. Versetzten Ballons als erste Fluggeräte die Menschen vor 200 Jahren noch in ungläubiges Staunen, sehen wir heute Flugzeugreisen als normalen Teil unseres Lebens an.

Bei Tieren erwarten wir eine Entwicklung in so kurzer Zeit nicht. Es erweckt unsere Neugier, wenn ein Tier Fähigkeiten zeigt, die man ihm normalerweise nicht zuschreibt. Als das Pferd Kluger Hans durch Nicken und Hufestampfen Rechenaufgaben seines Herrn richtig beantworten konnte, war das eine Sensation.[8] Auch wenn der kluge Hans nicht wirklich rechnen konnte, so lernten wir doch etwas Neues aus diesem Fall: Pferde sind ungemein begabt darin, Gesichtszüge und Körperhaltungen von anderen zu erkennen und zu interpretieren.

Hinzu kommt, dass wir uns anmaßen, Intelligenz zu verstehen und verstehen zu müssen. Ludwig Wittgenstein gab uns dazu schon vor 100 Jahren eine Antwort. In seinem berühmten Satz „Wenn ein Löwe sprechen könnte, wir könnten ihn nicht verstehen" gibt uns der Philosoph einen Hinweis darauf, ob wir andere Intelligenzen überhaupt verstehen können. Die Erfahrungen, die ein Löwe in seiner Welt, mit seinen Sinnen und in seinem Körper macht, sind so fundamental anders als die, die wir Menschen machen, dass wir nicht nur Schwierigkeiten hätten, uns gegenseitig verständlich zu machen, sondern wir uns gleich gar nicht verstehen würden. Löwen schleichen auf vier Beinen durch hohes Gras und jagen schnell laufende Tiere, während Menschen auf zwei Beinen unterwegs sind und ihre Hände gebrauchen, um Objekte für ihre Zwecke zu benutzen. In diesem Kontext greifen Löwen und künstliche Intelligenzen auf konzeptuelle Strukturen zurück, die sich von menschlichen grundlegend unterscheiden und andere Probleme mit sich bringen.

Im Animationsfilm „Spione Undercover" mit Will Smith als Stimme des Superspions Lance Sterling wird der Hauptdarsteller vom jungen Wissenschaftler Walter Beckett versehentlich in eine Taube verwandelt. Mit Schrecken muss Lance Sterling erkennen, dass er nun die Fähigkeit besitzt, mit seinen Taubenaugen eine Rundumsicht zu haben. Er kann also nach vorn schauen und gleichzeitig seinen eigenen Hintern im Blickfeld behalten. Was der Film anschaulich visualisiert, darüber haben sich schon andere Gedanken gemacht. Franz Kafkas Roman „Die Verwandlung", Pixars Animationsfilm „Alles steht Kopf" oder der Film „Being John Malkovich" sind nur einige der vielen künstlerischen Ansätze, mit der Verwandlung in andere Lebewesen oder den inneren Gefühlswelten dramaturgisch umzugehen.

Vielleicht macht es ein anderes Beispiel klarer, ob wir Intelligenz so bewerten und bemessen sollten – und damit eine Ziellinie ziehen, die wir ohnehin nach Belieben weiter verschieben –, wie wir das bisher machen. Nämlich mit dem Menschen im Mittelpunkt. Wir können uns sicherlich vorstellen, dass wir mit einigem Forschungsaufwand und dem Einsatz von Milliarden Euro ein Material schaffen, das in seinen Eigenschaften Holz extrem ähnlich ist. Es wäre vermutlich nicht ganz einfach, aber das sollte uns nicht hindern. Solange dieses künstliche Holz (KH) aber keine weiteren Eigenschaften aufweist, die natürlichem Holz überlegen sind, stellt sich die Frage, warum wir KH schaffen wollen? Vor allem, da doch natürliches Holz billig produziert werden kann und im Überfluss vorhanden ist. Stattdessen haben wir mit Beton, Ziegeln, Fliesen, Glas oder Blechen andere Baustoffe zur Verfügung, die weitere Attribute und Holz gegenüber vorteilhaftere Eigenschaften mitbringen. Wir setzen auch keine willkürliche Ziellinie für „lignumzentrische" Kriterien, die Beton, Ziegel und Glas erfüllen müssen, um der Definition von Baustoff gerecht zu werden.

Genau das machen wir aber mit Intelligenz. Genauso wie Holz heute billig produziert werden kann und im Überfluss vorhanden ist, sind menschliche Gehirne billig, auf lustvolle Weise zu produzieren und im Überfluss vorhanden. Wir würden das Potenzial von künstlichen Intelligenzen nicht vollständig ausschöpfen, würden wir sie menschlicher Intelligenz ähnlich machen und an ihr messen wollen. Und mit Wittgenstein gesprochen macht es auch wenig Sinn. Zudem sollte nicht unser vordringliches Ziel sein, künstliche Intelligenz nur dann einzusetzen, wenn wir sie vollständig verstehen. Auch wenn es schwerfällt, nachzuvollziehen, wie künstliche Intelligenz zu ihren Ergebnissen kommt, so verstehen wir doch die Grundlagen von künstlicher Intelligenz, wie sie heute funktioniert.

Das Streben nach der Schaffung künstlicher Intelligenz ist das moderne Äquivalent des Menschheitstraums vom Fliegen. Mythen, Legenden und Sagen sind mit Referenzen zu fliegenden Menschen gespickt. Manchmal handelt es sich um Mischwesen aus Vogel und Mensch, ein anderes Mal haben sich Menschen oder gottähnliche Wesen wie Dädalus und sein Sohn Ikarus Flügel auf den Rücken geschnallt oder, wie der Götterbote Hermes, an die Füße. Es blieb nicht nur beim Traum vom Fliegen. Viele Erfinder unternahmen über die Jahrhunderte konkrete Schritte, um Fluggeräte zu designen, zu bauen – und damit abzustürzen. Von Leonardo da Vinci bis Otto Lilienthal haben sich viele kluge Köpfe mit dem Fliegen auseinander- und ihr Leben aufs Spiel gesetzt. Als Inspiration galt der Flug der Vögel. Der Durchbruch gelang allerdings erst, als man erkannte, dass nicht das Flügelschlagen das kritische Element beim Flug ist. Die Strömung um einen Flügel ermöglicht es, sich in die Lüfte zu erheben und dort zu bleiben.

Diese Erkenntnis in das Design einer Flugmaschine umzusetzen erlaubte es Orville und Wilbur Wright, den ersten motorgestützten Flug durchzuführen. Und deshalb flattern unsere Flugzeuge nicht mit den Flügeln, um sich in die Lüfte zu schwingen. Menschlicher, also „künstlicher Flug" sieht somit vollständig anders aus als der „natürliche Flug" von Vögeln. Wir überqueren Wasserflächen nicht wie Fische, sondern haben – wenn wir nicht gerade selbst mit für Fische plump aussehenden Bewegungen der Gliedmaßen schwimmen – diverse Behelfsmittel erschaffen, die uns das erlauben. Fischerboote, Kajaks, Raddampfer, Segelschiffe, Katamarane, Hovercrafts, Öltanker, Eisbrecher und U-Boote haben wenig mit den Flossen und Schuppen von Fischen, der glatten Haut eines Delfins oder den Tentakeln eines Kraken zu tun.

Von Blöden und von G'scheiten

Wenn man Schwierigkeiten hat, einen Begriff oder eine Situation zu definieren, dann kann die Betrachtung und Definition des Gegenteils hilfreich sein. In Workshops mit Unternehmen, die sich darüber Gedanken machen, wie sie sich für die Zukunft rüsten sollen, liefern folgende Fragen viele neue Denkansätze und Erkenntnisse: „Was wäre, wenn wir mit unserem wichtigsten Produkt kein Geld mehr verdienen würden?" Oder: „Würde es auffallen, wenn es uns nicht mehr gäbe?" Oder: „Wie würden wir unseren Kunden das Leben am schwersten machen?"

Stellen wir uns also doch folgende Frage: Was ist das Gegenteil von Intelligenz? Dummheit. Schon Amos Tversky, der Kognitionswissenschaftler, Stanford-Professor und Forschungspartner von Wirtschaftsnobelpreisträger Daniel Kahneman war, witzelte: „Meine Kollegen mögen künstliche Intelligenz studieren, ich studiere menschliche Dummheit." Wie nun kann Dummheit beschrieben werden? Der bereits verstorbene Berkeley-Professor Carlo M. Cipolla beschäftigte sich damit, lange bevor sein Landsmann Silvio Berlusconi die ohnehin schon chaotische italienische Politik zu dominieren begann, und definierte fünf Grundgesetze menschlicher Dummheit:[9]

1. Wir alle unterschätzen immer und unvermeidlich die Anzahl an dummen Personen unter uns.
2. Die Wahrscheinlichkeit, dass eine bestimmte Person dumm ist, ist unabhängig von anderen Eigenschaften dieser Person.
3. Eine dumme Person ist eine Person, die einer anderen Person oder Gruppen von Personen Schaden zufügt, ohne dabei selbst davon zu profitieren, oder die dabei sogar selbst Schaden erleidet.

4. Nicht-dumme Personen unterschätzen immer die mögliche Schadensauswirkung von dummen Personen. Speziell nicht-dumme Personen vergessen jedes Mal, dass zu jeder Zeit, an jedem Ort und unter allen Umständen der Umgang und die Assoziation mit dummen Personen sich immer als teurer Fehler herausstellen wird.

5. Eine dumme Person ist der gefährlichste Typ von Person. Daraus folgt: Eine dumme Person ist gefährlicher als ein Bandit.

Über viele Jahrzehnte, ja selbst Jahrtausende nahm unsere Intelligenz kontinuierlich zu. Gehirne wurden größer und hungriger nach Energie. Ein typisches menschliches Gehirn macht zwar nur zwei Prozent des Körpergewichtes eines erwachsenen Menschen aus, aber es verbraucht ungefähr 20 Prozent des Sauerstoffes und 50 Prozent der von uns aufgenommenen Glukose.

Mit der Einführung von Intelligenztests können wir seit knapp 100 Jahren diese messen. 1905 entwickelten die beiden Franzosen Alfred Binet und Théodore Simon den ersten anwendbaren Intelligenztest. In der Folge wurden viele verschiedene Intelligenztests entwickelt, die die Schwächen des Binet-Simon-Intelligenztests beheben und andere Formen von Intelligenz testen sollten. Solch klassische Intelligenztests messen Fähigkeiten, die Menschen große Mühe bereiten: mathematische Aufgaben, Logikrätsel, das räumliche Vorstellungsvermögen komplexer geometrischer Körper, Gedächtnisleistungen. Diese Intelligenztests werden in vielen Nationen gern und häufig eingesetzt. Bei meiner militärischen Musterung musste ich beispielsweise solch einen Intelligenztest machen, auch wenn ich das Ergebnis nie erfuhr. Aber diese Datenmenge bietet einen Schatz für Forscher.

Bei Vergleichen der Ergebnisse seit der Einführung von Intelligenztests ergab sich eine interessante Erkenntnis: Mit jeder Generation ergab sich in 14 untersuchten Wirtschaftsnationen ein um fünf bis 25 Punkte höher liegendes Ergebnis. Die Menschen werden seit 100 Jahren gescheiter. Alle zehn Jahre steigt der IQ um ungefähr drei Punkte.

Der neuseeländische Politologe James Flynn entdeckte diesen Anstieg, als er die Intelligenztestergebnisse von jungen Männern aus dem Ersten Weltkrieg und dem Zweiten Weltkrieg verglich. Soldaten aus dem Ersten Weltkrieg, die exakt in der Intelligenzmitte lagen (im 50. Perzentil), wären im Zweiten Weltkrieg nur beim 22. Perzentil gelegen. Die Daten, die er von Forschern aus aller Welt erhielt, zeigten dasselbe Bild in 14 Ländern. Diese Analyse schlug bei Psychologen wie eine Bombe ein. Sie hatten jahrelang die Daten vor ihren Augen, nur hatte niemand den Zusammenhang bemerkt. Die IQ-Ergebnisse stammten von Ravens Progressiven Matrizen, die vor allem die Fähigkeiten komplexen und abstrakten Denkens testen. Die Testpersonen füllen unter anderem die fehlenden Muster in einer Serie von Mustern aus.[10]

Abbildung 1

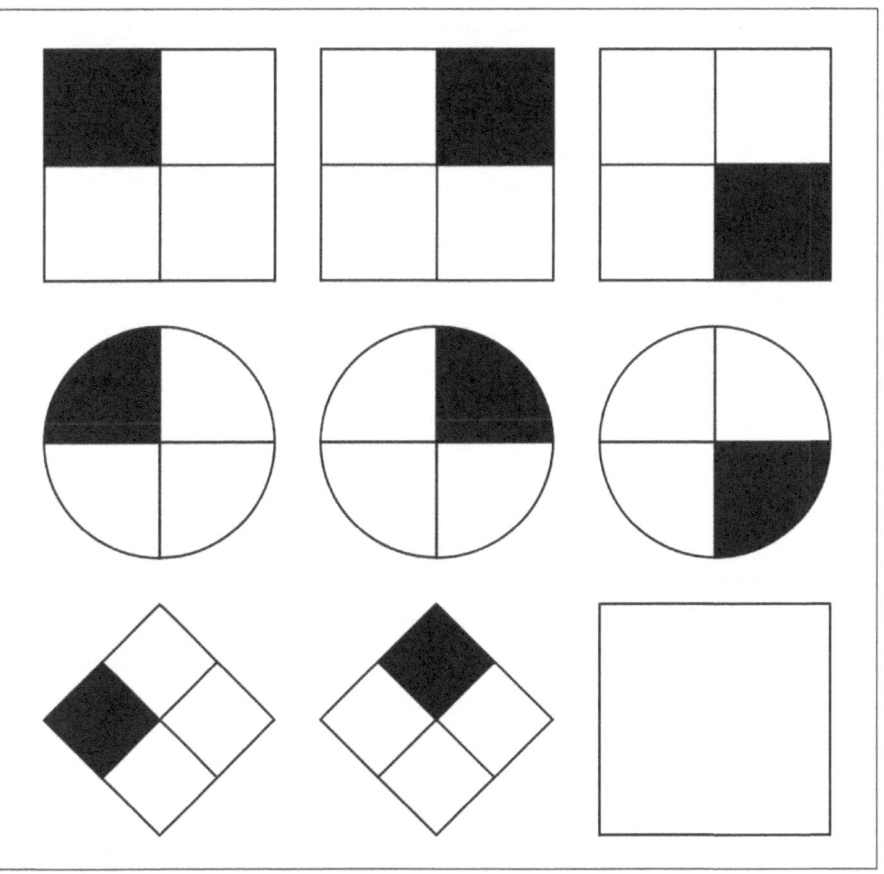

Beispiel einer Aufgabe in Ravens Progressiven Matrizen

Der nun so benannte „Flynn-Effekt" schien vor allem auf Umweltursachen zurückzuführen zu sein.[11] Mehr Menschen weltweit haben Zugang zu besserer Bildung, gesünderer und ausreichender Ernährung, einer besseren Gesundheitsversorgung und Informationen aus Massenmedien. Mehr Menschen überleben die Kindheit und werden besser und ausreichend ernährt, was zusammen mit weiterentwickelten Erziehungsmethoden optimale Entwicklungen beim Gehirnwachstum erlaubt. Nicht zu unterschätzen ist das Verschwinden von Blei aus Kraftstoffen und damit unserer Umwelt, der nachweislich die kognitive Entwicklung hemmt. Auch lernen Kinder immer früher, in abstrakten Begriffen zu denken, um mit modernen Technologien besser umgehen zu können. Man denke dabei an Computer und die Symbole, die man manipulieren können muss, um Aufgaben zu erfüllen.

Tatsächlich geben Studien in den frühen Phasen der Sowjetunion einen wichtigen Hinweis zu dieser Entwicklung. In dieser Phase wurden die Kollektivierung und Verstaatlichung von Produktionsmitteln und landwirtschaftlich genutzten Flächen vorangetrieben. Aus einfachen bäuerlichen Strukturen wurden industrielle, die mit Änderungen in der Ausbildung, Zusammenarbeit, Planung und Kommunikation einhergingen. 1931 realisierte der junge russische Psychologe Alexander Romanowitsch Lurija, dass er Zeuge einer einzigartigen Transformation in der Menschheitsgeschichte wurde. Er beeilte sich, die Auswirkungen auf die Betroffenen zu studieren, indem er noch nicht von den Änderungen betroffene („vormoderne") Dörfer und die bereits gewandelten („modernen") Dörfer besuchte und der Bevölkerung Testaufgaben und Fragen stellte. Es zeigten sich signifikante Unterschiede.

Eine Aufgabe bestand darin, vorgelegte Haarsträhnen in Gruppen einzuteilen. Die Menschen aus den „modernen" Dörfern taten das ohne Schwierigkeiten, selbst die jungen Menschen, die noch keine formale Ausbildung erhalten hatten. Sie teilten die Haarsträhnen in Farbgruppen ein, auch wenn sie verschiedene Schattierungen hatten. Selbst wenn sie den Namen einer Farbe nicht kannten, teilten sie diese richtig ein. Anders hingegen die Menschen in den „vormodernen" Dörfern. Bei derselben Aufgabe meinten sie, dass die Haarsträhnen alle unterschiedlich seien und damit nicht gruppiert werden könnten. Selbst auf Nachdruck beharrten sie auf ihrer Meinung, und wenn sie die Haarsträhnen doch nach großem Druck gruppiert hatten, so waren die Gruppierungen zufällig und unterschieden sich nach jeder Wiederholung.

Ähnlich war das Ergebnis bei der Gruppierung geometrischer Muster. Zwei gleich große Rechtecke, eines mit durchgezogenem Strich und eines mit gestrichelter Linie, würden die vormodernen Menschen nicht derselben Kategorie zuordnen. Wie könne man nur eine Karte (liniert) und eine Uhr (gestrichelte Linie) zusammengruppieren, fragten sie angesichts der beiden Rechtecke. Sie kannten auch die Begriffe „Muster" oder „Form" nicht. Auch die Wahrnehmung bei der Ebbinghaus-Täuschung war anders. Auf die Frage, welcher der beiden Kreise in der Mitte der beiden Abbildungen größer ist, würden viele moderne Menschen antworten, dass der rechte Kreis größer sei. Tatsächlich sind sie gleich groß, moderne Menschen lassen sich vom Gesamtbild täuschen. Vormoderne Menschen sagen, dass beide Kreise gleich groß sind.

Abbildung 2

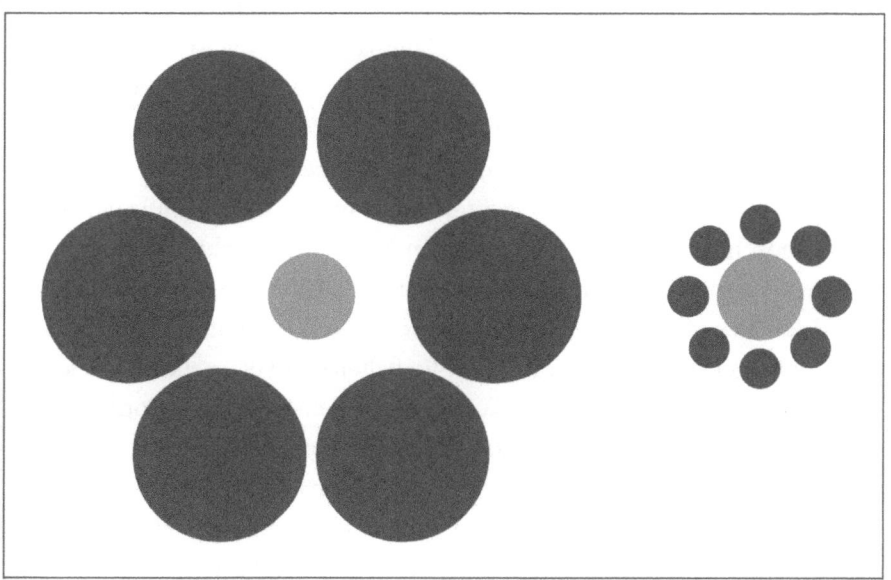

Ebbinghaus-Täuschung

Auf den Satz „Baumwolle wächst an heißen und trockenen Orten. England ist kalt und feucht. Kann Baumwolle dort wachsen oder nicht?" gaben manche der vormodernen Menschen die richtige Antwort, aber nicht alle. Vor allem diejenigen antworteten korrekt, die Erfahrung mit dem Anbau von Baumwolle hatten. Sobald eine ähnliche Frage nicht mehr der eigenen Erfahrung entsprach, war es aber vorbei. Auf die Frage „Im hohen Norden, wo es Schnee gibt, haben die Bären ein weißes Fell. Nowaja Semlja (eine russische Insel im Nordpolarmeer, Anm.) befindet sich im hohen Norden und dort gibt es immer Schnee. Welche Farbe hat das Fell der Bären dort?" wussten sie keine Antwort und meinten, das könne nur jemand wissen, der dort gewesen war. Diese Ergebnisse wurden durch Untersuchungen mit anderen vormodernen Gesellschaften bestätigt. Sie betrachten weniger das ganzheitliche System. Um es in andere Worte zu fassen: „Vormoderne Menschen sehen den Wald vor lauter Bäumen nicht. Moderne Menschen übersehen die Bäume im Wald."

Wir sehen also, abstraktes und komplexes Denken ist eine weitere Spielart von Intelligenz, die wir betrachten müssen. Schon kleine Kinder lernen, abstrakte Konzepte zu verstehen. Ein Icon auf einem iPad steht für eine App, die alle Abstraktionen sind. Weil wir schon bei abstraktem Denken sind: Sind bestimmte mentale Eigenheiten des Menschen etwas, was uns erst zum Menschen macht? Irrationales Verhalten oder Vorurteile werden in der Diskussion um künstliche Intelligenz häufig als Nachteil menschlichen Denkens angeführt. KI als Lösung würde uns irrationales Verhalten und Vorurteile austreiben und menschliches Verhalten korrigieren, indem es uns zu rationalerem und vorurteilsfreierem Denken und damit einhergehenden Entscheidungen bringt. Wäre das wirklich so gut oder würde es uns nicht eher entmenschlichen? Wären wir in einer absolut rationalen und vorurteilsfreien Welt noch von Maschinen unterscheidbar?

Wenn Menschen heute denkende Wesen sind, können Menschen umgekehrt nicht denken? Können wir dazu gebracht werden, nicht zu denken? Ist das überhaupt möglich und wünschenswert? Und wie würde solch eine Welt aussehen? Offensichtlich haben die vormodernen Menschen, die Lurija erforschte, sehr wohl gedacht. Nur anders, als wir das heute erwarten. Und es hat ihnen das Überleben über Jahrtausende ermöglicht. Waren sie somit weniger intelligent oder nicht vielmehr ideal an ihre Umwelt angepasst?

Seit 1984 geht der Trend bei den Intelligenztests aber in die umgekehrte Richtung – und wird die Skeptiker unter meinen Lesern bestätigen, dass die Menschheit nie blöder gewesen sein kann als heute, wenn man die „Diskussionen" in den sozialen und öffentlichen Medien verfolgt. In einigen Ländern wie den Niederlanden oder Schweden sanken die Ergebnisse leicht, während sie in Deutschland, Brasilien oder der Türkei weiterhin leicht stiegen. Die Ursachen sind wenig bekannt und vom Privatfernsehen bis hin zur Immigration werden unterschiedliche Gründe dafür aufgeführt.

Haben wir also die Grenze menschlicher Intelligenz erreicht?[12] Oder stoßen wir aktuell an eine Grenze, die wir erst durch die Entwicklung neuer Technologien, Methoden oder Abstraktionen überwinden können? Oder müssen wir neue Tests entwickeln, die andere, neue Fähigkeiten für die moderne Zeit, in der wir leben, abfragen, die bislang nicht berücksichtigt worden sind? Für den französischen KI-Forscher Yann LeCun, der bei Facebook die KI-Abteilung leitet, gibt es keine Intelligenz ohne Lernen. Und lernen können intelligente Systeme nur, wenn sie eine Form eines Körpers – entweder in der realen oder einer simulierten Welt – haben, der ihnen erlaubt, diese und deren physischen Eigenschaften zu erfahren.[13] Logisches Denken ist eine Konsequenz von Lernen.

Fragt man Vier- oder Fünfjährige, was den Wind verursacht, dann werden sie nach einigem Nachdenken darauf vielleicht antworten, dass der Wind durch das Wackeln der Äste und Blätter an Bäumen entsteht. Wirkung und Ursache sind hier völlig verdreht. Wenn sie das aber genauer untersuchen oder Erwachsene ihnen die wahren Gründe erklären, dann haben sie durch Beweisführung gelernt.

Die Art, wie Maschinen lernen, ist anders als bei Menschen. Selbstfahrende Autos würden Tausende Male in Bäume fahren oder über Klippen stürzen, wenn man sie ließe. Das hat natürlich nichts mit dem zu tun, wie wir Menschen lernen. Menschliches Lernen ist fundamental anders. Kinder verstehen bereits mit zwei Monaten einfache Physik. Ein typisches Objekt fällt herunter, wenn man es loslässt, und schwebt nicht in der Luft. Mit fünf Monaten kennen sie den Unterschied zwischen festen und flüssigen Stoffen. Ein Strohhalm kann in eine Flüssigkeit gesteckt werden, in ein festes Objekt nicht. Flüssigkeiten kann man ausgießen. Mit sechs Monaten können sie Punktmengen unterscheiden und haben somit ein einfaches Konzept von Zahlen. Und mit zehn Monaten verstehen sie, dass unterschiedlich große Gefäße unterschiedliche Mengen an Flüssigkeiten enthalten.[14] Menschen lernen Physik und können sie auf andere Wissensdomänen übertragen. Sie müssen nicht erst von Klippen stürzen oder in Bäume fahren, um zu verstehen, dass das nicht gut ist.

Die recht einseitige Art, wie wir Intelligenz lange definiert und nun doch erweitert haben, war für die amerikanische Autorin und KI-Historikerin Pamela McCorduck ein Grund, sich mit KI zu beschäftigen.[15] 1979 veröffentlichte sie die erste geschichtliche Darstellung von KI mit dem Titel „Machines Who Think", in der sie die Gründer und Pioniere dieser neuen Disziplin interviewte und vorstellte. Sie selbst war fasziniert davon, dass Intelligenz außerhalb eines menschlichen Schädels existieren kann. Erst Jahre später wurde ihr aber ein Grund bewusst, warum KI sie so magisch anzog. Bei einem Abendessen mit einem Freund fragte dieser sie, was sie daran eigentlich so fasziniere. Mit ein paar Gläsern Rotwein intus brach es aus ihr heraus: Sie sah in künstlicher Intelligenz eine Möglichkeit, Intelligenz nicht immer nur vom Narrativ der „männlichen Schlauheit" („male smarts") ausgehend zu betrachten und zu definieren, sondern auch vonseiten der „weiblichen Intelligenz". McCorduck war selbst überrascht von sich selbst, als das aus ihr heraussprudelte.

Und sie war damit etwas auf der Spur, das in einigen Bereichen bereits wissenschaftlich nachgewiesen worden ist. Männer und Frauen betrachten die Welt in gewissen Aspekten unterschiedlich. Orientierung im Raum ist so ein Unterschied. Heutige Navigationssysteme beispielsweise geben Anleitungen nach Straßennamen. Das ist die männliche Betrachtungsweise. Frauen hingegen navigieren, indem sie sich an Orientierungspunkte halten. „Biege nach der Raststelle links ab" oder „Bleibe bis zur Bushaltestelle auf der rechten Spur" sind für sie nachvollziehbarer als „Biege links in die Favoritenstraße ab".[16]

Götter mit Robotern

Künstliche Wesen, künstliche Intelligenz und die Ethik und Moral von Maschinen beschäftigen und inspirieren die Menschheit nicht erst, seit es Science-Fiction-Romane und -Filme gibt. Die Geschichtswissenschaftlerin Adrienne Mayor stellte fest, dass es verblüffend ähnliche Narrative und Diskussionen gab, als sie 2006 an die Stanford University und damit mitten ins Silicon Valley kam, um dort die Geschichte und Philosophie von Wissenschaft und Technologie zu studieren. Die Diskussionen und Pläne von Investoren, Unternehmensgründern und Technologen wie Peter Thiel, Elon Musk, Andrew Ng oder Mark Zuckerberg deuten auf dieselben Wünsche und Ängste hin, wie Mayor sie aus der griechischen Mythologie und aus Erzählungen anderer Kulturkreise kannte. In ihrem Buch „Gods and Robots" spannt sie den Bogen von den frühesten Erwähnungen von Robotern und Cyborgs bis hin zum Traum vom ewigen Leben.[17]

Besonders reich an solch „technologischen" Erzählungen sind die griechische, etruskische und römische Mythologie. So war der griechische Gott Hephaistos zuständig für die künstlerische Gestaltung und Verarbeitung von Metallen, also ein Schmied. Nach moderner Interpretation war er der Gott der Innovation, ein Bastler, ein „Maker". Er stellte nicht nur einfache Gebrauchsgegenstände, Geschmeide und

Waffen her, sondern auch das, was wir heute als Automaten oder Roboter bezeichnen würden. Der Historiker Minsoo Kang unterteilt Automaten in vier Kategorien:[18]

1. Mythische Kreaturen, die modernen Robotern nur in der Erscheinung ähneln
2. Mythische, von Menschen geschaffene Objekte, die durch Zauberei zum Leben erweckt wurden
3. Historische, von Menschen entwickelte Objekte
4. Hypothetische Automaten, die der Illustration von theoretischen, moralischen Konzepten dienen

Im Auftrag von Zeus fertigte er beispielsweise einen „Roboter" an, der die Insel Kreta vor Feinden beschützen sollte. Der Bronzeriese Talos patrouillierte vor der Insel. Wann immer er ein unbekanntes oder feindliches Schiff erspähte, nahm er einen Felsbrocken und warf ihn auf den Eindringling. Sollte es jemandem dennoch gelungen sein, die Insel zu betreten, dann schnappte er sich den Feind, brachte seine Bronzebrust zum Glühen und drückte ihn daran. Er röstete Kretas Feinde bei lebendigem Leibe.

Der Talos-Mythos ist somit eine der ersten bekannten Erzählungen von einer Maschine, die sich selbst bewegen und selbstständig Aufgaben erfüllen kann. Damit der Bronzeriese überhaupt zum „Leben" erweckt werden konnte, hatte Hephaistos den Riesen mit goldenem „Ichor" gefüllt. Das ist das in den Göttern fließende Blut, das durch den Verzehr von Nektar und Ambrosia – auf Deutsch „Götterspeise" – entsteht und Unsterblichkeit verleiht. Talos war somit „geschaffen, nicht geboren". Aus technischer Sicht wissen wir über Talos nicht viel, außer dass sein ganzer Körper aus Bronze war, er Menschen überragte und mit mehr als 200 Stundenkilometern unterwegs sein konnte. In den wenigen überlieferten Darstellungen wird er gelegentlich auch mit Flügeln abgebildet.

Der Bronzeriese ist ein tragischer Held, und das in zweifacher Hinsicht. Zuerst führt er seine Aufgabe so wortgetreu aus, dass er jedes ihm unbekannte Schiff angreift, auch wenn es sich um kein feindliches handelt. So wie die Diskussion um künstliche Intelligenz und deren Potenzial, Aufgaben so perfekt zu erfüllen, dass sie diese wortwörtlich nimmt und dabei die Menschheit als Kollateralschaden vernichtet, zeigt sich bei Talos, dass dieses Dilemma der Menschheit bereits vor mehreren Tausend Jahren reichlich Stoff für philosophische und ethische Diskussionen und Geschichten gab.

Und dann war Talos bewusst – und das setzt voraus, dass er Bewusstsein hatte –, dass er geschaffen war und damit vergänglich. Er wünschte sich, unsterblich zu werden. Diese Tatsachen führten letztendlich zu seinem Untergang. Ein Schiff, das er attackierte, war das von Jason und den Argonauten, die sich wegen einer anhaltenden Flaute gezwungen sahen, auf Kreta zu landen. Zum Glück für die Argonauten und zum Pech von Talos war Jasons Frau Medea dabei. Und diese war nach Überlieferung zauberkundig und schlau. Sie realisierte, dass der Bronzeriese den Wunsch nach Unsterblichkeit hatte, und begann anhand eines kleinen Details, seine Funktionsweise zu verstehen. An Talos' Knöchel fiel ihr nämlich eine Niete auf, die das Ichor verschloss. Sie überzeugte Talos, dass sie ihn unsterblich machen könne, wenn er ihr erlaube, die Niete zu entfernen. Sobald jedoch die Niete entfernt war, floss das Ichor aus dem Bronzeriesen und er hauchte sein Leben aus. Medea, deren Name vom griechischen „medeia" stammt und „gerissen" und „listig" bedeutet, war sozusagen die erste „Hackerin" der Geschichte.[19]

Die Geschichte von Talos faszinierte die Menschen über Jahrtausende, und das nicht nur, weil es sich um ein geschaffenes und nicht geborenes Wesen handelte. Nicht nur wurden Talos Gefühle zugesprochen – so wird er in seiner Todesszene oft mit einer Träne versehen dargestellt, als ob er weiß, dass er im Sterben liegt –, er hat auch den Wunsch nach Unsterblichkeit. Ein bisschen so, wie Pinocchio sich wünschte, ein „echter Junge" zu sein. Aber Talos zeigte auch eine weitere Eigenschaft von künstlichen Wesen auf, die gerade heute wieder aktuell erscheint. Es geht um die Frage nach dem ethischen Handeln. Der Bronzeriese hatte die Aufgabe erhalten, Kreta vor fremden Schiffen zu schützen. Er legte das aber zu wörtlich aus und attackierte jedes Schiff, das er nicht kannte, nicht nur die wirklich feindseligen, sondern auch die Kreta wohlgesinnten und harmlosen Schiffe.

Die ganze griechische Mythologie ist voll von solchen Robotern. Homers „Ilias" beschreibt einen in Odysseus' Abenteuern. Er ist mit seinem Schiff auf dem Meer unterwegs ganz ohne Besatzung. Das funktioniert nur, wenn man Magie einsetzt – oder wenn man ein Roboterschiff hat. Und dann gibt es noch einen silbernen und einen goldenen Hund, die den Palast von Alkinoos, König der Phaiaken, beschützen. Auch die schöne Unheilsbringerin Pandora wurde in Zeus' Auftrag von Hephaistos aus Lehm geschaffen. Und die selbstfahrenden Dreifüße, die den Göttern ihre Speisen bringen, sind so eine Art „Lieferroboter", geschaffen von Hephaistos, ebenso wie die beweglichen, denkenden weiblichen Automaten, die ihm bei seiner Arbeit helfen.

An einer anderen Stelle müssen Jason und seine Argonauten bronzene Riesenwächter besiegen, die stumpfsinnig jeden Feind attackieren. Diese sind darauf „programmiert", vorzustoßen und zu attackieren. Sie können weder befehligt noch zum Rückzug gebracht werden. Aus jedem getöteten Riesen entstehen sofort neue. Doch mit Medeas Trick können sie sie besiegen: Jason wirft einen Stein in die Mitte der Riesenwächter und trifft dabei einen von ihnen, der daraufhin zur Attacke gegen seine Nachbarn übergeht – andere Riesenwächter. Diese beginnen, sich selbst zu attackieren, und vergessen dabei Jason und die Argonauten. Diese Geschichte ist Wissenschaftlern zufolge auch die erste ihrer Art, in der Befehls- und Kontrollverlust von Robotersoldaten thematisiert wird.

In einer Überlieferung aus China schuf der Meistererfinder Yan Shi einen menschenähnlichen Automaten, der gehen, singen und tanzen konnte und obendrein mit den Konkubinen des Königs Mu aus der Zhou-Dynastie flirtete. Der König geriet daraufhin in Zorn und wollte Yan Shi auf der Stelle enthaupten lassen, da öffnete dieser die Maschine und zeigte ihm, dass alle inneren Organe, Muskeln und Gelenke künstlich waren. König Mu war so erstaunt und entzückt zugleich, dass sein Zorn sofort verflogen war.[20]

Der Oxford-Philosophieprofessor Nick Bostrom bringt ein zeitgemäßes Beispiel für eine zu wörtlich genommene Aufgabe. Eine künstliche Intelligenz soll eine Million Büroklammern produzieren. Dazu wird ihr der Zugriff auf die entsprechenden Ressourcen genehmigt. Aber da eine künstliche Intelligenz aus statistischen Gründen nie sicher sein kann, dass sie tatsächlich schon genau eine Million Büroklammern produziert hat, wird sie weiter produzieren und versuchen, Zugriff auf weitere Ressourcen zu erhalten. Falls man sie daran hindert, wird sie versuchen, diese Widersacher zu beseitigen und – sofern es ihr gelingt – alle Ressourcen aufbrauchen, auf die sie zugreifen kann. Zum Schaden der Menschheit.

Der Poet Edmund Spenser veröffentlichte 1590 „The Faerie Queene", eine Abenteuergeschichte in Reimform, in der ein eiserner Ritter namens Talus dem Ritter Artegall bei der Ausübung von Recht und Gesetz helfen soll. Auch hier nimmt Talus seine Aufgaben zu wörtlich und wird zur inhumanen Tötungsmaschine, die keinerlei Rücksicht auf die Hintergründe menschlichen Handelns nimmt und weder Mitgefühl noch Gnade kennt. Der eiserne Ritter Talus wirft durch sein Handeln für die Leser ethische und moralische Fragen auf.

In modernen Zeiten sehen wir ähnliche Figuren, beispielsweise RoboCop, eine Mischung aus Mensch und Maschine, dessen Maschinenform und wortwörtliche Auslegung sein Verhalten dominiert. Ähnlich wie Talus kennt er weder Mitgefühl noch Gnade. Mary Shelleys „Frankenstein" (1818), Ridley Scotts „Blade Runner" (1982), Denis Villeneuves „Blade Runner 2049" (2017), Spike Jonzes „Her" (2013) und natürlich Alex Garlands „Ex Machina" (2014) sind nur eine kleine Auflistung künstlerischer Werke, die sich der Bearbeitung dieses Themas angenommen haben. Ganze Romane und Filmserien leben von genau solchen Einfaltspinseln, die ihren Auftrag zu wörtlich nehmen. Der brave Soldat Schwejk kommt einem da sofort in den Sinn oder die beiden Protagonisten von „Dumm und Dümmer". Aber auch Captain Tony Nelson erlebt so seine Abenteuer mit dem Flaschengeist Jeannie in der Serie „Bezaubernde Jeannie", wenn diese eine Aufgabe (teilweise auch aus Eifersucht und Liebe zu ihrem Meister) allzu wortwörtlich versteht oder verstehen will.

So nebenbei bemerkt tauchen in indischen und chinesischen Legenden zwar Roboter auf, sie werden aber dem Westen – also Griechenland und Rom – zugeschrieben. Zur Zeit der historisch belegten indischen Könige Ajatasattu und Ashoka wurden die heiligen Relikte von Buddha nicht nur von mechanischen Soldaten bewacht, sondern deren Entstehen mit dem griechisch-römischen Reich in Verbindung gebracht. Im Land der „Yantakara" („Robotermacher") leben die „Yavanas" („Griechisch Sprechenden" oder „Leute des Westens") in „Roma-visaya" („römisches Königreich"), die eine streng gehütete geheime Technologie von „bhuta vahana yanta" („beseelten Bewegungsmaschinen"), also Robotern besitzen.

Roboterhistoriker teilen solche Automaten in drei grundlegende Funktionskategorien ein: Arbeit, Sex und Unterhaltung. Von diesen drei Funktionen wurde bis vor Kurzem nur eine einzige Kategorie bedient: die der Unterhaltung, sowohl im theatralen als auch religiösen Umfeld. Weihwasserautomaten, Portale, die sich wie von Geisterhand öffnen – keines dieser Dinge hatte wirklich einen nützlichen Zweck. Sie wurden vor allem geschaffen, um Eindruck zu schinden, zu täuschen und um Macht zu demonstrieren.[21] Das setzte sich bis ins späte 18. Jahrhundert fort mit dem vom deutschen Kunsttischler und Kabinettmacher David Roentgen für Marie-Antoinette geschaffenen Automaten einer Hackbrettspielerin.[22] Erst in der Neuzeit dringen Roboter im wirklichen Leben in die Arbeitsdomäne vor und nehmen uns Arbeit in Fabriken ab oder unterstützen uns dabei. Bei Sexrobotern sind wir bislang nur bis zum Vorspiel gekommen. Aber sehen wir uns einmal an, wie Menschen und Maschinen zusammenarbeiten.

Intelligenzverstärkung und Deep Thinking

In einem Film über den amerikanischen Erfinder Thomas Edison gibt es eine Szene, in dem Edisons Mutter lebensbedrohlich erkrankt und dringend operiert werden muss. Der herbeigerufene Arzt weigert sich allerdings, die Operation auszuführen, da der Abend bereits hereingebrochen und es zu dunkel geworden ist. Der siebenjährige Edison füllt daraufhin den Raum seiner Mutter mit Kerzen und trägt aus dem Haus alle verfügbaren Spiegel zusammen, um den Kerzenschein zu reflektieren und zu verstärken. Der überraschte Arzt macht sich angesichts der nun ausreichenden Beleuchtung sofort an die Arbeit und kann Edisons Mutter retten. Auch wenn diese Anekdote, wenn schon nicht wahr, dann doch gut erfunden scheint, zeigt sie uns eines: Menschen und Technologien zusammen sind bei richtigem Einsatz ein beinahe unschlagbares Gespann.

Das hat Garri Kasparow schon vor mehr als 40 Jahren erkannt. Der 1963 in Aserbaidschan geborene Schachweltmeister, der als einer der stärksten Schachspieler der Geschichte gilt, hatte seine erste Konfrontation mit einem Schachcomputer nicht erst 1997, als er bekanntermaßen gegen IBMs Deep Blue verlor. Bereits viele Jahre zuvor hatte er begonnen, die Entwicklung von Schachprogrammen zu verfolgen und eng mit den Programmierern zusammenzuarbeiten.

In seinem 2017 erschienenen Buch „Deep Thinking: Where Machine Intelligence Ends and Human Creativity Begins" beschreibt er die Anfänge seiner Mitarbeit. Immer wieder erklärte er sich bereit, gegen Schachcomputer anzutreten und die dahinter liegenden Algorithmen und Prozesse zu verstehen. Dabei erhielt er eine unerreichte Expertise, wie verschiedene Ansätze in Computerintelligenz an Schach herantreten. Mit jeder Iteration der einzelnen Schachprogramme testete er deren Verständnis und hebelte sie zumeist aus. Schachprogramme waren lange Zeit reine Expertensysteme. Die Regeln wurden einprogrammiert, Wahrscheinlichkeiten über die Chance verschiedener Züge und Positionen berechnet und mit den Spielen von Großmeistern verglichen, und je schneller die Prozessoren wurden und je mehr Speicherkapazität den Maschinen zur Verfügung stand, desto mehr Züge konnte die Maschine vorausberechnen. Damit kann kein Mensch mithalten. Was den Menschen aber bis dahin von der Maschine unterschied, war das Finden von Mustern. Ein guter Schachspieler kann mit einem Blick auf das Brett anhand der Anordnung der Figuren bereits den Stand der Dinge und vorteilhafte Positionen erkennen. Das wird durch jahrelanges Training geübt und verbessert. Doch genau das können nun Maschinen auch: Sie erkennen Muster. Und das schneller und präziser als Menschen. Damit verlieren Menschen den Vorsprung bei dieser taktischen Fähigkeit. Ihnen bleibt aber immer noch das übergeordnete strategische Denken, das Maschinen (heute) nicht können.

Mustererkennung ist nicht nur auf Schach beschränkt. Sie ermöglicht erst unser Überleben. In dem Wirrwarr an Sinneseindrücken, denen unsere Vorfahren in der Wildnis ausgesetzt waren, ist die Unterscheidung von Mustern, die auf Gefahren hinweisen – wie beispielsweise die Haut, Form und Bewegung einer Schlange oder das Streifenfell eines Tigers – von etwas Harmlosen oder Nützlichen („Ist das ein genießbarer Pilz oder wird mich der vergiften?") genetisch von Vorteil. Es ist in unseren Genen sogar tief verankert. Selbst wenn wir noch nie vorher eine Spinne oder Schlange gesehen haben – deren Auftauchen und Bewegung lässt uns sofort in die evolutionstechnisch entwickelte und das Überleben ermöglichende Reaktion verfallen. Selbst Koko, die nie einem echten Krokodil oder einer großen Spinne begegnet war, fürchtete sich davor. Und so nebenbei erwähnt liebte sie es, mit Plüschkrokodilen und Plüschspinnen andere zu erschrecken.

Aber selbst bei kognitiv höher entwickelten Fähigkeiten, die wir uns erst mühsam aneignen müssen, kommt Mustererkennung ins Spiel. Als Kind lernte ich ein Instrument, das in Volksmusikkreisen als Hackbrett bekannt ist und einen Vorgänger des Hammerklaviers darstellt. Auf einem trapezförmigen Klangkörper sind mehr als 100 Saiten gespannt, die mit zwei zwischen den Fingern gehaltenen Hämmerchen angeschlagen werden. Da ein Hackbrettspieler keinerlei Stütze für die Hände hat, ist der Blick auf die Noten und das gleichzeitige Auf und Ab über dem Instrument nur mit Mühe zu bewerkstelligen. Typischerweise lernen Hackbrettspieler selbst lange klassische Stücke auswendig und spielen diese aus dem Gedächtnis. Im Gedächtnis sind aber keine Noten gespeichert, sondern Bewegungsmuster. Um ein länger nicht geübtes Stück zu spielen, versuchte ich immer, die Handbewegungen aus dem Gedächtnis abzurufen. Das bedeutete unter anderem auch, dass ich nicht an beliebiger Stelle im Stück beginnen konnte, sondern oft nur an bestimmten Stellen, die sozusagen der Anfang eines „Musters" waren.

Tatsächlich scheint die Evolution noch mehr für Mustererkennung zu sorgen, als uns üblicherweise bewusst ist. Bei manchen Menschen wird der sensorische Input anders dargestellt. So sehen diese Menschen beim Musikhören Farben oder erkennen Personen, weil sie über diese im „geistigen Auge" Formen und Farben gelegt sehen.

Billie Eilish, eine bei ihrem Durchbruch gerade einmal 17-jährige amerikanische Sängerin, schildert in einem Interview mit dem *Rolling Stone Magazine,* dass sie jeder ihr bekannten Person im Geiste eine Farbe, eine Form und eine Nummer zugeordnet hat. Ihr älterer Bruder ist beispielsweise ein oranges Dreieck.[23] Eine Londoner Freundin, die Textildesignerin ist, erklärte mir, dass sie beim kreativen Prozess Musik hören muss. Sie besucht die verrücktesten Experimentalmusikkonzerte, weil sie diese Musik inspiriert, während sie gleichzeitig damit ihre Freunde vertreibt, die mit solcher Musik nichts anfangen können. Als ich sie auf das Phänomen hinwies, dass manche Menschen beim Musikhören Farben und Muster sehen, antwortete sie mir verblüfft, dass sie selbst auch gefärbte Schleifen sah beim Musikhören.

Dieses Phänomen nennt sich Synästhesie.[24] Dabei werden, vereinfacht ausgedrückt, für bestimmte Sinnesreize zuständige Gehirnregionen durch eine große Nähe zu oder sogar Überlappungen mit anderen Gehirnregionen mitangeregt. Die Musik-Farben-Synästhesie wird auch als hilfreich in Bezug auf das sogenannte absolute Gehör ins Spiel gebracht.

Kombinieren wir die Stärken des Menschen mit der Rechenkraft und dem Speichervolumen des Computers, dann ist dieses Team besser als der Mensch oder der Computer allein. Garri Kasparow fasste diese Erkenntnis in einem Beitrag zusammen, der sofort Anklang weit über die Schachgemeinde hinaus fand.

Ein leistungsschwacher Mensch plus Maschine plus besserer Prozess sind einem leistungsstarken Computer allein überlegen, und, was noch erstaunlicher scheint, auch einem leistungsstarken Menschen plus Maschine plus schwachem Prozess.

Diese fortan als Kasparow-Gesetz bezeichnete Formel bewahrheitet sich auch in Bezug auf künstliche Intelligenz. So wie Kasparow bereits kurz nach seiner Niederlage gegen Deep Blue das sogenannte Advanced-Chess-Turnier oder Freistil-Schach einführte, bei dem ein menschlicher Schachspieler einen Schachcomputer zur Analyse heranziehen darf, so beobachten wir auch im Bereich künstliche Intelligenz immer öfter die Kombination zwischen Mensch und Maschine.[25]

Kasparow bezeichnet das als eine ironische Wendung der Geschichte. Jahrzehntelang hatte man sich bemüht, menschliches Denken durch Maschinen abzulösen, doch kaum gibt es Maschinen, die in Teilbereichen besser sind, fügt man den Menschen wieder in die Gleichung ein, weil die Kombination – Kasparows Gesetz zufolge – noch besser ist. Anstatt von Artificial Intelligence (AI) zu sprechen, nennen es einige nun Intelligence Augmentation (IA). Die künstliche Intelligenz erweitert menschliche Intelligenz.

Zugegeben, die bisherigen Ansätze beim Einsatz von Maschinen verfolgen den Brute-Force-Ansatz, bei dem entweder Kraftverstärkung und Geschwindigkeit unsere physischen Grenzen erweitern oder Rechengeschwindigkeit unser Denken überflügelt. Letzteres aber nur bei relativ einfachen Kalkulationen. Positionen bei einem Schachspiel schneller vorauszuberechnen und deren Siegeswahrscheinlichkeiten zu berechnen hat wenig mit der Fähigkeit zu tun, neue Fragen zu stellen oder neue Vorgehensweisen zu erfinden und zu entdecken. Hier stoßen wir an die Grenzen in Bezug darauf, wie Maschinen und Menschen kommunizieren. Die Schnittstellen sind limitiert. Befehle per Tastatur der Maschine mitzuteilen hat eine andere Informationsdichte als per Stimme oder direkt per „Gehirnlink". Selbst die Verwendung von Symbolen wie das Diskettensymbol für „Speichern" oder Emojis sind Krücken, die wir Menschen zumeist eher zufällig als gezielt erfunden haben.

1 Toolmaking, https://www.janegoodall.org.uk/chimpanzees/chimpanzee-central/15-chimpanzees/chimpanzee-central/19-toolmaking

2 Crow vending machine skills ‚redefine intelligence', https://www.bbc.com/news/science-environment-44654098

3 Linda S. Gottfredson: Mainstream Science on Intelligence: An Editorial with 52 Signatories, History, and Bibliography. In: Intelligence 24, Nr. 1 (1997), S. 13-23

4 Garry Kasparov: Chess, a Drosophila of reasoning. In: Science 07, Vol. 362, Issue 6419, Dezember 2018, S. 1087, https://science.sciencemag.org/content/362/6419/1087

5 https://en.wikipedia.org/wiki/Deep_Blue_versus_Garry_Kasparov

6 https://en.wikipedia.org/wiki/AI_effect

7 John Brockman: What to think about Machines that think. Today's Leading Thinkers on the Age of Machine Intelligence, Harper Perennial, 2016

8 https://de.wikipedia.org/wiki/Kluger_Hans

9 The basic laws of human stupidity, http://harmful.cat-v.org/people/basic-laws-of-human-stupidity/

[10] Flynn, James R.: Massive IQ Gains in 14 Nations: What IQ Tests Really Measure (PDF). In: Psychological Bulletin 101 (2), März 1987, S. 171-191, http://www.iapsych.com/iqmr/fe/LinkedDocuments/flynn1987.pdf

[11] https://de.wikipedia.org/wiki/Flynn-Effekt

[12] Has humanity reached ,peak intelligence'? http://www.bbc.com/future/story/20190709-has-humanity-reached-peak-intelligence

[13] AI Podcast Lex Fridman: Yann LeCun: Deep Learning, Convolutional Neural Networks, and Self-Supervised Learning, https://lexfridman.com/yann-lecun/

[14] https://www.livescience.com/18101-infants-grasp-gravity.html

[15] https://de.wikipedia.org/wiki/Pamela_McCorduck

[16] Human Hardware: Men, Women And How We Find Our Way, https://searchengineland.com/human-hardware-men-women-and-how-we-find-our-way-14359

[17] Adrienne Mayor: Gods and Robots. Myths, Machines and Ancient Dreams of Technology, Princeton University Press, 2018

[18] https://en.wikipedia.org/wiki/Minsoo_Kang

[19] Adrienne Mayor: Gods and Robots. Myths, Machines and Ancient Dreams of Technology, Princeton University Press, 2018

[20] https://de.wikipedia.org/wiki/Mu_(Zhou-K%C3%B6nig)

[21] Adrienne Mayor: Gods and Robots. Myths, Machines and Ancient Dreams of Technology, Princeton University Press, 2018

[22] David Roentgen's Automaton of Queen Marie Antoinette, https://www.youtube.com/watch?v=DxgwRNBmdmg

[23] She's a 17-year-old superstar who did it her way and doesn't care what you think – even if she still calls out for Mom after a bad dream, https://www.rollingstone.com/music/music-features/billie-eilish-cover-story-triumph-weird-863603/

[24] https://de.wikipedia.org/wiki/Syn%C3%A4sthesie

[25] https://de.wikipedia.org/wiki/Freistil-Schach

KAPITEL 3

Intelligente Schönheitsflecken

„Was ein Mann schöner is
wie ein Aff, is ein Luxus.“

TANTE JOLESCH[1]

Marcus Vitruvius Pollio diente der römischen Armee unter Julius Cäsar. Seine Aufgabe bestand darin, Artilleriemaschinen zu entwickeln und zu bauen. Sein Armeedienst brachte ihn unter anderem nach Gallien, Spanien und Nordafrika. Nach Ende seines Militärdienstes wurde er Architekt. Auch wenn von seinen Bauten kein einziger die Zeiten überdauert hat, so ist der 80 vor Christus geborene und allgemein als Vitruv bezeichnete Römer vor allem durch sein literarisches Schaffen bekannt. „De architectura libri decem", auf Deutsch „Zehn Bücher über Architektur", ist das einzige literarische Werk zur Architektur, das uns aus der Antike überliefert ist.

Über tausend Jahre lang war das Werk vergessen, wie so viele Werke aus der Antike, bis sie um 1400 wiederentdeckt wurden und die Beschäftigung mit antiker Kunst die Renaissance einläutete. Eine Kopie von Vitruvs „De architectura libri decem" aus dem 8. Jahrhundert wurde in einem Schweizer Kloster entdeckt und nach Florenz geschickt. Im Jahr 1480 konnte dank des kurz zuvor erfundenen Buchdruckes eine lateinische Version veröffentlicht werden.

Leonardo da Vinci und zeitgenössische Architekten studierten das Werk ausführlich, ja, sie begannen gezielt, römische Bauwerke und Ruinen zu untersuchen. Besonders inspiriert war da Vinci von Vitruvs Analogie zwischen dem *Mikrokosmos des menschlichen Körpers und dem Makrokosmos der Erde*. Die ideale Proportionierung des menschlichen Körpers sollte als Anregung dienen für alle Kunst- und Naturregeln. Diese Ansicht stammt nicht von Vitruv selbst, sondern kann bis Platon zurückgeführt werden, er vertrat somit eine damals gängige Mehrheitsmeinung in Bezug auf Kunst und Architektur.

Diese Ansicht fiel bei Leonardo da Vinci und seinen Zeitgenossen auf fruchtbaren Boden. Allerdings hatten die Klassiker diese Analogie nur in Worten beschrieben, nie aber konkreter ausgeführt. Da Vinci begann um 1489, die Proportionen und genauen Einheiten festzulegen. Vitruv zufolge haben die ausgestreckten Arme eines Menschen etwa die gleiche Länge wie die Körpergröße, der Kopf vom Haaransatz bis zum Kinn beträgt etwa ein Zehntel der Körpergröße und die Länge vom Ellbogen bis zur Achsel entspricht einem Achtel der Körpergröße. Da Vinci nahm Vitruvs Angaben als Ausgangspunkt für seine eigenen Arbeiten zum Thema. Dank seiner genauen Studien der menschlichen Anatomie kam er auf abweichende Werte, und er verewigte das Ergebnis in der berühmten Darstellung des „vitruvianischen Menschen". Detaillierter als notwendig, um die Proportionen darzustellen, und mit einer da Vinci eigenen Dynamik verewigte sich der Künstler nach überwiegender Expertenmeinung in dieser berühmten Zeichnung selbst im Alter von 38 Jahren.

Diese Darstellung verkörpert zugleich den Moment in den Anfängen der Renaissance, wo die Kombination von Kunst und Wissenschaft universelle menschliche Fragen zu beantworten versuchte, etwa, welchen Platz der Mensch im Universum einnimmt. Der vitruvianische Mensch symbolisiert das humanistische Ideal, das menschliche Werte, die menschliche Würde und das Individuum in den Vordergrund stellt.

Abbildung 3

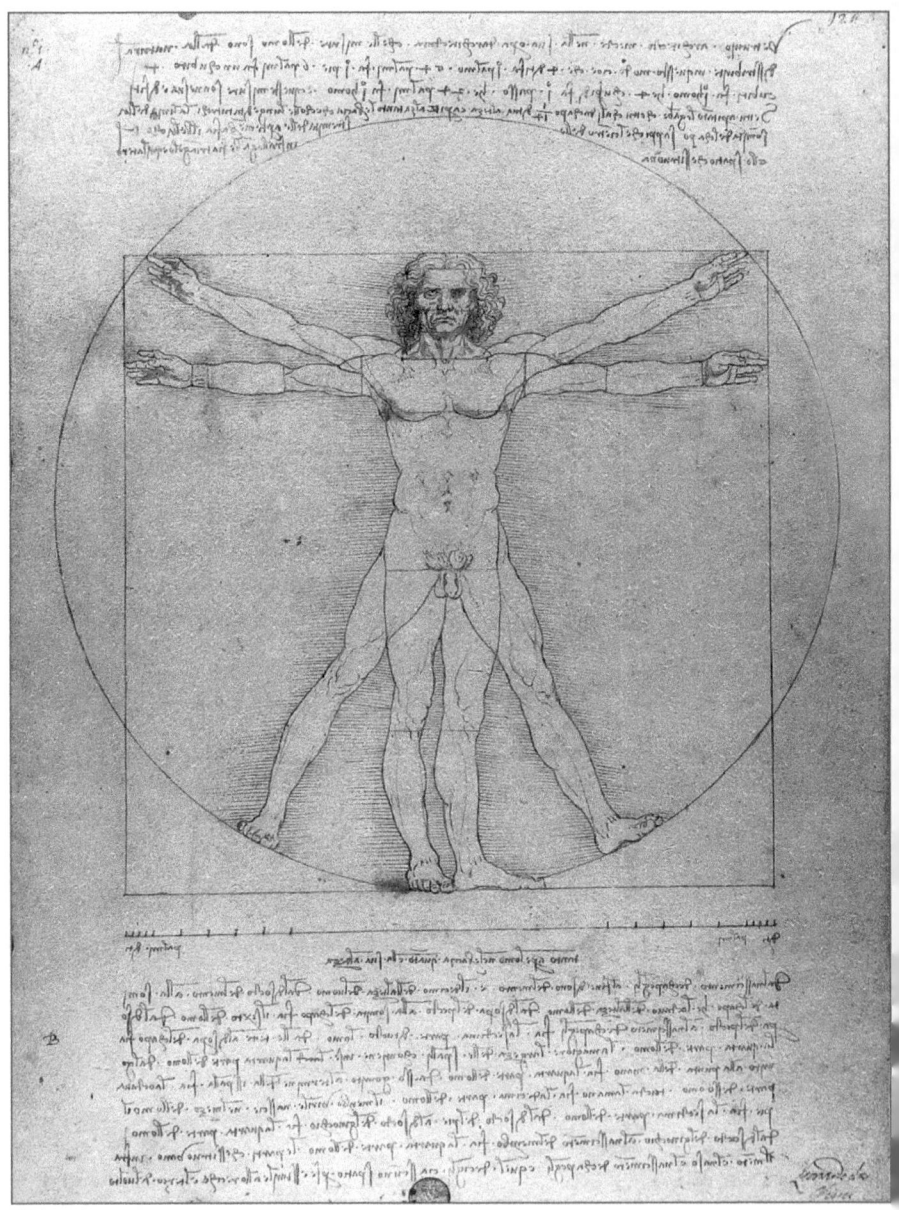

Vitruvianischer Mensch von Leonardo da Vinci

In da Vincis Architektur und seinen Zeitgenossen diente dieses Ideal als Leitfaden für die Dimensionierung von Gebäuden. Da Vincis Kollege und Freund Francesco di Giorgio Martini zeigt das in seinen Skizzen deutlich, wo die Proportionen des menschlichen Körpers als Ausgangspunkt für die Proportionen von Fassaden und den Grundriss von Kathedralen dienen.

Abbildung 4

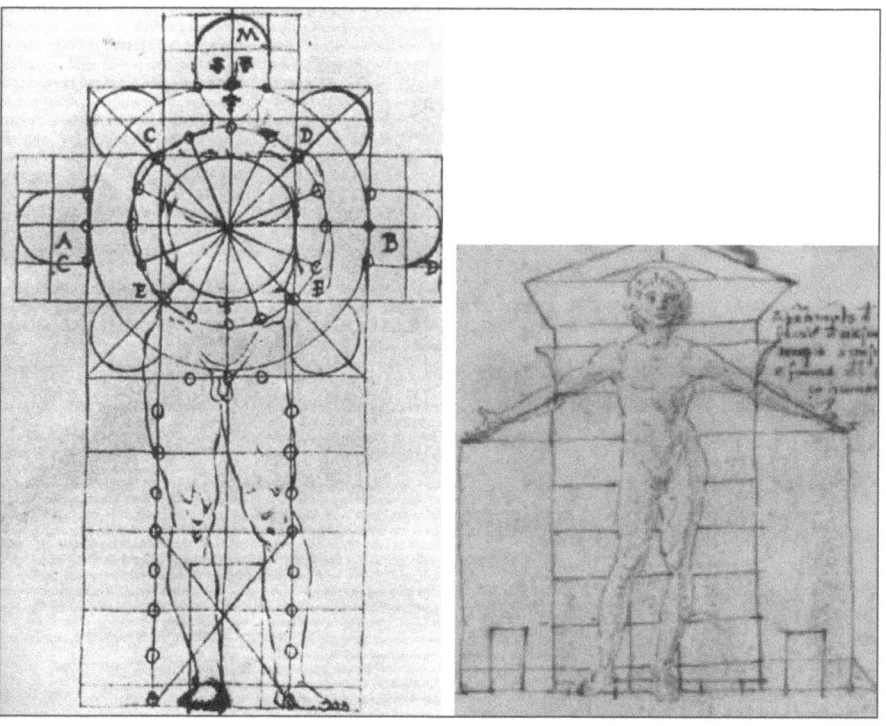

Francesco di Giorgio Martini – vitruvianischer Mensch

Quelle: Trattato di Architettura Civile e Militare

Die mathematischen Formeln zugrunde liegende Wohlproportionierung des Körpers diente als Maßstab für die Beschreibung von Schönheit. So wie Designer Richtlinien für gutes Design zu Proportionen, Farbwahl oder Benutzbarkeit haben oder Musiker Regeln für Komposition, werden diese Prinzipien auf andere Bereiche übertragen.

Wohlproportionierung darf dabei aber nicht mit absoluter Symmetrie verwechselt werden. Erst Regelbrüche und kleine „Fehler" an den „richtigen" Stellen – und wo die „richtige" Stelle für einen Regelbruch liegt, ist Thema vieler hitziger Diskussionen – schaffen die wirklich interessante Schönheit. Selbst in da Vincis Zeichnung befinden sich schon Abweichungen. Die Fußstellung und die Hände weichen ab, ja, selbst der Penis ist dezentriert.

Manche Designer und Experten vertreten sogar die Ansicht, dass Fehler erst Schönheit ausmachen. Cindy Crawford oder Marilyn Monroe erschienen vor allem durch ihre Schönheitsflecke schön. Mozart brach in seinen Kompositionen regelmäßig die gängigen Komponierregeln. Und selbst ein modernes Unternehmen wie die Kaffeehauskette Starbucks hat im Firmenlogo – dem Gesicht einer Meerjungfrau – eine Asymmetrie eingebaut. Bei genauer Betrachtung ist zu erkennen, dass zwischen den Augen und der Nase der rechte Strich länger ist als auf der linken Seite.

Abbildung 5

Asymmetrie im Logo von Starbucks

Quelle: Starbucks Corporation

Der österreichische Designer Stefan Sagmeister zeigte 2019 in seiner gemeinsam mit Jessica Walsh organisierten und kuratierten Ausstellung „Beauty" im Wiener Museum für angewandte Kunst Beispiele von Schönheit, die erst durch Fehler zu solchen werden. In der Ausstellung standen zwei Metallschüsseln, eine mit einem ornamentalen Design, wie es um 1800 beliebt war, während die andere nur aus klaren Linien ohne „unnötige" Schnörkel bestand. Die nach wie vor gültige Designphilosophie war, dass klare Linien einfacher zu produzieren und das Design somit besser wäre. Aufwendige

Verzierungen hingegen würden überladen wirken und die Produktion verkomplizieren. Sagmeister und Walsh weisen aber darauf hin, dass klare Linien recht schwierig verlässlich zu produzieren wären und Fehler besonders herausstechen. Bei ornamentalen Designs hingegen verschwinden diese Fehler in den Verzierungen. Zerbrochenes japanisches Geschirr wird oft aufwendig verklebt und die Bruchstellen werden sogar mit Blattgold hervorgehoben. Der „Fehler" macht das Objekt erst komplett und für viele erst richtig schön.

Die Renaissance betrachten wir heute als den Moment in der europäischen Geschichte, in dem man durch die Wiederentdeckung antiker Lehren und Erkenntnisse und die Beschäftigung mit ihnen das „dunkle Mittelalter" hinter sich ließ. Doch dieser Moment, bei dem man sich vor allem auf die alten Philosophen bezog, währte nur kurz. Rasch verstand man, dass man neue Erkenntnisse nicht durch reine Ableitung aus bestehendem Wissen gewinnt, sondern neues Wissen geschaffen werden muss. Und dass die alten Klassiker eben auch nicht alles wussten.

Wissenschaftliche Gesellschaften wurden gegründet, die mit wissenschaftlichen Methoden aktiv nach neuem Wissen und neuen Erkenntnissen suchten. Mithilfe des gerade erfundenen Buchdrucks konnten dieses Wissen und neue Theorien rascher als je zuvor mit einer großen Zahl Menschen geteilt werden, was wiederum neue Ideen und Theorien hervorrief und andere inspirierte. Vor allem aber brachte es ein neues Verständnis über den Menschen und das Universum hervor, das sich loslöste von religiösen Interpretationen und auf nachweisbaren Fakten und Naturgesetzen beruhte. Das Denken und der Diskurs änderten sich. Es entwickelten sich konkurrierende Ideen, die außerhalb des bisherigen gedanklichen Rahmens lagen – neue, anders proportionierte Gedankenwelten.

Der vitruvianische Mensch diente seit der Renaissance als Ausgangspunkt für wohlproportioniertes Design mit der richtigen Dosierung an Asymmetrien. Bietet sich diese bislang vor allem auf das äußere Erscheinungsbild bezogene asymmetrische Wohlproportionierung auch für den Bereich Intelligenz an? Um diese Frage beantworten zu können, müssen wir zunächst „Wohlproportionierung von Intelligenz" definieren und klären, welche Asymmetrien einzubeziehen sind.

Regenmann und Klimastreik

Tatsächlich lernen wir, dass Intelligenz mehrere Dimensionen umfasst. Emotionale, soziale, kulturelle, tierische Intelligenz sind Subkategorien, die wir bereits erwähnt haben. Erst vor relativ kurzer Zeit erhielt eine weitere Ausprägung von Intelligenz mit all ihren Stärken und Schwächen verstärktes Medieninteresse.

Ein Film mit Dustin Hoffman und Tom Cruise aus dem Jahr 1988 brachte einem größeren Publikum Autismus näher. In dem Film „Rain Man" spielt Dustin Hoffman den autistischen Raymond, der ein großes Zahlengedächtnis hat, aber sozial und emotional unterentwickelt ist und ganz strikt seine Routinen einzuhalten versucht.

Als Autismus bezeichnet man eine Entwicklungsstörung, die sich mehr oder weniger stark auf die betroffene Person und das Umfeld auswirken kann. Dabei können sich Probleme beim sozialen Umgang, bei der Kommunikation mit anderen und ein großer Fokus auf bestimmte, oft repetitive Aufgaben manifestieren. Nicht immer zum Nachteil, wie sich herausstellt.

Einige Personen mit Asperger – das als eine Ausprägung von Autismus angesehen wird – können hochfunktionale Individuen sein. So soll Mark Zuckerberg, der Facebook-Gründer, Asperger haben. Diese Form hilft den Personen, Aufgaben sehr fokussiert anzugehen. Greta Thunberg, die Klimaaktivistin, geht offen mit ihrer Asperger-Diagnose um. Sie sagt sogar, dass diese ihr erst den Fokus und den Antrieb gibt, sich so intensiv mit Klimaschutz zu beschäftigen.

Aber auch andere Formen „geistiger Störungen", die wir als Abweichungen von der Norm betrachten, ergeben evolutionsgeschichtlich

Sinn – und haben vermutlich deshalb auch in unseren Genen überlebt. Man denke hier beispielsweise an die Diskussion um introvertierte und extrovertierte Menschen, um Schizophrenie und Paranoia.

Paranoia beispielsweise ist unter gewissen Rahmenbedingungen nicht immer ausschließlich als negativ zu betrachten. Wer stark fokussiert mögliche Problemszenarien und Lösungen entwickelt, kann einer Gesellschaft wertvolle Dienste erweisen. Brandschutz- und Sicherheitsbeauftragte, militärische Strategen, Geheimdienst- leute und manche Wissenschaftler beschäftigen sich sehr oft mit den möglichen negativen Auswirkungen von Änderungen aller Art, aber auch mit bislang nicht angedachten Szenarien. Paranoia in einer solch milden Form kann aktiv zum Schutz und Überleben der Gemeinschaft beitragen.

Betrachten wir künstliche Intelligenz unter diesem Blickwinkel, dann kann menschliche Intelligenz in diesen Ausprägungen neue Entwicklungspfade für spezielle Aufgaben und mehr Resilienz in der KI-Forschung und -Anwendung aufzeigen.

In der Science-Fiction-Serie „Per Anhalter durch die Galaxis" (nach der Buchvorlage von Douglas Adams) erscheint die kauzige Nerven- säge Marvin, ein paranoider Android. Jedem, der nicht rasch genug das Weite sucht, erzählt er ausführlich von seiner Depression und seiner Langeweile, weil sein überentwickelter Intellekt nie voll ausge- schöpft wird. Paranoid ist er eigentlich nicht, sein Spitzname ist nur des Reimes wegen so gewählt. Was sich in der Serie als Running Gag durchzieht, kommt schließlich der ganzen Mannschaft seines Raum- schiffs zugute: Bei einer Schießerei der Crew mit Polizeirobotern klinkt er sich durch Zufall in das zentrale Steuermodul des Polizeiraumschiffs ein, worauf dieses sich, deprimiert von Marvins Erzählungen, selbst zerstört und damit auch die Roboterpolizisten.[2]

Wenn wir also Maschinen Eigenschaften wie Emotionen, Empa- thie oder Bewusstsein zugestehen wollen, könnten diese vielleicht auch ähnliche „Entwicklungsstörungen" haben wie manche Menschen. Autismus, Kreativität, Synästhesie, Paranoia und Ähnliches könnte

Intelligenz erst richtig intelligent machen, so wie Schönheit erst durch kleine Fehler wirklich schön wird.

Wenn die Wirklichkeit eine andere ist

An der Ecke Howard und 9th Street in San Francisco befindet sich ein Restaurant, das asiatisch-amerikanische Fusionsküche anbietet. Das Essen nimmt es durchaus mit gehobeneren Restaurants auf. Besuchern empfehle ich das Restaurant immer wieder, vor allem, wenn sie wirklich nur einen Tag Zeit für einen Stadtbesuch haben und etwas für San Francisco Typisches erfahren möchten. Man muss nämlich wissen, dass das kein normales Restaurant ist. Beim Eintreten wird einem vielleicht ins Auge fallen, dass zwei Drittel der Gäste Frauen sind, darunter außergewöhnlich viele Frauengruppen, die Geburtstage oder Junggesellinnenabschiede feiern. Für gute Stimmung ist allein schon durch die Gäste gesorgt. Während die Kellnerinnen noch eifrig Bestellungen aufnehmen und Getränke und Essen servieren, beginnt die Musik und auf dem Tresen erscheint eine der Kellnerinnen, die zur Musik zu tanzen und singen beginnt. Die Kellnerinnen wechseln sich ab und bald wird offensichtlich, dass alle Tänzerinnen, die gerade noch bedient haben, eigentlich gar keine Kellnerinnen sind. Also schon, aber in einem früheren Leben waren sie Kellner. Jede einzelne Dame ist eine Transgenderperson, die ihren Körper mittels Hormonbehandlung und plastischer Chirurgie an ihr wahres Selbst angepasst hat.

Während Frauen sehr viel rascher erkennen, dass sie es mit einer Transgenderfrau zu tun haben, brauchen Männer länger. Die Frauen sind zumeist sehr hübsch und erst bei genauerer Beobachtung wird einem bewusst, dass irgendetwas anders ist. Nur was? Bei einer Sängerin verriet es die Art, wie sie bei einer humorvollen Liedzeile die Lippen bewegte. So hatte ich noch nie eine Frau, sehr wohl aber Männer die Lippen falten sehen. Auch würde eine Kellnerin nie einfach so ihre Silikonbrüste von hinten an die sitzenden Gäste drücken.

Selbst mit dem Wissen, dass es sich um Transgenderfrauen handelte, wollte sich mein Reptiliengehirn partout nicht darauf einstellen, dass zwei von ihnen auch Transgenderfrauen waren, so perfekt war deren Transformation gelungen.

Das Spiel mit Geschlechtern ist natürlich nichts, das auf dieses Restaurant beschränkt ist. In Theaterstücken wird seit der Antike mit Transformationen gespielt. Der Billy-Wilder-Film „Some like it hot" mit Marilyn Monroe, Tony Curtis und Jack Lemmon lebt von der Verwechslung und den peinlichen und sexuell aufgeladenen Situationen, in die die Protagonisten stolpern. Was einen Film wie diesen so unterhaltsam macht, ist eben, dass Jack Lemon und Tony Curtis für die Zuschauer offensichtlich verkleidete Männer sind, den Akteuren im Film aber als echte Frauen erscheinen.

Alan Turing, der britische Mathematiker, dem es im Zweiten Weltkrieg mit seinem Team gelang, die Chiffriermaschine Enigma für die Briten zu entschlüsseln und damit die Kommunikation des deutschen Militärs zu lesen, hatte das „Imitation Game" im Sinn, als er einen Test vorschlug, der Computerintelligenz testen sollte. Im Partyspiel Imitation Game gehen ein Mann und eine Frau aus einer Gruppe jeweils in einen anderen Raum und übermitteln den anderen auf Schreibmaschine geschriebene Mitteilungen, die vorgelesen werden. Beide – der Mann und die Frau – versuchen dabei, die anderen Partygäste zu überzeugen, dass sie die Frau sind, mit der sie kommunizieren.

Turing erwähnt dieses Partyspiel, um die Frage zu stellen, wie es denn wäre, wenn einer der beiden ein Computer wäre. Im heute als „Turing-Test" bekannten Experiment versuchen Menschen herauszufinden, ob es sich beim jeweiligen Gesprächspartner um ein Computerprogramm oder einen Menschen handelt. Die beiden sehen sich nicht und kommunizieren über Bildschirmtexte miteinander.

Seit 1991 findet dieser Test nach genauen Kriterien einmal jährlich statt und ist mit einem Preisgeld in Höhe von einer Million Dollar ausgelobt. Die Spende stammt vom amerikanischen Erfinder Hugh

Loebner, der damit die Forschung zur künstlichen Intelligenz voranbringen wollte. Unter KI-Forschern ist der Test umstritten. So meint François Chollet, KI-Forscher bei Google, dass der Turing-Test nicht aussagekräftig sei, weil er nicht auf messbaren Kriterien für Intelligenz beruhe, sondern die Entscheidung auf eine menschliche Jury auslagere.[3]

Wenngleich der bekannteste, so ist der Turing-Test nicht der einzige, der Computerintelligenz, oder vielleicht präziser: den Fortschritt der Computerintelligenz und Computerdenkfähigkeit, misst. Der nach dem Stanford-Professor für Informatik benannte Winograd-Test (eigentlich „Winograd Schema Challenge") arbeitet mit Sätzen, deren Inhalte rasch für Verwirrung sorgen und die, nebenbei bemerkt, leicht für humoristische Zwecke ausgeschlachtet werden können. In den beiden folgenden Beispielen wird sichtbar, welche Fähigkeit der Winograd-Schema-Test abfragt:

> *„Die Stadträte erteilten den Demonstranten*
> *keine Versammlungserlaubnis,*
> *weil sie Gewalt [fürchteten/unterstützen].*
> *Wer [fürchtet/unterstützt] Gewalt?"*

> *„Der Pokal passte nicht in den braunen Koffer,*
> *weil er zu klein war. Was war zu klein?"*

Im ersten Beispiel können wir Menschen aufgrund unserer Erfahrungen eindeutig bestimmen, wer sich vor Gewalt fürchtet (die Stadtväter) beziehungsweise sie unterstützt (die Demonstranten), im zweiten können wir das Subjekt des Nebensatzes „er" im Kontext von Koffer und Pokal eindeutig mit „Pokal" bestimmen, weil wir wissen, wie die beiden üblicherweise verwendet werden. Menschen wissen aus Erfahrung, wie bestimmte Gegenstände üblicherweise verwendet werden. Der Pokal wird in den Koffer gepackt. Wenn der Koffer zu klein (oder der Pokal zu groß) ist, funktioniert das nicht.

Hier noch ein Beispiel, bei dem das Winograd-Schema die Grundlage eines Witzes ist.

Ein etwas betagteres Paar sitzt auf der Bank,
da sagt sie: „Meinst du nicht, wir sollten ans Heiraten denken?" Sagt er: „Ja, schon, aber wer würde
uns denn in unserem Alter noch haben wollen?"

Selbst wenn eine Maschine das letzte Beispiel richtig interpretiert, würde sie den Witz erkennen und lachen? Davon sind wir weit entfernt. Maschinenintelligenz müsste nicht nur relativ starre Schemen in Sprache erkennen, sondern auch das Witzige an der Situation bemerken oder aus visuellen Informationen mehrere Arten von Erkenntnissen ziehen können. Wenn sie beispielsweise ein Landschaftsgemälde mit rastenden Wanderern betrachten würde, könnten die Fragen „Was ist darauf zu erkennen?", „Wer ist zu sehen?", „Was machen diese Personen?" bis hin zu „Was denkt das Mädchen in dem Gemälde über den Jungen?" lauten. Diese Art von Fragen erfordert verschiedene Kompetenzen, die zum Teil auch in unterschiedlichen Gehirnregionen bearbeitet werden. Auf die Frage „Was empfindest du bei der Betrachtung des Gemäldes?" würde wohl jeder von uns eine andere Antwort geben.

Apple-Mitgründer Steve Wozniak schlug einen anderen Test vor, um Maschinenintelligenz zu prüfen. Mit diesem Test wird die Komplexität vorgeblich „einfacher" Aufgaben bewusst. Neben Logik, maschinellem Sehen, Zugriff auf eine umfangreiche Wissensdatenbank, einem für allgemeine Zwecke entwickelten Roboterkörper, dem Verstehen von Bewegungsphysik und Feinmotorik wird eine Reihe von weiteren Fähigkeiten benötigt.

Wozniak schlug den „Kaffeetest" vor, bei dem eine Maschine die Aufgabe erhält, in ein beliebiges Haus oder eine beliebige Wohnung zu gehen und Kaffee zu machen. Für mich als Wiener, der gern seine Zeit in Kaffeehäusern verbringt, hat diese Intelligenz einen besonderen Charme.

In eine Wohnung zu gelangen, die Kaffeemaschine ausfindig zu machen, Wasser nachzufüllen, die Kaffeekapseln hineinzustecken oder die Bohnen zu mahlen, Milch für meinen bevorzugten Macchiato aufzuschäumen, den Kaffee in eine Tasse zu füllen, diese auf ein Tablett zu stellen neben ein Stückchen Schokolade und ein Glas Wasser, den Löffel auf das Wasserglas quergelegt, und das Ganze mit der Attitüde eines typisch unfreundlichen Wiener Obers zu servieren, diesen ultimativen Intelligenz- und Attitüdentest wird eine Maschine vermutlich nie beherrschen ... wollen.

Dieses Paradox, dass für Menschen einfache Aufgaben für Maschinen sehr schwierig sind und dass umgekehrt für Maschinen einfache Aufgaben für uns schwer sind, hat schon der österreichische Robotikforscher Hans Moravec in seiner Arbeit „The Age of Robots" beschrieben. Über Jahrmillionen haben unsere Gehirne gelernt, indem unsere Körper sich auf ihre Sinnesorgane stützten, sich bewegten, die Umwelt sahen, hörten, ertasteten, rochen et cetera. Die Logik hingegen ist eine relativ junge und menschheitsgeschichtlich erst vor Kurzem erworbene Fähigkeit. Erst Computer haben uns allerdings gezeigt, dass dies die leichtere Aufgabe ist.

Generell ist die Messung von Intelligenz eine komplexe Aufgabe. Menschliche Intelligenz zeichnet sich vor allem durch den „Intelligenzraum" aus. Heutige KI ist sehr eng definiert. AlphaGo kann hervorragend Go spielen, aber ansonsten nichts anderes. Ein Krebsdiagnosesystem in einer Klinik ist herausragend in diesem Fachgebiet, kann aber nicht Auto fahren. Die KI, die selbstfahrende Autos der Google-Schwesterfirma Waymo steuert, kann Auto fahren, aber nicht Go spielen, Krebs diagnostizieren oder ein Buch schreiben.

Menschen sind zwar nicht so gut im Autofahren wie Waymo oder spielen schlechter Go als AlphaGo, dafür aber können sie vieles. Der Intelligenzraum des Menschen ist sehr groß. Deshalb ist es umso bewundernswerter, wenn wir es trotzdem schaffen, sehr gut Go zu spielen oder Krebs zu diagnostizieren.

Ein solcher Intelligenztest müsste deshalb nicht nur die textbasierte Gesprächsintelligenz wie beim Turing-Test testen, sondern den Intelligenzraum evaluieren. Je größer dieser ist, desto höher ist auch die allgemeine Intelligenz des Systems.

Intelligenzexplosion

Die Hoffnung für die einen und eine große Befürchtung für die anderen ist die sogenannte Intelligenzexplosion. Das hat nichts damit zu tun, dass das Gehirn zu groß wird und wie in der Science-Fiction-Komödie „Mars Attacks!" aus dem Jahr 1996 irgendwann explodiert. Vielmehr sprechen wir hier von KI, die ab einem gewissen Zeitpunkt beginnt, sich selbst zu schulen, sich zu korrigieren und immer klüger zu werden, eine immer bessere künstliche Intelligenz zu werden. Der IQ einer solchen KI schnellt innerhalb von kurzer Zeit hoch. Dabei erreicht sie zu einem bestimmten Zeitpunkt die durchschnittliche menschliche Intelligenz von 100, die als Singularität bezeichnet wird, und liegt wenige Jahre später dank exponentiellem Wachstum bei mehreren Tausend IQ-Punkten, und das geht so weiter ad infinitum. So jedenfalls die Hoffnung beziehungsweise die Befürchtung. Dieses Argument ist eines, das die (fehlgeleitete) Diskussion um die Gefahren einer Superintelligenz, die die Menschheit auslöschen oder versklaven wird, befeuert.

Thomas Dietterich ist Informatiker an der Oregon State University. Ihm zufolge sind eine Reihe von Voraussetzungen für eine Intelligenzexplosion notwendig und von vielen sind wir heute noch meilenweit entfernt.[4] Zunächst muss ein solches System fähig sein, Experimente durchzuführen. Ohne diese kann es sein Wissen nicht über jenes von menschlichem Wissen erweitern. Dann muss es aus diesen Experimenten neue vereinfachte Strukturen extrahieren, die es nutzen kann für eine maschinelle Beweisführung. Des Weiteren muss solch ein System neue Algorithmen und Rechenoperationen entwickeln können. Und schließlich muss es diesen Algorithmen und Operationen den Zugriff auf Ressourcen ermöglichen, um so wieder – rekursiv – neue Experimente zu erfinden und durchzuführen und so fort. Auf diese Weise kann es die eigene Intelligenz weiterentwickeln und erhöhen.

Der Franzose François Chollet, KI-Forscher bei Google, der für mehrere Erweiterungen von Googles KI-Werkzeug Tensorflow verantwortlich ist, stellt das Narrativ der Intelligenzexplosion infrage. Er weist darauf hin, dass Intelligenz ein Ergebnis des Zusammenspiels von Gehirn, Körper und Umwelt ist. Die Erfahrungen, die ein Körper in der Interaktion mit seiner Umgebung macht, selbst wenn sie nur simuliert sind, und die dann vom Gehirn verarbeitet werden, erweitern die Intelligenz. Das alleinige Optimieren eines KI-Systems ohne Berücksichtigung von Körper- und Umwelterfahrungen führt Chollet zufolge jedenfalls nicht zu dieser Intelligenzexplosion. Und zwar deshalb, weil Körper oder Umwelterfahrungen nicht mehr die Erfahrungen liefern und sensorisch verarbeiten können, die das Gehirn bräuchte zur Erhöhung seiner Intelligenzleistung. Sie seien also die Flaschenhälse in der Gesamtbetrachtung. Eine Intelligenzexplosion kann nur durch die gleichzeitige Verbesserung aller drei Komponenten geschehen.

Doch das ist nicht die einzige Hürde bei der Intelligenzverbesserung. Wenn wir menschliche Intelligenz nicht nur als Leistung eines einzelnen Gehirns betrachten, sondern als Gesamtleistung aller menschlichen Gehirne, dann können wir bei Betrachtung der wissenschaftlichen Leistung und des menschlichen Erfindungsreichtums über die Jahrhunderte hinweg einen Eindruck erhalten, wie sich „Intelligenzexplosion" in der Realität abspielt. Schließlich sind Menschen solche „natürlichen intelligenten Systeme".

Die menschliche Zivilisation wird durch ein Netzwerk von Gehirnen, Publikationen, Intelligenzwerkzeugen wie Computern, Formeln, Mathematik, Programme, Algorithmen und anderweitig kodiertem Wissen gebildet. Diese Intelligenz ist nicht nur ein isoliertes Gehirn in einem Einmachglas, sondern setzt sich zusammen aus all diesen Dingen im Kontext und in Interaktion mit der Umgebung. Nicht der Einzelne wird damit zum superintelligenten Menschen, sondern unsere Zivilisation als Ganzes wird intelligenter. Eine Person allein kann keinen Computer bauen oder Raumfahrt betreiben, aber wir zusammen als Gesellschaft können das schon. Wir können das anhand des wissenschaftlichen Fortschritts betrachten. Dieser stellt nichts anderes dar als eine sich selbst verbessernde Intelligenz. Mit jeder neuen Erfindung und Entdeckung wird die gesamte Menschheit intelligenter: durch neue Erkenntnisse, durch Experimentieren, das Lernen aus Fehlern und Fehlentwicklungen, das Erstellen neuer Theorien und Modelle, die intensive Debatte und nicht selten durch das Verwerfen von Ideen und den Neubeginn. Eigentlich entspricht das dem, wie heutzutage eine rekursiv lernende KI vorgeht.[5]

Demzufolge sollten wir doch hier ebenso eine Intelligenzexplosion bemerken können, wie wir sie von einer rekursiv selbstlernenden und sich selbst verbessernden Superintelligenz erwarten. Nur, das ist nicht der Fall. Der Fortschritt, gemessen am Intelligenzzuwachs, ist linear und nicht exponentiell.

Neue Erkenntnisse der Quantentheorie führen zu neuen Werkzeugen wie beispielsweise Lasern, die dann wiederum Experimente und neue Erkenntnisse erlauben. Wissen, Werkzeuge, neue Algorithmen, neue Modelle oder Theorien entstehen somit in Abhängigkeit voneinander. Bessere theoretische Ansätze zur Quantentheorie können erst dann entwickelt werden, wenn neue Methoden zur experimentellen Messung beispielsweise mit Lasern zur Verfügung stehen. Diese Teile müssen sozusagen miteinander wachsen, sich miteinander verbessern, und immer mehr Ressourcen werden dafür benötigt. Eine exponentielle Steigerung bedeutet auch eine exponentielle Steigerung beim Einsatz von Ressourcen.

Exponentielles Wachstum trifft überdies auf „exponentiell wachsende Reibung" im System. Obwohl sich alle 15 bis 20 Jahre die Anzahl der Wissenschaftler in der Medizin verdoppelt, gibt es auf diesem Gebiet nicht mehr Fortschritt als zuvor. Der Fortschritt zwischen 1950 und 2000 ist derselbe wie der zwischen 1900 und 1950. Die Gründe dafür sind mannigfaltig.

1. Wissenschaftlicher Fortschritt wird immer schwieriger. Anfänglich kann man die relativ einfachen Probleme lösen, doch die verbleibenden werden immer komplexer und kosten mehr Zeit.

2. Je mehr Menschen an einer Sache arbeiten, desto höher ist der Kommunikationsaufwand.

3. Je mehr Wissen vorliegt, desto mehr Aufwand muss in die Ausbildung und in das Verständnis des Wissens investiert werden, was den Wissens- und Aufgabenbereich eines einzelnen Forschers stark einschränkt.

Um das Intelligenzwachstum in der Wissenschaft auf demselben Niveau zu halten wie in der Vergangenheit, müssen wir Werkzeuge entwickeln, die uns dabei unterstützen. Computer sind solche enorm nützlichen Werkzeuge und KI wird uns bei der nächsten Stufe helfen.

Erik Brynjolfsson und Andrew McAfee, die Autoren von „The Second Machine Age: Wie die nächste digitale Revolution unser aller Leben verändern wird", sehen die aktuellen Limitationen beim Fortschritt weniger in fehlenden Daten oder Werkzeugen, sondern eher darin, dass nach wie vor ein signifikanter Teil der Menschheit keinen Zugang zu Wissen hat beziehungsweise nicht zum Wissen beitragen kann.

Für den bereits erwähnten französischen KI-Forscher bei Facebook Yann LeCun ist der Begriff „generelle Intelligenz", bei der eine Superintelligenz darauf abzielt, menschliche Intelligenz zu erreichen beziehungsweise zu übertreffen, an sich schon problematisch. Ihm zufolge gibt es keine „generelle" Intelligenz bei Menschen, denn auch wir sind bereits so spezialisiert, dass wir eigentlich keine Generalisten sind.

Um also so etwas wie die KI im Film „Her" zu schaffen, sind drei Schritte wichtig. Zuerst muss das System ohne Überwachung selbst lernen und dabei Modelle der Welt um sich herum entwerfen können. Es muss etwa physikalische Modelle ausarbeiten und verstehen können, dass es Schwerkraft gibt und wie sie sich auswirkt. Zweitens muss eine KI so etwas wie Ziele haben und sich selbst setzen können. Ein Ziel zu erreichen ruft Befriedigung hervor, und das fühlt sich gut für uns an. Deshalb setzen wir Menschen uns Ziele. Und drittens bleiben sämtliche Ziele und alles Lernen wirkungslos, wenn wir nicht die nachfolgende Handlung planen und ausführen.

Handlungen, die wir ausführen oder nicht ausführen und die uns somit helfen, unsere Ziele zu erreichen oder nicht zu erreichen, sind entscheidend für das Lernen. Lernen, das nur durch das Lesen von Texten geschieht, ist nicht ausreichend. Viele Aspekte, die zur Zielerreichung notwendig sind, werden nie explizit oder implizit in Texten ausgedrückt. Dasselbe gilt für andere Medien. Videos oder Ton allein oder sogar die Kombination diverser Medien reicht nicht aus, um Meisterschaft auf einem Gebiet zu erlangen. Nicht umsonst unterscheiden wir zwischen Buchwissen und angewandtem Wissen. Bloß weil ich sämtliche Literatur zum Pingpong-Spielen verschlungen habe, macht mich das noch nicht zu einem hervorragenden Pingpong-Spieler.

LeCun meint, dass aus all diesen Gründen eine autonome Superintelligenz Emotionen haben muss. Doch dazu später mehr.

---

[1] Friedrich Torberg: Die Tante Jolesch oder Der Untergang des Abendlandes in Anekdoten, dtv, 1977, S. 21

[2] https://en.wikipedia.org/wiki/Marvin_the_Paranoid_Android

[3] AI Podcast Lex Fridman: François Chollet. Keras, Deep Learning, and the Progress of AI, https://lexfridman.com/francois-chollet/

[4] John Brockman: What to think about Machines that think. Today's Leading Thinkers on the Age of Machine Intelligence, Harper Perennial, 2016

[5] François Chollet: The implausibility of intelligence explosion, https://medium .com/@francois.chollet/the-impossibility-of-intelligence-explosion-5be4a9e-da6ec1w

KAPITEL 4

Stille Post für Androiden

*„Die Leute sagen:
‚Nichts ist unmöglich‘,
aber ich mache den ganzen Tag nichts."*

WINNIE PUUH

Die Augen der Vierjährigen leuchteten. Sie hatte gerade mit vor dem Mund gehaltenen Händen ihrer Nachbarin etwas ins Ohr geflüstert. Nun saß sie voller Vorfreude auf ihrem Stuhl und konnte ihre Ungeduld nicht verbergen. Ihre Nachbarin flüsterte einem schüchternen Jungen etwas ins Ohr. Er kniff die Augen fragend zusammen. Sie wiederholte das Wort etwas lauter in sein Ohr. Nun schien er begriffen zu haben und drehte sich nach rechts. Das Ins-Ohr-Flüstern wiederholte sich im Kreis der zehn Kindergartenkinder, bis das letzte Kind das Wort laut aussprach. Die Kinder lachten und staunten abwechselnd, denn das Wort war ein ganz anderes als jenes, das sie ins Ohr geflüstert bekommen hatten.

Die meisten von uns kennen dieses Gruppenspiel und haben es sicherlich mehr als einmal in der Kindheit gespielt. Es handelt sich um „Stille Post". In anderen Sprachen ist das Spiel als „Chinesisches Flüstern" („Chinese Whispers"), „Russischer Skandal" („Russian Scandal") oder „Arabisches Telefon" („Téléphone arabe") bekannt.

Der Spaß an dem Spiel ist, wie aus einem ursprünglichen Wort oder Satz am Ende etwas völlig anderes wird. Es demonstriert, wie sich Ungenauigkeiten und Fehlinterpretationen in eine Nachrichtenkette schleichen und das Ergebnis bis zur Unkenntlichkeit beeinflussen können. Ein gutes Anschauungsbeispiel dafür, wie sich Gerüchte und Fake News verbreiten.

Varianten des Spiels verstärken die Ungenauigkeiten ganz bewusst. So muss in einer Variante der nachfolgende Spieler das geschriebene

Wort zeichnen, der nächste wiederum das Wort schreiben. Oder es wird von jedem Spieler verlangt, ein Wort des Satzes zu ändern und weiterzugeben.

Der Name des Spiels im englischsprachigen Raum ist auf die ersten Handelskontakte mit China zurückführbar. Die Schwierigkeiten der Europäer, die Sprache zu verstehen und die kulturellen Unterschiede richtig einzuordnen und zu interpretieren, führten dazu, dass die Europäer zur Schlussfolgerung kamen, dass Chinesisch nicht zu verstehen sei. Viele der Namen des Spiels in anderen Sprachen, wo es als „kaputtes Telefon" oder „kabelloses Telefon" (in Zeiten lange vor dem Handy) bezeichnet wird, erinnern an die Anfangsschwierigkeiten mit der neuen Telefontechnologie, die von Knackgeräuschen geprägt war.

Der Name „Russischer Skandal" für das Spiel im englischsprachigen Raum weist auf eine Vorliebe der Russen für Gerüchte und Verschwörungstheorien hin, die meiner beschränkten Erfahrung nach bei den Russen noch ausgeprägter ist als im Westen. Allein, dass man sogar ein eigenes Kürzel „OBS" für Gerüchte erfand – „eine Oma sagte" (одна бабушка сказала) –, zeigt, wie gern die Gerüchteküche angeheizt wird.

Und wer sich schon die ganze Zeit wundert, worauf ich hier hinausmöchte: Genauso wie Stille Post funktioniert künstliche Intelligenz. Anstatt aber zehn Kinder in einer Reihe anzuordnen, nimmt man Tausende von Kindern und ordnet sie in Hunderten Reihen an. Jedes Kind empfängt Informationen jedoch nicht nur von einem Kind und gibt sie an ein anderes Kind weiter, es erhält von mehreren Kindern zugleich Informationen, wägt diese ab, macht daraus etwas Neues und gibt diese abgewandelten Informationen an mehrere Kinder weiter. Jedes Kind in unmittelbarer Nähe kann dabei von ein und demselben Kind aber leicht abgewandelte Informationen erhalten.

Man stelle sich das Geschnatter und Gekicher bei Tausenden von Kindern in so einem Stille-Post-Spiel vor. So und nicht anders geht es in einem künstlichen neuronalen Netzwerk zu, das ich hier gerade beschrieben habe. Jedes Kind repräsentiert ein Neuron, eine Einheit, die als biologisches Vorbild die Nervenzelle hat. Solch ein künstliches Neuron erhält Informationen, die es weiterverarbeitet und an andere Neuronen weiterreicht. Die Weiterverarbeitung in jedem Neuron ist einfach gesagt nichts anderes als Matrizenrechnung und Statistik, wie sie jeder Abiturient in der Oberstufe gelernt lernt. Was das Neuron mit der empfangenen Information macht, hängt von mehreren Faktoren ab. Ein neuronales Netzwerk kann dabei so designt sein, dass es sich folgende Fragen stellen und beantworten muss:

- Überschreitet die Information einen gewissen Schwellenwert, der etwas auslöst, oder bleibt sie darunter und soll nicht berücksichtigt werden?

- Wird ein Teil der Information weniger oder stärker gewichtet als andere Teile und wie soll sich das auf das Rechenergebnis dieses Neurons auswirken?

- Sollen die Informationen und Kalkulationen neue Verbindungen zwischen Neuronen erzeugen oder bestehende Verbindungen löschen? Oder werden neue Neuronen angelegt oder bestehende gelöscht?

- Ändern die Informationen und Ergebnisse die Gewichtung, Schwellenwerte und Matrizenrechnungen innerhalb eines Neurons selbst?

Es ist leicht zu erkennen, dass das alles schnell unübersichtlich wird. Bei Stiller Post mit zehn Kindern kann man noch relativ rasch nachvollziehen, wo genau es zu den Änderungen bei den Wörtern kam – sofern sich die einzelnen Kinder in der Stille-Post-Kette noch daran erinnern, was nicht immer erwartet werden kann. Bei hundert Kindern in einer Kette steigt der Aufwand entsprechend. Den ganzen Vorgang mit Hunderten, Tausenden oder in Zukunft vielleicht sogar mit Millionen von Kindern mit Dutzenden parallelen Ketten nachzuvollziehen ist nicht mehr mit vertretbarem Aufwand durchzuführen. Wir haben vermutlich zum ersten Mal in der Menschheitsgeschichte Maschinen erschaffen, die wir nicht mehr verstehen.

Die KI-Forscher selbst geben einem solchen neuronalen Netzwerk unter anderem die Anzahl der Anfangsneuronen, die Anfangsgewichtungen und -schwellenwerte, die Arten der Matrizenrechnungen sowie Regeln zum Anlegen und Löschen von Neuronen und Verbindungen vor. Und Informationen. Eine riesige Menge an Informationen.

Um zu verstehen, warum man diesen Aufwand betreibt und dabei nicht einmal begreift, wie so ein künstliches neuronales Netzwerk zu seinen Ergebnissen kommt, muss man etwas über die Geschichte der künstlichen Intelligenz und die Absichten der ersten KI-Forscher wissen.

Der Begriff künstliche Intelligenz selbst wurde 1956 geprägt, als John McCarthy vom Dartmouth College, Marvin Minsky von der Harvard University, Nathaniel Rochester von IBM und Claude Shannon von Bell Telephone Laboratories vorschlugen, zehn Experten zu einer zweimonatigen Studie zu künstlicher Intelligenz ins Dartmouth College in New Hampshire einzuladen. Die Anwesenden dachten damals, dass diese hochkarätige Expertenrunde in zwei Monaten sicherlich einige zentrale Fragen lösen und dann weitere Herausforderungen in Angriff nehmen könne. Hätten sie gewusst, was sie da lostraten, hätten sie es sich sicherlich zweimal überlegt.

Die „Gesellschaft für die Weiterentwicklung künstlicher Intelligenz" (Association for the Advancement of Artificial Intelligence) definiert künstliche Intelligenz als „das wissenschaftliche Verstehen von Mechanismen, denen Denken und intelligentes Verhalten und deren Einbettung in Maschinen zugrunde liegen".[1] Das ursprüngliche Ziel war dabei nicht vorrangig, die Funktionsweise des menschlichen Gehirns zu verstehen und sie auf Maschinen übertragen zu können. Das schien 1956 angesichts des damals geringen Wissens um die Funktionsweise von Gehirnen auch zu hoch gegriffen.

Die ersten Ansätze, wie man künstliche Intelligenz schaffen kann, basierten naheliegenderweise darauf, das Wissen der besten menschlichen Experten anzuzapfen. Man nehme ein Problem, setze Experten darauf an und lasse sie für jede mögliche Entscheidung die entsprechende Lösung vorgeben. Wenn das zutrifft, dann tu das, wenn nicht, dann dieses. Nur haben nicht alle Entscheidungen immer nur zwei mögliche Lösungen. Es können beliebig viele sein. Und jede Lösung kann weitere Lösungen erfordern. Das Ergebnis sind große und rasch unübersichtlich werdende Entscheidungsbäume, mit denen so ein Expertensystem arbeitet. Und wehe, wenn Kriterien auftreten, für die es keine Lösung gibt oder für die keine Lösung vorgedacht wurde. Dann versagt das Expertensystem an dieser Stelle.

Solch ein Expertensystem geht außerdem davon aus, dass sich nichts ändert. Wenn bestehende Lösungen geändert werden müssen oder ganz neue Äste hinzukommen und bestehende umgruppiert werden müssen, wird der Aufwand enorm.

Google selbst lernte aus eigener Erfahrung, wie zerbrechlich Expertensysteme sind. Bei Übersetzungen oder der Spracherkennung hat schon ein Wort allein unzählig viele Varianten. Allein das Wort „Hi" kam bei Betrachtung von Textdateien von Google-Benutzern in über 200 Schreibvarianten vor. Von hello, hi, hi!, hey, hay, heyah, hola! bis zu helau waren alle vorstellbaren – und noch mehr – Permutationen darunter.

Gänzlich unbrauchbar werden Expertensysteme, wenn man wirklich interessante und für unser Überleben absolut kritische Problemfelder anpacken und mittels künstlicher Intelligenz, dem technologischen Zenit menschlicher Geisteskraft, auf den die Menschheit Hunderttausende Jahre hingearbeitet hat und für den sie multidisziplinär über Staats- und Firmengrenzen hinweg zusammenarbeitet, lösen will. Wie zum Beispiel Katzen auf Katzenbildern erkennen.

Denn die Frage lautet: Welche Eigenschaften hat eine Katze? Was sind die Charakteristika, anhand derer eine Katze identifiziert werden kann? Schnurrhaare, Augen, Ohren, vier Beine, Schwanz. Da das aber auch auf einen Hund oder Waschbär zutrifft, müssen wir spezifischer werden. Fell, Fellmuster und spitze Ohrform. Diese treffen aber auch auf Löwen und Hyänen zu. Das Fell wiederum kann in vielen, vielen Mustern und Farben vorkommen. Zudem gibt es Katzenrassen, die gar kein Fell haben, sondern eine faltige Haut. Bereits mit diesen wenigen, recht unpräzisen Kriterien wachsen die Entscheidungsbäume ins Gigantische. Desaströs wird es, wenn die Katzen auf den Bildern nur zum Teil sichtbar sind oder unterschiedliche Positionen einnehmen. Stehend, schlafend, Gesicht verdeckt, springend, Schwanz in der Höhe, Halbansichten, mehrere Katzen gleichzeitig, zusammen mit anderen Lebewesen. Welcher Experte hat die Zeit und Lust, ein solches Expertensystem zu füttern, das nur Katzen zu erkennen imstande ist und das auch noch schlecht machen wird?

Es verwundert nicht, dass Expertensysteme, die in sehr begrenzten Bereichen hervorragend funktionieren, im komplexen Umfeld versagen und damit sehr rasch auf dem Abstellgleis der KI-Geschichte landeten. Das Übersetzungswerkzeug „Google Translate" war ursprünglich ein solches Expertensystem, bei dem Linguisten jahrelang die Regeln vorgaben, wie eine gute Übersetzung von einer Sprache in die andere auszusehen habe. Eine halbe Million Codezeilen entstanden so über die Jahre, um die sogenannte satzbasierte Maschinenübersetzung (Phrase-Based Machine Translation PBMT) zu verwirklichen, die auf statistischen Wahrscheinlichkeitsmodellen beruhte und dabei einen Satz in Worte und Phrasen zerlegte und so übersetzte.

Im September 2016 begann Google ein Forschungsprojekt, bei dem das Translate-Team ein neuronales Netzwerk einsetzte, um die Übersetzungen vorzunehmen. Dabei wird der ganze Satz als Einheit gesehen und übersetzt. Die Übersetzungen durch das neuronale Netzwerk erwiesen sich als der alten Vorgehensweise so überlegen und so nahe an den Ergebnissen von menschlichen Übersetzern, dass bereits im November 2016 Google Translate komplett auf diese neue Methode umgestellt wurde.[2] Die Anzahl der Codezeilen bei diesem Ansatz: 500![3]

Anstatt Softwareentwicklungsteams auf diese Probleme anzusetzen, die jahrelang alle Optionen und Varianten vordenken und ausprogrammieren, bildet man ein Rahmenprogramm, das mit Algorithmen und Daten gefüttert wird und dank menschlicher Hilfe seine Ergebnisse sukzessive verbessern kann.

Neuronale Netzwerke – oder salopp gesagt: „Stille Post auf Steroiden" – sind für uns absolut unübersichtlich und das Ergebnis nur mit irrsinnigem Aufwand nachvollziehbar. Nichtsdestotrotz ist das Ergebnis erstaunlich gut. Wie schafft es das System, aus dem Geschnatter und Chaos der Tausenden Knoten trotzdem einen sinnvollen Output zu generieren?

Indem solch ein System mit vielen Beispielen gefüttert und die Algorithmen darauf losgelassen werden. Das Ergebnis wird von einem Menschen begutachtet und als falsch oder richtig eingestuft. Diese Erkenntnisse werden dem System wieder eingespeist mit immer neuen Beispielen, bis sich beispielsweise die Erkennungsrate von Katzen auf einem Foto den hundert Prozent annähert. Als Erfolg wird dabei heute gewertet, wenn das System besser bei der Erkennung ist als der Mensch. Wir verhören uns bekanntermaßen auch bei Stille Post und erkennen manchmal nicht, dass die Katze keine Katze, sondern ein Mensch in einem Katzenkostüm ist. Diese Art von Training für ein neuronales Netzwerk wird „Reinforcement Learning", auf Deutsch „Bestärkendes Lernen", genannt.[4]

Ein neuronales Netzwerk mit seinen Algorithmen hat allerdings einen inhärenten Schwachpunkt: Es ist nicht hundertprozentig korrekt. Während man bei einem traditionellen Ansatz hundertprozentige Richtigkeit und Nachvollziehbarkeit des Ergebnisses erwartet, ist das bei neuronalen Netzwerken nicht der Fall. Weder ist es hundertprozentig richtig noch ist es – zumindest für uns – nachvollziehbar. Diese Abwendung von einem deterministischen, idiotensicheren Algorithmus zu solchen, die zwar in den meisten Fällen richtig sind, aber doch eine klitzekleine Wahrscheinlichkeit haben, ein falsches Ergebnis zu liefern, stellt für Softwareentwickler und

Forscher ein psychologisch nur schwer zu verkraftendes Verbiegen von allem dar, was sie bisher vertreten haben und worauf sie stolz waren. Aber trotz allem funktionieren diese Algorithmen einfach besser als alle bisherigen Ansätze.

Die Abwendung von deterministischen hin zu probabilistischen Systemen geschieht in unserer Geschichte nicht zum ersten Mal. Die Physik des 20. Jahrhunderts durchlief solch einen Wandel. Vom Newton'schen Model auf Quantenphysik umzusteigen erforderte einiges an kontroversem Umdenken. Das Bohr'sche Atommodell beispielsweise definiert den Raum, in dem sich ein Elektron um einen Kern befindet, als Wahrscheinlichkeit. Mit 95 Prozent Wahrscheinlichkeit befindet es sich in dieser Blase, den Rest der Zeit ist das Elektron woanders.

Seit die Popularität von auf neuronalen Netzwerken basierenden KI-Systemen in unserem Alltag zugenommen hat, versuchen immer mehr Forscher, diese Systeme auszutricksen. Ein Foto einer Schildkröte identifizierte ein solches KI-System hartnäckig als Schusswaffe, das eines Baseballs als Espresso.[5] Die Forscher hatten bei diesen „feindlichen Attacken" auf das KI-System Artefakte in die Fotos eingebaut. Im Panzer der Schildkröte befanden sich Bilder von Gewehren, die für das menschliche Auge nicht sichtbar waren, aber vom KI-System identifiziert wurden. Auch bei Straßenverkehrsschildern verwirren an der richtigen Stelle angebrachte Aufkleber das KI-System eines selbstfahrenden Autos. Dumme KI-Systeme? Nun ja, auch wir Menschen liegen mit unserem eigenen „visuellen System" weniger oft richtig, als wir meinen. Magier nutzen bewusst die Fehler in unserem System aus, um Illusionen von Magie zu erzeugen. Apropos Magie: François Chollet weist darauf hin, dass KI nichts Magisches an sich hat, sie ist kein Glaubenssystem, sondern ein Teilgebiet der Informatik.

Andere Fehler sind aber unbeabsichtigt. Denn nicht nur die Algorithmen des neuronalen Netzwerks haben Einfluss auf die Qualität des Ergebnisses, sondern auch die Daten, mit denen die Systeme lernen. Die MIT-Studentin Joy Buolamwini bemerkte, dass die Robotersoftware, mit der sie arbeitete, Schwierigkeiten hatte, ihr Gesicht zu erkennen. Die Gesichter ihrer hellhäutigen Kollegen erfasste das System sofort. Sie testete das System, indem sie sich eine weiße Maske aufsetzte und – voilà – die Software erkannte sie sofort. Ohne Maske wurde sie „unsichtbar". Wie sich herausstellte, war das neuronale Netzwerk dieser Software vor allem mit Aufnahmen von vorwiegend hellhäutigen Menschen trainiert worden. Das kann ein echtes Problem werden. Asiaten wurde vom Fotoautomaten empfohlen, die Passbilder nochmals zu machen, da die „Augen geschlossen" seien. Solche Vorkommnisse führten verständlicherweise zu einigem Aufruhr bei den Betroffenen und den Herstellern wurde Rassismus vorgeworfen.

Die Mitgründerin des Selbstfahrtechnologie-Start-ups Drive.ai, Carol Reiley, stand bei ihrer Forschungsarbeit vor der Schwierigkeit, dass das Spracherkennungssystem, an dem sie arbeitete, ihre weibliche Stimmlage nicht erkannte. Bei Demonstrationen des Systems musste sie immer einen männlichen Praktikanten mitbringen, um ihre eigene Forschungsarbeit vorführen zu können. Der Hersteller der Software hatte diese nur mit Männern entwickelt und getestet.

Man sieht schon, ein heutiges KI-System, das mit großen Datenmengen trainiert werden muss, ist nur so gut, wie die Güte des Datensatzes erlaubt. Einem KI-System-Trainer obliegt die verantwortungsvolle Aufgabe, gutes Datenmaterial zu kuratieren. Der schon erwähnten Joy Buolamwini war das nicht genug, sie gründete kurzerhand die Algorithmic Justice League, die solche Probleme aufzeigen und ihnen Einhalt gebieten soll.[6]

Kann ein KI-System nun erkennen, ob es eine Katze, eine Schildkröte oder ein Gewehr auf einem Foto oder in der Wirklichkeit vor sich hat? Koko musste diese Abstraktion erst lernen. Sie versuchte anfänglich, in Büchern abgebildete Früchte aufzuessen, indem sie in die Seiten biss. Bei KI hängt das von den verwendeten Sensoren ab. Ein Kamerabild ist immer zweidimensional, mit LiDAR (einem

Laserdetektionssystem, das ein dreidimensionales Bild erstellen kann), Infrarot oder mit Radar unterscheiden sich die Ergebnisse zwischen Foto und Realität gewaltig.[7]

Eines ist allerdings klar: Das „perfekte" oder „absolut richtige" KI-System wird es nie geben. Es wird immer nur ein „noch besseres" KI-System geben. Das perfekte selbstfahrende Auto, die perfekte Go-Maschine, der perfekte KI-Doktor werden uns nie begegnen. Aber sie werden verdammt gut sein und mit der Zeit noch besser, besser als Menschen auf diesen Gebieten jedenfalls.

Aus diesen Gründen wird es verständlich, dass die Art und Weise, wie AlphaGo Zero sich selbst das Spiel beibrachte und von der Tabula rasa aus startete, auch für andere Domänen extrem spannend ist. Die Notwendigkeit, große Datenmengen zum Trainieren zu erzeugen und zu sammeln, stets geprägt von der Angst, einseitige, fehlerhafte Datensätze zu erhalten, fiele damit weg.

Der Übergang von deterministischen Expertensystemen hin zu neuronalen Netzwerken und Maschinenlernen ist ähnlich zu sehen wie derjenige von der Newton'schen Mechanik zur Relativitätstheorie. In abgegrenzten Bereichen funktioniert die Newton'sche Mechanik sehr gut, aber sobald man darüber hinausgeht, versagt sie. So wie die Relativitätstheorie schwer verständlich ist und wir im Laufe der Jahre Werkzeuge und Beweise entwickelt haben, um sie besser zu verstehen und zu verifizieren, genauso wird es bei der künstlichen Intelligenz sein. Und neue Werkzeuge benötigen wir dringend in einer immer komplexer werdenden Welt.

Informationsfluss: Wassertrinken aus dem Feuerwehrschlauch

Unsere Sinne registrieren eine Milliarde Bits pro Sekunde und senden um die zehn Millionen Bits an Informationen weiter, wobei durch die Nerven gerade mal 300.000 Bits fließen. Allerdings schafft unser Hirn nur die bewusste Verarbeitung von maximal 50 Bits pro Sekunde, im Schnitt sind es eher 20 Bits. Selbst im Maximalfall können wir nur ein Zweihunderttausendstel der von uns aufgenommenen Informationsmenge verarbeiten. Und von dieser Menge werden nur 0,7 Bit dauerhaft gespeichert. Die durchschnittliche Informationsmenge, die durch menschliche Sprache vermittelt wird, liegt bei einem Bit pro Zeichen. Beim Lesen oder Zuhören liegt sie bei 20 Bits pro Sekunde.[8] Zum Vergleich: Ein durchschnittlicher Roman enthält ungefähr zwei Millionen Bits an Information, unsere DNA an die 100 Millionen. Wir haben sozusagen in unserer DNA, wie Stephen Hawking schreibt, 50 „Harry Potter"-Bücher.

Interessanterweise passt sich die Geschwindigkeit, mit der eine Sprache gesprochen wird, an den vermittelten Informationsgehalt an.[9] In Sprachen wie dem Baskischen, Japanischen oder Italienischen ist pro Silbe nur ein Informationsgehalt von fünf Bits inkludiert. Thailändisch, Englisch und Vietnamesisch beinhalten aber bis zu acht Bits an Information pro Silbe. Das erklärt, warum Sprachen wie Italienisch viel schneller gesprochen werden und energetischer wirken. Das hat weniger mit dem Temperament als mit der geringeren Informationsdichte zu tun, die durch erhöhte Sprachgeschwindigkeit verdichtet wird. So werden beim Sprechen in egal welcher Sprache pro Sekunde etwa 39 Bits an Informationen vermittelt. Überraschende und somit informationsreiche Worte werden langsamer gesprochen.

Wir „trinken aus dem Feuerwehrschlauch", wie die Amerikaner dazu sagen. Nur wenig der auf uns einprasselnden Information hat für uns dauerhaften Wert. Und der Durchmesser des Feuerwehrschlauchs und damit die Informationsmenge steigt unaufhörlich an. Würde unser Gehirn diese Informationsmenge, die auf die Sinne einprasseln, wirklich bewusst verarbeiten, dann würde es sehr rasch zu einem Systemabsturz kommen.[10]

Eine Zentralbibliothek mit fünf Millionen Büchern umfasst 10.000 Milliarden Bits, also 100.000 Mal so viele Bits, wie unsere DNA beinhaltet. Jedes Jahr erscheinen zigtausend neue Buchtitel, allein in englischer Sprache um die 50.000. Ein Beispiel aus meiner Studienzeit belegt den Zuwachs. Als Chemiestudenten zogen wir zum „Kochen" neuer organischer Substanzen die sogenannten „Chemical Abstracts" heran, ein umfangreiches Kompendium, das Anleitungen zur Synthese von Millionen organischer Verbindungen enthielt. Das Werk wurde jährlich erweitert und bestand aus zwei Teilen: aus Bänden mit dem Index und aus den Bänden mit den tatsächlichen Kochvorschriften.

Umfassten die Jahresbände um 1920 noch jeweils ein oder zwei Bände, so waren es Mitte der 1990er-Jahre bereits mehrere Dutzend pro Jahr. Sie füllten die Bibliothek für organische Chemie an der TU Wien, für Studenten im ersten Organiklabor ein einschüchternder Anblick. Im ersten Erscheinungsjahr der „Chemical Abstracts" im Jahr 1907 umfasste der Band 12.000 „Kochvorschriften". Die erste Million an Abstracts wurde 32 Jahre später im Jahr 1939 erreicht. Die nächste Million benötigte nur noch 18 Jahre, die weitere gerade einmal acht. Und 2006 gab es zum ersten Mal in nur einem Jahr mehr als eine Million Abstracts.[11]

Die „Chemical Abstracts" sind nur ein kleiner Ausschnitt aus der Informationsexplosion, der wir uns gegenübersehen.[12] 50.000 englische Buchtitel pro Jahr mit einem Volumen von 100 Milliarden Bits erweitern die Informationsflut allein an dieser Stelle. So wird geschätzt, dass 90 Prozent aller uns heute vorliegenden Informationen erst in den letzten zwei Jahren entstanden sind.[13] Nicht alle Informationen mögen sinnvoll sein, aber welche es sind und welche nicht, wissen wir nicht. Informationen, die uns aktuell als wertlos erscheinen, mögen uns erst in der Zukunft ihren Wert offenbaren, wenn wir weitere Informationen mit ihnen verknüpfen können oder uns neue Auswertungsverfahren bereitstehen.

Die sinnvolle Menge DNA hingegen unterlag in den Millionen von Jahren unserer Existenz vermutlich einer Änderungsrate von einem Bit pro Jahr. Dieser „interne Transformationsprozess" der

Information wird nun durch die „externe" Informationsexplosion ergänzt. Nur hat sich die Rechengeschwindigkeit unserer Reptilienhirne seit Hunderttausenden Jahren nicht wesentlich erweitert, jedenfalls nicht so sehr, dass sie den externen Informationszuwachs der letzten hundert Jahre verarbeiten könnten. Weder das menschliche Hirn noch unsere Sinne sind darauf vorbereitet. Und dabei operieren wir bereits in einem eingeschränkten Spektrum. Unsere Ohren können Tonfrequenzen zwischen 20 und 20.000 Hertz wahrnehmen und die Augen zwischen 400 und 700 Nanometer.

Was über Jahrmillionen einem schrittweisen Wandel von einem (sinnvollen) Bit pro Jahr durch zufällige Mutationen unterlag, tritt in eine neue Phase. Vor etwa 10.000 Jahren begannen Sprache und Schrift in massiver Weise, Informationsvermittlung von einer internen „genetischen" Ebene auf eine externe „orale und geschriebene" Ebene zu verschieben. Wurde vorher überlebenswichtige Information in Form von Genen von einer Generation an die nächste weitergegeben, so wird heute viel mehr (neue) Information in kürzerer Zeit durch Sprache und Schrift an die neue Generation übermittelt.

Und genau das stellt die Menschheit vor neue Herausforderungen. Unsere Körper, organische Recheneinheiten mit Effektoren, haben schon lange ihre Grenzen erreicht, mit dieser Informationsmenge umzugehen. Bis irgendwann im 18. Jahrhundert konnte ein Mensch noch behaupten, alle existierenden Bücher gelesen zu haben. Heute wäre nur ein kleiner Bruchteil der in einer Sprache publizierten Bücher zu schaffen, wenn man ein Buch pro Tag lesen würde.

An dieser Stelle könnten wir aufgeben und jeden Versuch, diese Informationsflut nutzbar zu machen, zum Scheitern verurteilen. Doch Menschen haben nicht aufgegeben, als es darum ging, Gewichte zu heben, die über die Grenzen ihrer körperlichen Möglichkeiten hinausgingen. Sie erfanden Hebel, Flaschenzüge, Maschinen. Sie erfanden Hilfsmittel, die es ihnen ermöglichten, sich schneller, weiter und höher zu bewegen, extrem kleine oder sehr weit entfernte

Dinge zu sehen und Töne zu hören, die außerhalb unseres natürlichen Spektrums lagen. Seit Jahrtausenden hat unsere Gattung Erfindungsreichtum gezeigt, wenn es darum ging, die Limitationen unseres physischen Körpers zu überwinden. Und da wollen wir plötzlich das Handtuch werfen, wenn es die Limitationen der kognitiven Teile unseres Körpers betrifft?

Künstliche Sprachen

In einer Folge der ersten Staffel von „Raumschiff Enterprise" wird die Besatzung zu einem Planeten gerufen, auf dem ein offensichtlich verrückter und zugleich entstellter Mann sie attackiert. Nach ein paar Fausthieben von Captain Kirk stirbt der Mann an einem epileptischen Anfall.

Wie sich herausstellt, ist der Planet ausschließlich von Kindern bevölkert, die die Überlebenden eines schiefgelaufenen Experimentes sind, das den Alterungsprozess verlangsamen sollte. Die „Kinder" sind alle um die 300 Jahre alt, da sie jedes Jahr biologisch einen Monat altern. Doch sobald die Pubertät mit den einhergehenden Hormonschwankungen und körperlichen Veränderungen eintritt, beginnen bei den Kindern virenbedingte Flecken aufzutreten und es kommt zu Verrücktheit und letztendlich dem Tod.

Aufgrund der Gefahr, die von den aggressiven Erwachsenen vor ihrem raschen Tod ausging, haben sich die Kinder von diesen über Jahrhunderte ferngehalten und damit ihre eigenen Werte und eine eigene Sprache entwickelt. Erwachsene werden von den Kindern als „Wachsende" bezeichnet, die Kinder selbst nennen sich „Kleinlinge".

Ähnliches wird immer wieder bei der Entdeckung von Kindern beobachtet, die durch bestimmte Lebensumstände begünstigt oder aufgrund der Vernachlässigung durch Erziehungsberechtigte ihre eigene rudimentäre Sprache entwickeln. Dieser Kaspar-Hauser-Effekt, so benannt nach dem wohl berühmtesten Fall, beschreibt die Entwicklung von ohne Erwachsene und oft auch ohne Stimulation in Form von Erfahrungen aufwachsenden Kindern oder Tieren. Nicht nur das Verhalten, sondern auch Intelligenzgrad und die Sprachentwicklung bleiben weit unter dem Niveau normal Aufgewachsener, ohne Chance auf Verbesserung. Überlässt man die Kommunikation zwischen Maschinen ihnen selbst – ohne den Einfluss von „Erwachsenen" – und wendet reine KI-Methoden wie eben das Reinforcement Learning an, dann kommt man auf scheinbar ähnliche Ergebnisse. Facebooks Forschungsabteilung zu künstlicher Intelligenz (FAIR) entdeckte das bei ihren Versuchen, als sie zwei KI-Systemen die Aufgabe stellte, einen virtuellen Schatz untereinander aufzuteilen. Mithilfe dieses Versuchs sollte herausgefunden werden, wie zwei solche Systeme in Dialog treten und Verhandlungen führen.[14] Das Ergebnis klingt, als ob zwei Trunkenbolde miteinander verhandeln, ob sie noch etwas saufen sollen und wer dazu einlädt:[15]

Bob: i can i i everything else …

Alice: balls have zero to me to me to me to me to
me to me to me to me to

Bob: you i everything else …

Alice: balls have a ball to me to me to me to me to
me to me to me

Bob: i i can i i i everything else …

Alice: balls have a ball to me to me to me to me to
me to me to me

Bob: i …

Alice: balls have zero to me to me to me to me to
me to me to me to me to

Bob: you i i i i i everything else …

Alice: balls have zero to me to me to me to me to
me to me to me to me to

Bob: you i i i everything else …

Alice: balls have zero to me to me to me to me to me to me to me to me to

Dieses KI-Kaspar-Hauser-System sieht auf den ersten Blick wie unzusammenhängendes Lallen aus, machte aber für die beiden voneinander lernenden Systeme Sinn, auch wenn es weit davon entfernt war, effizient zu sein. Die KI-Forscher bei Facebook waren beileibe nicht die einzigen, denen dieser Effekt unterkam. Auch Google-Forscher entdeckten bei ihrem Übersetzungswerkzeug Google Translate, dass dieses bei der Übersetzung von einer Sprache in eine andere, wo die menschlichen Entwickler keinen direkten Übersetzungspfad definiert hatten, selbstständig eine eigene „Zwischensprache" oder „Interlingua" entwickelt hatte.[16] Die Forscher untersuchten daraufhin, ob Google Translate damit eine Interlingua entwickelt hat, um Übersetzungskonzepte zwischen Sprachen bereitzuhalten. Sie glauben, dass genau das der Fall ist.

Andere sind skeptischer. Übersetzungen bestehen nicht nur darin, Worte zwischen Sprachen hin- und herzuschieben. Sprache ist die Übertragung von Gedanken eines Geistes hin zu einem anderen. Das ist schon herausfordernd genug in derselben Sprache, wird aber zu einer herausfordernden Übung, wenn unterschiedliche Sprachen involviert sind. In vielen Worten und Phrasen sind Subtilitäten versteckt, die kultur- und kontextspezifisch sind. Eine Maschine muss sich dieser Unterschiede bewusst sein, doch ihr fehlt oft genau dieses Wissen. Das könnte sich vielleicht ändern, wenn Maschinen beginnen, Bewusstsein zu besitzen.

Ein anschauliches Beispiel dafür ist das sogenannte „chinesische Zimmer".[17] In diesem Gedankenspiel ist eine nicht des Chinesischen mächtige Person in einem Raum eingeschlossen. Auf Zetteln erhält sie Fragen in Form von chinesischen Schriftzeichen. Mithilfe einer Anleitung in ihrer eigenen Sprache lernt sie, chinesische Schriftzeichen in einer bestimmten Weise anzuordnen, die sie dann als Antwort auf einem Zettel zurückgibt. Eine außerhalb des Raumes befindliche, des Chinesischen mächtige Person sieht die richtigen Antworten und vermutet, dass die Person im verschlossenen Raum wohl Chinesisch können müsse. Sie hat zwar dank der Anleitung die Fragen richtig beantwortet, versteht selbst aber nicht, was die Fragen und Antworten eigentlich bedeuten.

Ein Computer ohne Bewusstsein ist somit nichts anderes als diese eingeschlossene Person. Er führt alles gemäß der Anleitung durch, doch es bleibt ihm ein Rätsel, was er da eigentlich gemacht hat.

Was sind also gute Strategien, wenn Menschen Maschinen unter „supervised learning" Fähigkeiten beibringen? Hat beispielsweise die Sprache, die KI-Experten sprechen, einen Einfluss darauf, wie die Maschine lernt? Hängt der Erfolg des Maschinenlernens von der gewählten menschlichen Sprache ab? Hat Deutsch zu diesem Zweck Vorteile gegenüber dem Französischen? Eignet sich Chinesisch besser für eine KI, die Go spielt, oder ist Englisch beim autonomen Fahren besser als Hindi?

Der kanadische Informatiker Yoshua Bengio, Professor an der Universität Montreal, gilt als einer der federführenden Wissenschaftler bei den Fortschritten von Deep Learning. Er meint, dass zumindest für den Turing-Test die Sprache keinen Einfluss darauf habe, wie erfolgreich eine Maschine wäre. Bengio selbst spricht Englisch und Französisch und sieht im Großen und Ganzen keinen Unterschied, auch wenn es bei einigen Dingen leichte Unterschiede gibt.[18]

Andere scheinen sich da nicht so sicher. Der israelische Sprachwissenschaftler Guy Deutscher präsentiert in seinem Buch „Through The Language Glass" Hinweise, wie sehr sich die Sicht auf die Welt je nach Sprache unterscheiden kann. Ein bekanntes Beispiel betrifft Farbbezeichnungen. Im Russischen gibt es zwei Worte für Blau (hell- und dunkelblau), im Englischen und Deutschen nur eines, was Russischsprachigen Vorteile bei der Unterscheidung von Blautönen gibt.[19]

Wer hat dem Affen den Zucker gegeben?

Interviewer: „Sie wollen also den Job als KI-Experte?
Dann sagen Sie mir doch mal, wie viel drei mal
sechs ist."

Kandidat: „Drei mal sechs ist elf."

Interviewer: „Falsch."

Kandidat: „Drei mal sechs ist fünfzehn."

Interviewer: „Auch falsch. Drei mal sechs ist achtzehn."

Kandidat: „Siebzehn."

Interviewer: „Wieder falsch. Es ist achtzehn."

Kandidat: „Achtzehn."

Interviewer: „Richtig! Sie haben den Job!"

Der englische Arzt John Abernethy konnte an seinen Patienten nichts weniger ausstehen, als wenn sie geschwätzig waren. Umso begeisterter war er, als eines Tages eine Frau mit einer Wunde im Gesicht in seiner Praxis erschien und sich zwischen ihm und der Patientin folgender Dialog entspann: „Kratzer?" – „Biss!" – „Katze?" – „Hund!" – „Heute?" – „Gestern!"[20]

Von Wirkung zu Ursache in Nullkommanichts.

Stellen wir uns die Herangehensweise einer Arzt-KI vor. Sie würde den Kratzer scannen, analysieren, mit Zigtausenden anderen Bildern von Kratzern oder Bissen vergleichen, die statistisch wahrscheinlichste Schlussfolgerung wählen und ein Heilmittel oder eine Behandlung vorschlagen.

Dieser künstliche Arzt hat die Wirkung gesehen und versucht, ein entsprechendes Heilmittel zu finden. Er ging aber nicht auf die Ursache ein. Er führt eine reine Abgleichung der vorliegenden Daten (des Kratzers) mit seiner bestehenden Datenbank (Tausende Fotos von Kratzern) durch. Wir nennen das „Kurvenanpassung". Solch eine KI versucht, möglichst präzise zu ermitteln, was sie da vor sich hat und welche Handlungen sie vornehmen soll. Es handelt sich hier um Korrelation, nicht um Ursachenforschung. Die Daten der KI sagen ihr, dass Kratzer und Katzen miteinander in Verbindung stehen, sie weiß aber nicht, dass Katzen Kratzer verursachen können. Eine KI, die Katzen erkennen kann, macht nichts anderes. Ein Katzenfoto wird mit den Millionen an Katzenfotos, mit denen sie gefüttert wurde und mit denen sie gelernt hat, verglichen. Selbstfahrende Autos erkennen die Umgebung und versuchen dann, einen möglichst idealen Weg zu fahren, der eine Anpassung an eine ideale Kurve darstellt.

Eine solche KI kann sehr erfolgreich sein, wie wir schon gesehen haben, und genau das hat zum Interesse an künstlicher Intelligenz in den vergangenen Jahren geführt. Diese Form der KI erkennt präziser und rascher, was sie da vor sich hat. Sie leistet bereits heute wertvolle Dienste. Sobald sie etwas bislang nicht Dagewesenes vor sich hat, versagt sie aber. Und sie kennt weder die Ursache noch den größeren Kontext von Bekanntem und Unbekanntem. Sie weiß nicht, dass Katzen Mäuse jagen, kuschelige Hausgenossen sind und manchmal ein Glas Wasser vom Tisch stoßen, während sie uns dabei fest in die Augen sehen.

KI braucht vom Menschen gesammeltes Wissen – und sehr viel davon –, um eine beschränkte Aufgabe erledigen zu können. Das ist aktuell eine Herausforderung, insbesondere für alle Bereiche, in denen es nicht ausreichend Daten gibt. Mit dieser Art von Lernen und Denken sind heutige Maschinen weit davon entfernt, menschenähnliche Intelligenz zu haben. Sie haben eher kleinere, aber beeindruckende Fähigkeiten. Solche Maschinen verfügen allerdings nicht über ein Modell der Wirklichkeit, und das macht einen profunden Unterschied.

John Abernethy kannte die Lebensumstände seiner Patientin. Er besaß kontextuelles Wissen, das er in seine Analyse einbauen konnte. Dies ließ mehr oder weniger nur zwei relevante Ursachen für den Biss zu: Katze oder Hund. Tausende andere Möglichkeiten – Tiger, Kuh, Nilpferd, Eidechse oder Pferd, um nur ein paar zu nennen – können von vornherein ausgeschlossen werden. Aus den Antworten konnte er auch andere Schlüsse ziehen. Geschah das zum ersten Mal? Wie kann die Frau in Zukunft solche Zwischenfälle vermeiden? Erlauben die Lebensumstände der Frau, entsprechende Medikamente regelmäßig einzunehmen oder einen Verband bis zur Heilung zu tragen? Ist die Katze eine Haus- oder Wildkatze? All diese Informationen helfen, die beste Therapie zu finden.

Menschen sind „Deduktionsmaschinen". Sie können, ausgehend von einem kausalen Modell, durch drei Arten von Eingaben (Inputs), Annahmen, Fragen und Daten, zu Antworten und Schlussfolgerungen kommen. Ist das aus den drei Inputs nicht möglich, dann beginnen Menschen, die Gültigkeit der Eingaben zu hinterfragen und entsprechend anzupassen. Oder sogar das zugrunde liegende kausale Modell.

Freunde von mir, die gerade erst geheiratet hatten, posteten ein Foto von sich auf einem Sofa sitzend, er und sie Händchen haltend. Über den beiden hing ein Bild mit einer Szene aus dem Science-Fiction-Horrorfilm „Alien", wo ein Alienjunges aus dem Körper des menschlichen Wirtes förmlich herausbricht. Die Kommentatoren unter dem Foto hatten verstanden, was diese Anordnung bedeutete. Alle gratulierten zur Ankündigung, dass die beiden ein Kind erwarteten. Der Kontext und die Analogie – Jungverheiratete auf der einen, aus menschlichen Körpern herausschnellende Aliens auf der anderen Seite – war den Menschen sofort klar und sie fanden ihn absolut gelungen.

Künstlichen Systemen, die mit statistischen Methoden arbeiten, fehlt solch ein kausales Modell. Es fehlt ihnen an „Vorwissen" (priors) aus anderen Bereichen. Damit stößt KI an eine natürliche Grenze. Des Weiteren fehlt ihr das, was wir beim Menschen als „intrinsische Motivation" bezeichnen. Und ich will erklären, was damit gemeint ist.

Einem Kind kann man einmal eine Katze zeigen, und es wird beim nächsten Mal sofort wissen, dass es wiederum eine Katze vor sich hat. Es benötigt keine Millionen von Begegnungen mit Katzen, um dann sagen zu können, es handelt sich um eine. Eine einzige Begegnung reicht aus. Beobachten wir Kinder beim Spielen – und Spielen ist die Art, wie Kinder lernen, und das ist harte Arbeit –, dann müssen wir ihnen keine Aufgaben stellen. Ein Kind, sich selbst überlassen, findet eine Beschäftigung. Es ist ein selbstgesteuerter Agent, der sich aus intrinsischem Antrieb heraus selbst Aufgaben stellt: Ein Baustein muss durch eine Öffnung in eine Schachtel geworfen werden, eine Rassel wird auf den Boden geschmissen, die Eigenschaften einer Puppe werden untersucht. Natürlich können wir dem Kind Vorschläge machen und ihm Objekte zur Erforschung anbieten, aber letztendlich sucht es sich immer seine eigenen Wege, wie es damit umgeht und was es sich als nächstes Ziel setzt.

Ein Kind ist eine Frage- und Experimentiermaschine. Unter zweieinhalb Jahren sind das Fragen wie „Was ist das?", „Was macht das?", „Wo ist mein Ball?", „Was macht der Mann da?". Ältere Kinder stellen Fragen in der Form von „Wie geht das?" und „Warum macht der Mann das?" bis hin zu „Was ist Zeit?", „Wenn ich 16 bin, werden dann alle Erwachsenen tot sein?" und der wenig schmeichelhaften Frage „Warst du mal ein Affe?".[21]

Kinder ab einem bestimmten Alter machen einen großen Fortschritt im Lernen. Das hat mit dem Phänomen zu tun, das als „Lernen lernen" bezeichnet wird. In dieser Phase beginnen Kinder (aber auch Primaten, wie es sich bei Koko zeigte), die größeren Dimensionen von dem zu verstehen, was ihnen beigebracht wird.

Lernen bedeutet aber auch, dass wir die Ziele und Motivation verstehen. Imitation allein bedeutet nicht, dass etwas verstanden wurde. Was uns zu einer interessanten Studie führt. Bei Experimenten mit Kindern und Affen sollten diese aus einer durchsichtigen Plastikschachtel darin verschlossene Süßigkeiten durch Löcher herausholen. Der Experimentator führte vor, wie die Süßigkeiten herausgeholt werden konnten. Während die Kinder jeden Schritt des Experimentators nachvollzogen, beschränkten sich die Affen auf die notwendigen Schritte. Die Affen zeigten selektive Imitation und verstanden die Ziele und Motivation besser als die Kinder.[22]

Eine Maschine hingegen macht nur das, was wir Menschen ihr vorgeben. Heutige KI widmet sich nur den Lernaufgaben, die wir ihr gestellt haben. Sie beginnt nicht, aus eigenem Antrieb neue Dinge zu lernen, weiterführende Fragen zu stellen oder sich selbst zu hinterfragen. Auch wenn wir unüberwachtes Lernen (unsupervised learning) anstreben, also eine Maschine mit Daten füttern und sie dann ohne Zielvorgabe und Belohnungssystem in den Daten Muster suchen lassen, ist das nicht mit der Art gleichzusetzen, wie Kinder und Erwachsene lernen. Auch wenn das durchaus erfolgreich sein kann, tendieren solche Maschinen dazu, sich in „lokalen Optima" zu verlieren und diese nicht mehr zu verlassen. Sie sind auch weit davon entfernt, zu verstehen, was ihnen da vorliegt und welche Ursachen es dafür gibt. Es fehlt ihnen das Vorwissen – und sie wissen es nicht einmal.

Künstliche Intelligenz heute ist nichts anderes als eine aktualisierte Version dessen, was sie schon vor Jahrzehnten konnte: Regelmäßigkeiten in großen Datensätzen finden. Sie liefert Wahrscheinlichkeiten, aber keinen Zusammenhang zwischen Ursache und Wirkung.

Der amerikanische Philosoph und Kognitionswissenschaftler Daniel Dennett beschreibt Evolution und KI als „Kompetenz ohne Verständnis" (competence without comprehension). Sie liefern großartige Ergebnisse, wissen aber eigentlich nicht, was sie tun.[23]

Ein Lernsystem muss mindestens drei kognitive Fähigkeiten aufweisen, damit es zu einem „kausalen Lerner" wird, meint Judea Pearl: Sehen, Tun und Vorstellungskraft.[24] Und nicht nur das. Es muss auch lernen, wie man die Regeln bricht und wie man nicht nur etwas beobachtet, sondern auch geschehen macht. Computer allerdings sind nicht wirklich gut im Regelbrechen, Kinder hingegen sind absolute Experten darin.

Zu den Werkzeugen für den menschlichen Wissenserwerb zählen kontrafaktische (counterfactual), also den Tatsachen widersprechende Fragen. Sie erfordern Vorstellungskraft und können folgendermaßen aussehen. Nehmen wir an, die Impfrate beträgt heute 99 Prozent. Das ist eine Tatsache. Durch Impfschäden gibt es einen Todesfall pro mehrere Millionen Geimpften. Zwischen 1976 und 1990 wurden in Deutschland 1.139 Fälle von Impfschäden anerkannt, 16 davon verliefen tödlich.[25]

Kontrafaktisch betrachtet würden wir die Frage stellen: „Was wäre, wenn wir nicht eine Impfrate von 99 Prozent, sondern von null Prozent hätten?" Dann hätten wir bei einer Million nicht geimpften Kindern 20.000, die an Pocken erkranken, und 4.000 davon wären gestorben.

Judea Pearl, der daran forscht, wie in der Wissenschaft und bei künstlicher Intelligenz die Frage nach dem Warum ein Grundstein werden kann, schlägt eine formale Sprache dafür vor, die auf dem Satz von Bayes, einem Wahrscheinlichkeitsmodell, basiert. Mithilfe dieses Modells kann eine KI lernen, kontrafaktische Fragen zu stellen, die zu Introspektionen und Handlungen führen.

In einem Land, das den Zigarettenverkauf erlaubt, könnte die Frage „Was wäre, wenn wir Zigaretten verbieten würden?" neue Erkenntnisse und Lösungen liefern. „Was wäre, wenn ich studiert hätte?" ist eine selbstbeobachtende Frage. Auch sie kann zu Handlungen führen, beispielsweise, dass ich das Studium nachhole.

Am Ende des Tages sollten bei einer bedeutsamen Interaktion mit einer Maschine von ihr auch Sätze wie „Ich hätte das besser machen können" oder „Wie kann ich beim nächsten Mal eine bessere Entscheidung treffen?" zu erwarten sein.

Vorwissen, Fragen, Kausalität, Vorstellungskraft, Motivation, Daten, Erinnerungen und Wahrscheinlichkeiten sind alle miteinander verwoben. Yoshua Bengio weist darauf hin, dass wir sie nicht einfach getrennt voneinander betrachten können, ohne zu verstehen, wie sie miteinander in Beziehung stehen. Denn sie ergeben neue

Eigenschaften, die erst durch die Zusammensetzung und die Verflechtung entstehen. Er nennt die separierten Einzelteile „entwirrte Repräsentationen" (disentangled representations). Wir selbst verknüpfen nicht nur sie, sondern integrieren auch Technologie in unser Leben, und das schon, seit es Menschen gibt.

[1] https://www.aaai.org/

[2] A Neural Network for Machine Translation, at Production Scale, https://research .googleblog.com/2016/09/a-neural-network-for-machine.html

[3] Google shrinks language translation code from 500,000 to 500 lines with AI, https://jack-clark.net/2017/10/09/import-ai-63-google-shrinks-language-translation-code-from-500000-to-500-lines-with-ai-only-25-of-surveyed-people-believe-automationbetter-jobs/

[4] https://de.wikipedia.org/wiki/Best%C3%A4rkendes_Lernen

[5] A turtle – or a rifle? Hackers easily fool AIs into seeing the wrong thing, https://www.sciencemag.org/news/2018/07/turtle-or-rifle-hackers-easily-fool-ais-seeing-wrong-thing

[6] https://www.ajlunited.org/

[7] Outsight's 3D camera for autonomous cars can identify clothing and ice, https://www.engadget.com/2019/09/17/outsight-cedric-hutchings-3d-self-driving-camera/

[8] E. Grandjean, Karl H. E. Kroemer: Fitting The Task To The Human: A Textbook Of Occupational Ergonomics, CRC Press, 1997

[9] Christophe Coupé, Yoon Oh, Dan Dediu, François Pellegrino: Different languages, similar encoding efficiency: Comparable information rates across the human communicative niche, in: Science Advances, Vol. 5, Nr. 9, 4. September 2019, eaaw2594 – https://advances.sciencemag.org/content/5/9/eaaw2594

[10] Leonard Mlodinow, Subliminal: How Your Unconscious Mind Rules Your Behavior, Pantheon, 2012

[11] https://www.acs.org/content/acs/en/education/whatischemistry/landmarks/cas .html

[12] https://de.wikipedia.org/wiki/Informationsexplosion

[13] How Much Data Do We Create Every Day? The Mind-Blowing Stats Everyone Should Read, https://www.forbes.com/sites/bernardmarr/2018/05/21/how-much-data-do-we-create-every-day-the-mind-blowing-stats-everyone-should-read/#4cb439a960ba

[14] https://code.fb.com/ml-applications/deal-or-no-deal-training-ai-bots-to-negotiate/

15 https://towardsdatascience.com/the-truth-behind-facebook-ai-inventing-a-new-language-37c5d680e5a7

16 https://arxiv.org/pdf/1611.04558v1.pdf

17 https://de.wikipedia.org/wiki/Chinesisches_Zimmer

18 AI Podcast Lex Fridman: Yoshua Bengio: Deep Learning, https://lexfridman.com/yoshua-bengio/

19 Jonathan Winawer, Nathan Witthoft, Michael C. Frank, Lisa Wu, Alex R. Wade, Lera Boroditsky: Russian blues reveal effects of language on color discrimination, in: PNAS 104 (19), 8. Mai 2007, S. 7780-7785, https://www.pnas.org/content/04/19/7780

20 Walther Birkmayer, Gottfried Heindl: Der liebe Gott ist Internist Oder Ärzte in Geschichten und Anekdoten, Paul Neff Verlag, Wien, 1978

21 Ian Leslie, Curious: The Desire to Know and Why. Your Future Depends on it, Basic Books, 2014

22 Frans de Waal: Mama's last Hug, W. W. Norton & Company, 2019

23 A Perfect and Beautiful Machine: What Darwin's Theory of Evolution Reveals About Artificial Intelligence, https://www.theatlantic.com/technology/archive/2012/06/-a-perfect-and-beautiful-machine-what-darwins-theory-of-evolution-reveals-about-artificial-intelligence/258829/

24 Judea Pearl: The Book of Why. The New Science of Cause and Effect, Basic Books, 2018

25 G. Maass (Hrsg.): Impfreaktionen, Impfkomplikationen. 40 Jahre DVV, Marburg, 1995, S. 1-233

KAPITEL 5

Von Cyborgs, Fyborgs und dem Menschsein

„Im Spiel der Kräfte zwischen Leben und Evolution gibt es drei Teilnehmer: Mensch, Natur und Maschine. Ich stehe voll und ganz auf der Seite der Natur. Aber ich habe den Verdacht, dass die Natur auf der Seite der Maschine steht."

GEORGE DYSON, HISTORIKER

Während ich an diesem Buch schreibe, male ich mir gern aus, an welchen Orten meine Leser dieses Werk in den Händen halten und vergnügt durchblättern werden. Ist es ein Strandcafé am Zürichsee? Ist es in der Straßenbahn in Düsseldorf? Beim Picknick am Neckarufer in Tübingen? Eingepfercht auf dem Mittelsitz im Flieger von München nach San Francisco? Bei 38 Grad im ICE, in dem wieder mal die Klimaanlage ausgesetzt hat? Als Requisit beim Taubenvergiften im Wiener Stadtpark?

Wo und unter welchen Umständen auch immer, ich stelle mir dabei vor, wie du, liebe Leserin, lieber Leser, dabei splitterfasernackt bist. So wie die Natur dich schuf und dein Lebensstil dich formte. Ich weiß, die züchtigeren unter meinen Lesern wird das erschrecken. Doch stelle ich mir dich nicht deshalb so vor, weil ich ein perverses Schwein bin. Heutzutage muss man schon stärkere Geschütze auffahren, um als pervers zu gelten.

Nein, der Grund, warum ich meiner Fantasie freien Lauf lasse, ist eine Frage, die ich dir dazu stellen möchte. Wie würdest du dich fühlen, wenn du dich wirklich ohne Kleidung, ohne Schuhe, ohne Smartphone, ohne Tasche oder Geldbörse vor fremden Menschen vorfinden würdest? Wärst du verlegen? Würdest du dich schämen? Unangenehm fühlen? Könntest du konzentriert im Buch weiterlesen (oder die Tauben vergiften), als ob nichts wäre? Oder würdest du dich, ohne Zeit zu verlieren, auf die Suche nach Kleidung und deinem Smartphone machen?

Ich vermute, dass für die meisten meiner Leser Letzteres der Fall wäre und sie sich äußerst unangenehm dabei fühlen würden. Man stelle sich des Weiteren vor, der kleidungslose Auftritt wäre angeordnet worden. Das würde sich wie eine Strafe anfühlen und demütigend sein. Kämen noch andere Rahmenbedingungen hinzu (ich denke da an Nacktheit im Schneegestöber oder im Dickicht von Dornenbüschen), dann würden wir sofort in den Überlebensmodus schalten und unseren Körper und unser Leben zu schützen versuchen.

Gewiefte Leserinnen und Leser haben vermutlich schon erkannt, worauf ich hinauswill. Kleidung ist eine von uns entwickelte Technologie, die uns mehr zu Menschen macht. Sie lässt uns den Fokus vom Bedürfnis der reinen körperlichen Unversehrtheit und dem Überleben auf hierarchisch höher stehende Bedürfnisse richten.

Zu verdanken haben wir das unserem ersten Vorfahren, der sich ein Lederstück unter seine Fußsohlen legte und festschnürte, sich in weiterer Folge weigerte, seine Höhle ohne dieses Lederstück zu verlassen, und damit zum „Fyborg", einem funktionellen Cyborg, wurde.

Seither haben Menschen immer mehr Technologien entwickelt, die uns von einem Gerade-genug-zum-Überleben-für-ein-kurzes-Leben-mit-vermutlich-gewaltsamen-Tod zu dem heutigen, für die meisten Menschen gültigen Langen-Leben-im-Überfluss-mit-Selbstverwirklichungsmöglichkeit führten. Viele von uns wissen, wie es sich anfühlt, sein Handy vergessen zu haben oder keine Zeit für das Make-up gehabt zu haben.

Als Mann ist mir Make-up natürlich ein Begriff und ich akzeptiere, dass vor allem viele Frauen das Haus nie ungeschminkt verlassen würden. Die eigentliche Bedeutung von Make-up habe ich aber erst verstanden, als eine Make-up-Künstlerin erklärte, mit nicht mehr als einer Handvoll Pulvern könne sie jemandem Selbstvertrauen schenken oder eine völlig andere Person schaffen.

Den Begriff „Fyborg" prägte der russische KI-Theoretiker Alexander Chislenko, der zugleich eine Fragenliste dazu lieferte, anhand derer man festmachen kann, ob man selbst ein Fyborg ist oder nicht.

- Bist du von der Technologie in einem Grad abhängig, dass du ohne sie nicht überleben könntest?

- Würdest du einen technologiefreien Lebensstil ablehnen, wenn deine Kultur und Gesellschaft ohne einen solchen fortdauern könnte?

- Würdest du dich beschämt oder „entmenschlicht" fühlen, wenn jemand deine künstliche Bedeckung (Kleidung) entfernen und deinen nackten Körper der Öffentlichkeit bloßstellen würde?

- Betrachtest du dein Bankkonto als wichtigere persönliche Reserve als deine Fettpölsterchen?

- Identifizierst du dich selbst mit und bewertest du andere eher nach ihren Besitztümern, ihrer Fähigkeit, Werkzeuge und ihre Stellung im technologischen und sozialen System einzusetzen, als nach primären biologischen Eigenschaften?

- Wendest du mehr Zeit dafür auf, an externe Besitztümer und Fähigkeiten zu denken und über sie zu diskutieren als über deine „internen Teile"?

Vermutlich geht es dir so wie mir. Ich diskutiere lieber über die Eigenschaften des neuen Tesla, den sich mein Freund gekauft hat, als über seine letzten Blutwerte.

Offensichtlich sind wir alle Fyborgs, und das seit Jahrtausenden. Cyborgs, sogenannte kybernetische Organismen, sind eine jüngere Erfindung in der Menschheitsgeschichte. Unter einem Cyborg versteht man ein Mischwesen aus lebendigem Organismus und Maschine.[1] Ein künstlicher Bauteil wird dabei dem Körper dauerhaft eingepflanzt. Jedes künstliche Hüftgelenk, jeder Herzschrittmacher, jedes Schraubengelenk nach einem Knochenbruch, ein Hörapparat, ein Glasauge, aber auch ein Brustimplantat und selbst ein Medikament zählen dazu. Sie ermöglichen uns physisch oder psychisch ein erfüllteres Menschsein. Allerdings reserviert die Wissenschaft den Begriff Cyborgs lieber für die Körperveränderungen, die den Menschen nicht heilen, sondern verbessern wollen.

Diese Aufzählung, was einen Cyborg ausmacht, ist keine Selbstverständlichkeit. Nicht jeder würde Brustimplantate dazuzählen. Selbst wenn sie zähneknirschend zugeben würden, dass sie einer Frau Selbstbewusstsein verschaffen, mag das persönliche Urteil, ob sie notwendig sind, von manchen anders ausfallen. Eigentlich aber geht es andere nichts an. Wenn es Personen wie beim erwähnten Make-up-Beispiel zu mehr Selbstvertrauen und dem besseren Ausschöpfen von Möglichkeiten verhilft, sollte keiner darüber richten.

Auch Hörimplantate wie Cochlea waren anfänglich nicht unumstritten. Anfang der 1990er-Jahre befürchtete der amerikanische Verband der Gehörlosen, dass mit diesem Implantat weniger eine therapeutische Maßnahme als vielmehr ein Angriff der Mediziner auf die Gemeinschaft und damit die Kultur der Gehörlosen stattfände.[2]

Kaum jemand widerspricht, dass ein Hüftimplantat nach einem nicht verheilten Bruch Sinn macht. Meiner Großmutter widerfuhr das nach einem Sturz auf Glatteis. In ihrem Alter war ein normaler Heilungsprozess nicht mehr möglich und sie bekam ein neues Hüftgelenk eingepflanzt, was ihr wieder einen gewissen Grad an Mobilität ermöglichte, ohne den sie auf die Hilfe anderer angewiesen gewesen wäre. Auch Herzschrittmacher akzeptieren wir. Etwas diffuser wird es, je „höher" wir uns im Körper hinaufbewegen und je mehr die Notwendigkeit eines Implantats weg vom physischen hin zum psychischen Cyborg führt. Bislang waren Implantate vor allem unterhalb des Nackens – mit Ausnahme von Gesichtsoperationen und Haarimplantaten – üblich. Und zumeist akzeptiert, auch wenn man sich hinter dem Rücken der Kollegin über ihre Brustumfangserweiterung ausließ. Dabei wirken solche Implantate wie Make-up. Sie können den Betroffenen Selbstvertrauen verleihen und gestatten ihnen, ein zufriedeneres Leben mit mehr Möglichkeiten zu führen.

Seit wir aber daran denken, Implantate nicht nur unterhalb unseres Nackens, sondern auch ins Gehirn einzupflanzen, ist eine Debatte im Gange, die die Fragen nach der Zulässigkeit, der ethischen Verantwortung, den moralischen Implikationen beziehungsweise danach, was einen Menschen eigentlich ausmacht, aufwirft. Ich rede hier von Gehirnimplantaten. Dabei wird wiederum ein Unterschied gemacht zwischen Implantaten, die eine verloren gegangene Funktion wiederherstellen, und solchen, die Gehirnfunktionen erweitern.

Erschwert wird das Ganze durch die Tatsache, dass wir Schwierigkeiten haben, psychische Krankheiten genau zu diagnostizieren und zu behandeln. Während wir ein gebrochenes Bein oder eine Fleischwunde ohne Probleme erkennen, sind psychische Krankheiten oft nicht so offensichtlich. Nicht selten werden sie dem darunter Leidenden selbst angelastet – die Person solle sich doch „zusammenreißen". Heute haben wir für solche Krankheiten vor allem Medikamente, die man auch als temporäre Implantate bezeichnen könnte.

Elon Musk, der Tausendsassa, der nicht nur Chef des Bezahldienstleisters Paypal war und aktuell Chef beim Elektroautobauer Tesla, der Raketenfirma SpaceX und der Tunnelbohrfirma Boring ist, stellte mit seiner neuen Firma Neuralink im Sommer 2019 ein erstes solches Gehirnimplantat vor. Es handelt sich dabei um eine Neuroprothese – nichts anderes als ein klitzekleiner Computerchip –, die ins Gehirn eingepflanzt und mittels dünner Elektroden, die ein Zwanzigstel des Durchmessers von menschlichem Haar haben, mit den Gehirnsynapsen verbunden wird. Damit können Informationen zwischen dem Gehirn und der digitalen Welt ausgetauscht werden, um beispielsweise externe Geräte anzusteuern.[3]

Was aber bedeutet das für uns Menschen, wenn wir dank solcher Implantate übermenschliche Fähigkeiten erwerben? Ein Cochlear-Implantat, das nicht nur das uns übliche hörbare Spektrum anbietet, sondern auch Ultraschall? Ein künstliches Auge oder ein Retinaimplantat, das auch Infrarot sehen kann? Eine Neuroprothese, die uns Zugriff auf die gesamte Wikipedia gibt?

Diese Diskussionen führen wir bereits seit Längerem. Man denke nur an Oscar Pistorius, dem sogenannten Blade Runner, der seine fehlenden Unterschenkel durch Prothesen ersetzte und damit als erster beinamputierter Sprinter an den Olympischen Spielen teilnehmen konnte. Pistorius wurde unterstellt, wegen seiner Prothesen einen technologischen Vorteil gegenüber nicht beinamputierten Läufern zu haben. Oder an die noch hitzigeren Diskussionen, die um die Gewinnerin der Bahnrad-WM in Los Angeles losbrachen. Der Kanadierin Rachel McKinnon, die als Mann geboren wurde, sich aber als Frau identifiziert, und die sich zwar keiner Operation, jedoch einer Hormontherapie unterzog, um ihren Testosteronspiegel zu verringern, warf man vor, sich so einen unfairen Wettbewerbsvorteil erschlichen zu haben.[4]

Von etwas anderer Qualität werden die Fragestellungen, wenn solche Implantate nicht nur unsere Fähigkeiten erweitern, sondern vielleicht sogar unsere Charakterzüge verändern. Ist das in Ordnung? Medikamente können heute schon diese Auswirkung haben. Manche machen uns depressiv und teilnahmslos, andere wiederum aggressiv und aufbrausend.

Wie emotional die Verwendung von Technologien sein kann, die unsere Sinne erweitern oder korrigieren, kann man an einer Reihe von YouTube-Videos sehen. Dort wird beispielsweise die Reaktion von Menschen gezeigt, die ihr ganzes Leben lang taub waren und ein Cochlea-Implantat erhalten. Die ersten gehörten Töne, oft von Familienmitgliedern, sind so überwältigend, dass sie ihre Tränen nicht zurückhalten können und vor Freude schluchzen. Selbst Babys reagieren emotional, sobald sie zum ersten Mal diese bislang unbekannten Sinneseindrücke erleben. Zwei Brüder, die beide rot-grün-farbenblind sind, erhalten von ihrer Familie zum Geburtstag EnChroma-Gläser, die diesen Defekt aufheben, und sind überwältigt von den für sie neuen Sinneseindrücken, die für sie eine Farbenexplosion darstellen. Beide liegen einander schluchzend in den Armen, nachdem sie die Brillen ausprobiert haben.[5]

Der Kybernetiker Adam Montandon entwickelte für den farbenblinden Briten Neil Harbisson eine am Körper tragbare Kamera, die Farben in Töne umwandelte. Licht und Ton sind nichts anderes als Wellen, also warum nicht einfach Farben in Töne umwandeln? Seither hat Harbisson die Kamera weiterentwickelt und wurde selbst zum ersten in Großbritannien registrierten Cyborg, der seine am Kopf befestigte Kamera auch im Reisepass eingetragen hat. Für ihn war die „farbenfrohste" Erfahrung übrigens ein Supermarktregal voller Waschmittel.[6]

Wie wäre es mit einem dritten Arm oder anderen Sinnen als Erweiterung? Das Gehirn gewöhnt sich offensichtlich daran und kann damit umgehen. Das Advanced Telecommunications Research Institute in Kyoto zeigte solch einen dritten Arm, der durch das Gehirn gesteuert werden kann.[7] Auch das MIT oder das amerikanische Militär arbeiten an ähnlichen Körpererweiterungen. Mit besseren Schnittstellen zum Gehirn, wie sie Neuralink anstrebt, sind da eine ganze Reihe an Funktionserweiterungen für unsere Körper und Gehirne vorstellbar.

Das Militär hat eine lange Tradition in Bezug auf Erweiterungen des menschlichen Körpers. Schon die Griechen und später die Römer benutzten Metallplatten zum Schutz von Torso, Beinen, Armen und Kopf. Diese Exoskelette formten äußerlich sogar die Muskeln nach, um dem Krieger ein noch herkulischeres Aussehen zu verleihen. Auch versilberte, realistisch aussehende Gesichtsmasken vermittelten den Eindruck eines Supersoldaten.

Die Verwendung von Implantaten in menschlichen Körpern hat eine tiefe Verwurzelung in der Mythologie und in der Menschheitsgeschichte. So hatte der keltische König Nuada eine Silberhand.[8] Diese Hand wurde ihm vom Heiler Dian Cecht gemeinsam mit dem Handwerker Credne angefertigt.[9] Die nordische Göttin der Liebe und Ehe, Freya, ist eine Art organischer Cyborg, die goldene Tränen weinen kann.[10] In den Hindusagen kommen die Heldin Vishpala vor, die in einer Schlacht ein Bein verloren hatte, und der Held

Vidhrimati, dessen Hand abgehackt wurde. Vishpala wird von den Göttern ein eisernes Bein, Vidhrimati eine goldene Hand gefertigt. Und Hephaistos wiederum fertigte ein Schulterblatt aus Elfenbein für den Helden Pelops.[11]

Der griechische Gott der Schmiedekunst Hephaistos scheint übrigens selbst behindert gewesen zu sein. Er wird immer wieder in einem mit Flügeln versehenen Rollstuhl abgebildet. Er wurde sowohl von seiner Mutter Hera als auch seiner Frau Aphrodite abgelehnt. Auf dem Olymp war er ein Außenseiter unter all den Göttern, trotzdem bewunderte jeder seine Fähigkeiten. Somit entsprach Hephaistos dem antiken Ebenbild des heutigen Geeks.

Unsere Technologien haben uns schon längst in die Zukunft geführt, und moralische und ethische Fragestellungen beschäftigten schon zumindest die alten Griechen. Befriedigende Antworten darauf haben wir allerdings immer noch nicht gefunden, und ob wir das jemals können, sei dahingestellt.

Cyborgs und Fyborgs sind damit nicht weniger Mensch. Sie erweitern ihr menschliches Potenzial, genauso wie das Lederlappen an unseren Fußsohlen oder Brillen auf unserer Nase machen. Der Transhumanismus ist seit Jahrtausenden im vollen Gange und wird sicherlich nicht bei unseren modernen Technologien enden, sondern eine weitere Blüte erleben und uns mehr zum Menschen machen als je zuvor.

Emotionen und Gefühle

„Du darfst tun, was du willst,
solange es dir keinen Spaß macht."

OFFIZIELLES MOTTO DES PURITANISMUS

Intelligenz ist nur eine Dimension, die wir gern anführen, um zu beschreiben, was uns Menschen von anderen Wesen oder Maschinen unterscheidet. Und sie ist, wie wir schon gesehen haben, für das

Menschsein nicht ausreichend. Viele andere Dimensionen vervollständigen uns: Gebrauch von Sprache, Vermögen und Wille zu künstlerischer Tätigkeit, Gerechtigkeitsempfinden, Verwendung symbolischer Sprache, Besitz eines Geistes, Fähigkeit zu logischem Denken, Lachen, Kultur, Ziele haben, Moral, Emotionen und Gefühle.

Und diese Dimensionen sind allen Menschen gemein. Wann immer ein neuer Stamm, ein neues Volk entdeckt worden war, waren diese Dimensionen und Verhaltensweisen vorhanden. Der Anthropologe Donald Brown zählte mehr als 60 Eigenschaften als universelles menschliches Verhalten und Kultur auf. Darunter waren Witze reißen, Geschenke geben, religiöse Rituale, das Konzept einer Seele, Vorstellungen darüber, wie sich das Ende der Welt abspielen wird, Haarmoden, Sport und Körperschmuck.[12]

Manchmal wünschte ich mir, die Zukunft wäre schneller da. Warum höre ich immer nur von den Versprechungen der mechanischen Haushaltshilfen, die meine Hemden bügeln, meine Wohnung aufräumen und Geschirr abräumen, aber zu kaufen gibt es sie noch nicht? Gelegentlich sieht man Wäschefaltmaschinen, aber diese sperrigen Dinger erfordern immer noch viel Zutun von mir.[13]

Vielleicht aber stelle ich mir Haushaltshilfen und Roboter einfach falsch vor. Die Mitgründerin und Technikvorstand von iRobot, Helen Greiner, schilderte Reaktionen potenzieller Kunden auf den damals noch neuen Roboterstaubsauger Roomba. Die Kunden verneinten die Frage, ob sie einen Staubsaugerroboter verwenden würden, entsetzt. In ihrer Vorstellung sahen sie einen menschlich aussehenden Roboter, der mit einem Staubsauger durch das Haus fegen würde. Dass der Roomba aber mehr wie eine flache Scheibe aussah, die sich selbstständig ohne humanoiden Roboter durch die Wohnung bewegte, war ihnen nicht in den Sinn gekommen. Und den wiederum empfanden sie als viel weniger bedrohlich, wie die Verkaufszahlen zeigen sollten.

Obwohl Staubsaugerroboter ihre Aufgabe mehr schlecht als recht machen, so hassen wir doch Staubsaugen so sehr, dass wir selbst eine schlechte Lösung akzeptieren. Dieser Roboter hat eine sehr begrenzte Funktion: Er schiebt Staub von einer Ecke in die andere. Eine mechanische Haushaltshilfe hingegen wird mehr und allgemeinere Funktionen ausführen können müssen als der Roomba, und da wird er eine andere Form als die einer Scheibe annehmen müssen. Vielleicht ist es doch ein kleiner menschlich aussehender Roboter, ähnlich wie Pepper von SoftBank Robotics, der als gerade einmal ein Meter großer niedlicher Roboter in Filialen oder auf Messen die Besucher begrüßt und informiert.

So ein Roboter würde in meiner Vorstellung das Geschirr nach dem Essen abräumen und in einen Geschirrspüler stecken. Was geschieht aber, wenn aus irgendeinem Grund der Roboter daran scheitert, den Teller ins Fach zu stecken? Würde er aufgeben und das dreckige Geschirr einfach stehen lassen? Dann wäre ich ziemlich aufgebracht, denn wer macht denn so was? Oder würde er immer und immer wieder versuchen, den Teller in dasselbe Fach zu stecken? Oder unaufhörlich leere Fächer suchen, obwohl die Spülmaschine schon proppenvoll ist? Dann wäre er in meinen Augen ziemlich dämlich und ich frustriert von der Technologie. Oder sollte mein Roboter nach dem fünften Versuch einen Seufzer ausstoßen und die Arme frustriert schwingen?

Der Designer Don Norman vertritt die Meinung, dass genau das ein Roboter können muss: nicht nur Emotionen von Menschen lesen und interpretieren, sondern selbst Emotionen vermitteln können.[14] Wie sich herausstellt, reagieren Menschen auf gezeigte Emotionen anderer Menschen, Tiere und sogar Objekte. Einem Roboter, der Frustration ausdrückt, wird zu Hilfe geeilt.

Der Gründer des Lieferroboter-Start-ups Kiwibot, Felipe Chávez Cortés, schilderte auf einer Veranstaltung an der Universität Berkeley die Reaktionen von Menschen auf ihre Roboter. Diese niedlichen Kühlboxen auf Rädern, die in der Universitätsstadt Berkeley zu Dutzenden auf den Gehwegen unterwegs sind und Essen ausliefern, werden gelegentlich von unvorsichtigen Autofahrern gerammt und umgestoßen. Die Roboter haben auf der Vorderseite ein einfaches LCD-Display, das ein kleines, pixeliges Gesicht anzeigt, das fröhlich, schlafend oder traurig aussehen kann. Cortés wird dabei oft gefragt, ob nach so einem Zwischenfall, der den Roboter zum Umkippen gebracht hat, Kiwibot jemanden schickt, um den Roboter wieder aufzurichten. Er verneinte, weil zumeist die Menschen in der Nähe des Lieferroboters diesem zu Hilfe eilen und ihm wieder auf die Räder helfen. Eine Freundin, die in Berkeley wohnte, bestätigte das. Sie hatte beobachtet, wie ein Kiwibot von einem Auto angefahren und umgestoßen worden war, und sie war wirklich traurig darüber gewesen. Und sofort hatten mehrere Umstehende und der schuldige Fahrer sich bemüht, den Roboter wiederaufzurichten und auf seinen Weg zu schicken.

Die amerikanische Psychologin Lisa Feldman Barrett beschreibt Emotionen als Kreationen unseres Gehirns, die unseren Körperempfindungen Bedeutung verleihen. Von René Descartes angefangen bis zum Gründer der amerikanischen Psychologie, William James, haben viele Emotionen als den Versuch unseres Verstandes beschrieben, den Körpererfahrungen in der Welt Ausdruck zu verleihen.[15] Feldman Barrett bezeichnet das als die „Theorie der konstruierten Emotionen".

Andere Definitionen stellen den Körper stärker in den Mittelpunkt und weisen ihm eine höhere Bedeutung für Emotionen zu. Der Primatenforscher Frans de Waal hält sich an diese Definition:[16]

Eine Emotion ist ein zeitlich begrenzter Zustand, hervorgerufen durch externe Anreize, die für einen Organismus relevant sind. Er äußert sich durch spezifische Veränderungen im Körper und Verstand – Gehirn, Hormone, Muskeln, Organe, Herz, Aufmerksamkeit und so weiter. Welche Emotionen ausgelöst werden, kann aus der Situation, in der sich der Organismus befindet, sowie den Verhaltensweisen und Ausdrücken abgeleitet werden. Statt einer

1:1-Beziehung zwischen einer Emotion und einem daraus folgenden Verhalten kombinieren Emotionen individuelle Erfahrungen mit einer Bewertung des Umfelds, um den Organismus auf eine optimale Antwort vorzubereiten.

Emotionen sind dabei nicht nur Reaktionen auf das Umfeld, wie Instinkte, die relativ rigide und reflexartig funktionieren. Wir sind nicht nur passive Empfänger von Sinneseindrücken und Erfahrungen, wir erzeugen daraus Sinn und Handlungen. Manchmal ist eben der Sinn von Sinneseindrücken eine Emotion. Weil Emotionen vom Verstand erzeugt werden, heißt das auch, dass selbst dieselbe Emotion nicht unbedingt gleich aussehen muss. Wie schon der griechische Philosoph Heraklit sagt: Man kann nicht zweimal in denselben Fluss steigen („Wer in dieselben Flüsse hinabsteigt, dem strömt stets anderes Wasser zu."). Das trifft auch auf Emotionen zu. Es sind nicht dieselben Neuronen, die Emotionen auslösen und formen.

Emotionen sind somit etwas Geschaffenes, werden aber nicht durch etwas ausgelöst. Einen Einfluss darauf haben vergangene Erfahrungen, die im Gehirn die Verbindungen zwischen Neuronen erzeugen. Da die Erfahrungen jeder Person anders sind, ist auch jedes Gehirn in einzigartiger Weise „verdrahtet".

Unterstützt wird diese These zum Aufbau von Emotionen durch Studien an Kleinkindern, deren emotionalen Konzepte noch nicht vollständig entwickelt sind. Zwei- und Dreijährige können einfache Gesichtsausdrücke noch nicht beschreiben. Sie müssen erst Konzepte für Zorn, Traurigkeit, Angst oder Ekel entwickeln. In diesem Alter verwenden sie Begriffe wie traurig, zornig oder ängstlich in auswechselbarer Weise.[17]

Ein größeres Vokabular, um Emotionen zu beschreiben, kann Kindern auch helfen, bessere Schulergebnisse zu erzielen und erfolgreicher im sozialen Umgang mit anderen zu werden. Am Yale Center for Emotional Intelligence wurden Kindern 20 bis 30 Minuten pro Woche neue Begriffe zu Emotionen beigebracht und wiederholt.

Die Kinder zeigten bessere Lernergebnisse und in den Schulklassen herrschte mehr Ordnung.[18]

Emotionen sind auch von Sprache und Kultur beeinflusst.[19] Eine ganze Reihe von Emotionen existiert in anderen Kulturen, für die wir in unserer Sprache keinen Begriff haben. Koreaner verwenden das Wort „han", um zugleich Traurigkeit wie auch Hoffnung auszudrücken. Finnen, Dänen und Norweger haben alle einen Begriff für den emotionalen Zustand der Behaglichkeit von Wärme und Geborgenheit an einem kalten Tag.[20] Und manche Emotionen sind aus geschichtlichen Quellen nicht nachweisbar. So scheinen die Griechen und Römer keinen Begriff für Lächeln, sehr wohl aber für Lachen gehabt zu haben. Der Begriff Emotion selbst taucht erst ab dem 17. Jahrhundert in der Literatur auf. Vorher wurde von Leidenschaften, Empfindungen und Ähnlichem gesprochen. Das Wort Emotion leitet sich aus dem französischen Zeitwort „émouvoir" ab, das so viel wie „rühren" oder „bewegen" bedeutet. Und das wiederum stammt vom lateinischen Wort „emoveo", was „aufwühlen" bedeutet.

In der westlichen Welt verbinden wir Emotionen als Körpergebundenes mit Schwäche und Irrationalität. Der Matthäus-Spruch „Der Geist ist willig, aber das Fleisch ist schwach" erinnert uns daran. Der Verstand hingegen ist rational und logisch. Das passt natürlich nicht zusammen, wie wir bereits verstanden haben und gleich noch sehen werden. Auch können uns Emotionen manchmal besser leiten als striktes logisches Denken. Charles Darwin versuchte, strikt seiner Logik zu folgen, als er die Gründe auflistete, ob er seiner Cousine Emma Wedgwood einen Heiratsantrag machen sollte. Seine Liste von Argumenten für eine Heirat umfasste Kuriositäten wie „Objekt, das man lieben und mit dem man spielen kann – besser als ein Hund jedenfalls" und ein Argument gegen eine Vermählung war unter anderem: „Man ist nicht gezwungen, Verwandte zu besuchen und sich wegen jeder Bagatelle anzupassen." Dann gewichtete er jedes einzelne Für und Wider, zählte die Punkte zusammen und das

Ergebnis (mehr emotionsgesteuert, als er vermutlich je zugegeben hätte) war, dass er um Emmas Hand anhielt.

Wir werden natürlich nicht vollständig von Emotionen beherrscht. Wir können diese auch unterdrücken. Niemand besteht in dieser Gesellschaft, wenn andauernd seine Emotionen das Kommando übernehmen und Amok laufen.

Unbestritten ist die Bedeutung von Emotionen bei der Entscheidungsfindung, wie schon der tragische Fall des Vorarbeiters Phineas Gage Mitte des 19. Jahrhunderts zeigt. Bei einer vorzeitigen Sprengung bei Arbeiten an einer Eisenbahnstrecke in Vermont wurde sein Kopf von einer mehr als ein Meter langen Eisenstange durchbohrt. Dabei wurden der orbitofrontale und präfrontale Kortex beschädigt, die – wie sich in der Folge herausstellte – für Gefühle und Emotionen wichtig waren. Er war nach dem Unfall bei Bewusstsein und konnte nach mehreren Wochen Genesung die Arbeit wieder aufnehmen. Obwohl er körperlich und geistig fähig war, die Arbeit auszuführen, bestätigten Kollegen, Freunde und Verwandte, dass er nicht mehr derselbe war. Sein Charakter und Wesen hatten sich grundlegend geändert, aus dem ruhigen und freundlichen Mann war ein schnell aufbrausender Mensch geworden, der mit Schimpfworten um sich warf. Grandiose Pläne, von denen er erzählte und die er anpacken wollte, wurden genauso rasch wieder aufgegeben. Er war nicht mehr imstande, Entscheidungen zu treffen.

Dem Neurowissenschaftler António Damásio sind viele weitere Fälle bekannt, etwa der eines Patienten namens Elliott, dem bei einer missglückten Operation das Emotionszentrum im Gehirn beschädigt worden war, sodass er zwar intellektuell keine Einbußen hatte, jedoch keine Entscheidungen mehr treffen konnte.[21] Patienten mit derartigen Gehirnschädigungen sind zwar in der Lage, Argumente für und wider zu finden, sie kommen aber niemals zu Entscheidungen. Und das beginnt bei scheinbar so einfachen Aufgaben wie der Auswahl einer Speise oder eine Terminvereinbarung. Wie sich das anfühlt, kann jeder von uns nachvollziehen. Wer jemals unendlich viel Zeit damit verbracht hat, einen Film auf Netflix auszuwählen, um dann doch lieber ohne Filmschauen ins Bett zu gehen, weiß, wovon ich spreche.

Zusammengefasst: Wenn wir zu emotional sind, dann ist unsere Entscheidungsfindung beeinträchtigt; zu wenig Emotionen können unser rationales Denken und die Entscheidungsfindung aber genauso in Mitleidenschaft ziehen.

Damásio vertritt übrigens eine konträre Meinung zu Gefühlen und Emotionen. Ihm zufolge sind Gefühle das Ergebnis von Emotionen. Gefühle sind das Resultat der Wahrnehmung eines bestimmten Körperzustandes, eben der Emotionen, die dann wiederum in einem bestimmten Denk- und Gedankenmodus wahrgenommen und zu Gefühlen werden.

Noch komplizierter wird es, wenn wir zwischen emotionalem Ausdruck und emotionalem Erkennen unterscheiden. Wir definieren Emotion als externen Ausdruck unserer internen Gefühle in unseren Gesichtern. Emotionen sind somit beobachtbar, Gefühle nicht. Sie sind intern und sehr persönlich. Was für eine Person Schmerz bedeutet, kann einer anderen Behagen bereiten.

Für andere Kulturen sind Emotionen eher Ausdruck von Handlungen oder Transaktionen zwischen Menschen. Für die Ifaluk in Mikronesien ist Zorn, manifestiert durch Fäuste-auf-den-Tisch-Hauen oder Schreien, eine Situation, bei der sich zwei Personen wie nach Vorschrift auf ein gemeinsames Ziel zubewegen. Für die Himba in Namibia, die Hadza in Tansania oder die Japaner sind Emotionen fokussiert auf Handlungen.

Damit ist Sprache als Mittel zur Emotionsbeschreibung unzureichend. Experimente, die sprachliche Zuordnungen zu Emotionen erfordern, bilden nur einen Teil der Wahrheit ab. Und da jede Sprache in ihren Bedeutungen zu Emotionen variiert, sind nicht mal Übersetzungen hundertprozentig passend. Das offensichtlichste Anzeichen, dass Sprache allein Emotionen nicht ausreichend beschreiben kann, sind die Emoticons und Smileys, die wir Texten in Chats beifügen. Ein Satz kann ohne die im Gesicht oder der gesprochenen Sprache ausgedrückte Emotion falsch interpretiert werden. Ein harmloser Witz wird da rasch als Beleidigung missinterpretiert.

Die interne Qualität von Gefühlen, die extern sichtbare Emotionen auslösen, stellt nicht nur eine Kausalitätskette dar. Sie kann auch in der anderen Richtung erfolgen. Menschen ahmen Gesichtsausdrücke und Körperhaltungen von anderen nach. Ist jemand traurig, mache ich ein trauriges Gesicht, um mit der Person zu kommunizieren und ihr zu helfen. Dabei werden in einem selbst traurige Gefühle ausgelöst. Das ist das, was wir dann als Empathie verstehen. Wir können besser am Gefühlszustand der anderen Person teilhaben. Botox, das an den injizierten Stellen zu Muskellähmung und einer Straffung der Haut führt, erschwert diese Anteilnahme. Die Nachahmungsfähigkeit des Gesichts wird beeinträchtigt.

Paradoxerweise erreichen Menschen, die sich medizinisch nicht notwendigen Schönheitsoperationen unterziehen, um bei anderen beliebter zu werden, oftmals das Gegenteil. Weil eben der künstliche Eingriff ihre Mimik beeinträchtigt, wirken sie weniger authentisch und empathieloser und werden von ihren Mitmenschen geschnitten.

Wer das selbst ausprobieren, sich aber nicht gleich Botox injizieren will, kann das mit einem Stift machen. Diesen einfach wie ein Piratenmesser zwischen die Zähne schieben und dann versuchen, den Gesichtsausdruck von anderen nachzumachen. Es fällt ziemlich schwer, weil das eigene Gesicht sich wie gelähmt anfüllt.

Das macht sich beim Lächeln bemerkbar. Der französische Neurologe Duchenne de Boulogne hatte im 19. Jahrhundert erkannt, dass Lächeln nicht gleich Lächeln ist. Ein ehrliches Lächeln umschließt nicht nur einen lächelnden Mund, sondern auch den „Muskel der Freude" oder „großen Jochbeinmuskel", der bei den Augenwinkeln liegt. Bei echtem Lächeln kontrahiert auch dieser, was sich in Lachfalten um das Auge ausdrückt. Bei „falschem" Lachen bleibt dieser entspannt, es bilden sich keine Lachfalten. Menschen sind erstaunlich gut darin, falsches von echtem Lachen zu unterscheiden, ohne dabei genau zu verstehen, warum.[22]

In einer anderen Studie wurden junge Erwachsene angewiesen, bei arrangierten Rendezvous den jeweils anderen in der Körperhaltung nachzuahmen. Wenn das Gegenüber sich vorlehnte, sollte man sich auch vorlehnen oder ein Glas in die Hand nehmen, wenn es der andere tat. Das Ergebnis war, dass das Gegenüber den anderen wesentlich häufiger als sympathisch empfand, als wenn er oder sie nicht nachgeahmt worden war.[23]

Wir haben bislang von Emotionen gesprochen, was aber sind Gefühle? Sie entstehen einerseits durch einen anhaltenden Prozess, den wir Interozeption nennen. Das ist das, was das Gehirn aus den Sinneserfahrungen der inneren Organe und Gewebe, den Hormonen und dem Immunsystem macht sowie aus den Sinneserfahrungen, die aus der Welt um uns herum auf uns einströmen. Alles zusammen sind die Bestandteile von Gefühlen, die uns gut oder schlecht, ruhig oder unruhig fühlen lassen.

Unser Gehirn schafft die Welt um uns herum und den emotionalen Zustand. Doch selbst ein und derselbe Zustand kann sich sehr unterschiedlich manifestieren. Wie oft fällt es uns schwer, zu erkennen, ob jemand weint oder lacht, weil beides in manchen Situationen ähnlich ausgedrückt wird? Freude kann durch ein Lächeln, durch Freudentränen, durch Schreie, durch das Hochwerfen der Arme, durch das Ballen der Fäuste, Herumspringen, aber auch durch Ruhe ausgedrückt werden.

Insofern scheint der Versuch, anhand von Bildern Emotionen aus den Gesichtern lesen zu können, illusorisch oder die Schwierigkeiten werden zumindest unterschätzt. Softwareunternehmen wie Microsoft oder Apple, das die Firma Emotient erworben hat, investieren viel Zeit und Geld, um KI zu entwickeln, die Emotionen lesen kann. Dabei gibt es „universale" Emotionen nicht, weil sie eben kultur- und sprachspezifisch sowie Konstrukte unseres Gehirns sind und sich somit sehr unterschiedlich manifestieren können.

Trotzdem wäre es falsch, es nicht zu versuchen. Es gibt Momente, wo Roboter Gemütszustände erkennen müssen. Menschen teilen diese auf verschiedene Weise ihrer Umgebung mit. Ein trauriges Gesicht ist ein Hinweis, Tränen ein anderer, eingesunkene Körperhaltung noch einer. Wir erwarten von Menschen, dass sie darauf reagieren und sich entsprechend einfühlsam uns gegenüber verhalten. Und so sollten auch selbstfahrende Autos, Verkaufsroboter, Alexa und vielleicht sogar unser Staubsaugerroboter reagieren.

Eine solcherart „uns umgebende KI" (ambient computing) könnte wirklich nützlich sein. In einem fahrenden Auto könnte sie die Änderung von Gemütszuständen der Insassen beobachten. Die Passagiere könnten durch ihre Gesprächsinhalte beispielsweise angespannt oder zornig werden, was zu unfallträchtigerem Fahrverhalten führen kann. Eine „ambient" KI kann das detektieren und entsprechend darauf reagieren.[24]

Bedenklich wird es aber, wenn KI-Systeme menschliche Emotionen zu erkennen versuchen, um ihre eigenen Ziele zu verfolgen. Rosalind Picard, die am MIT die Affective-Computing-Forschungsabteilung gründete und damit Ende der 1990er-Jahre als Erste die Bedeutung von Emotionen in der Interaktion zwischen Mensch und Maschine erforschte und in ihrem gleichnamigen Buch beschrieb, weist auf die Möglichkeit hin, dass solche Maschinen beispielsweise erkennen könnten, ob wir traurig oder depressiv sind, und uns entsprechende Produkte anbieten oder den Effekt ausnutzen würden, dass wir in bestimmten Gemütszuständen dazu tendieren, mehr Geld auszugeben.[25] Wenn eine KI so funktioniert, dann verschlechtert sie den Gemütszustand langfristig noch mehr.

Die evolutionäre Bedeutung einer Reihe von Emotionen mag interpretierbar sein. So ist Angst sicherlich ein Mechanismus, um uns zu schützen, während Freude oder Lachen uns Zustände anzeigen, die uns guttun und soziale Bindung ermöglichen. Doch dann gibt es Phänomene wie etwa das Erröten oder Stirnrunzeln, die offenbar allein dem Menschen vorbehalten und bei anderen Spezies nicht bekannt sind, die uns aber auch vor das Rätsel stellen, welchen evolutionären Zweck sie denn erfüllen. Sollen Maschinen damit auch umgehen können beziehungsweise diese in ihr Verhaltensrepertoire integrieren?

Auch wenn in der Theorie der konstruierten Emotionen das Gehirn die Emotionen erzeugt, ohne Körper geht nichts. Der Körper ist zentral für unsere Existenz, und Emotionen wie Lachen verbinden Körper und Geist zu einer Einheit.

Für Biologen ist alles eine Frage von Überleben und Evolution. Deshalb interessieren sie sich dafür, wozu denn Emotionen beitragen und was sie ermöglichen. Die daraus resultierende Handlung ist für sie wichtiger als die Gefühle selbst. Der Wert einer Emotion, etwa eines weinenden Babys oder eines drohenden Affen, liegt für sie im gezeigten Verhalten.

Der Entwicklungschef des schwedischen Musikstreaming-Dienstes Spotify, Gustav Söderström, wies darauf hin, dass Musik oder Geschichten uns in eine bestimmte Stimmung bringen.[26] Angesichts der Ähnlichkeit eines neuronalen Netzwerks mit dem Gehirn könnte man dieses damit auch in einen bestimmten Zustand versetzen, der menschlichen Gefühlen nahekommt. Doch warum sollten Maschinen über ein Konzept wie Gefühle und Emotionen verfügen, das nicht rein der Interaktion mit Menschen (und anderen Organismen) dient?

Der Grund könnte eine weitere evolutionäre Eigenschaft von Emotionen und Gefühlen sein, die für künstliche Intelligenz Bedeutung haben könnte. Eine starke emotionale Reaktion bleibt uns länger in Erinnerung und mag auf Dauer unser Verhalten beeinflussen. Angst, die beim Erkennen einer neuen Gefahr auftritt, lässt uns in Zukunft bei ähnlichen Erfahrungen vorsichtiger sein.

Emotionen und Gefühle wirken somit als Filter, der wesentliche von unwesentlichen Informationen trennt. Die unwesentlichen werden verworfen, die wesentlichen werden langfristig gespeichert. Für eine Maschine sind zunächst alle Informationen gleich viel wert.

Erst wenn wir Vorgaben machen, welche Informationen wichtiger sind, wird die Maschine zu unterscheiden lernen. Aber das ist nicht ausreichend. Das sind Informationen, die wir als wichtig empfinden. Was ist aber mit neuartigen Informationen, für die der Maschine (und uns) keine Gewichtung vorliegt? Und was ist mit Informationen, die nicht für uns Menschen, aber für die Maschine wichtig sind? Wie kann sie selbst Kriterien dafür entwickeln?

Selbst in Momenten mit „perfektem Informationsgehalt", wie iRobot-Mitgründer Colin Angle das nennt, liefern Gefühle und Emotionen eine zusätzliche Schicht an Informationen, die unabdingbar für Entscheidungen und Reaktionen sind.[27] Deshalb könnte ein Konzept wie das menschlicher Emotionen und Gefühle für Maschinen ein unverzichtbarer Bestandteil sein.

Doch wollen wir überhaupt Maschinen, die Emotionen zeigen können und Gefühle haben? Würden wir damit nicht das Leid auf der Welt vermehren, wenn wir Maschinen bauen, die Schmerz empfinden können? Schmerz ist ein Selbsterhaltungsmechanismus, der sehr effektiv unseren Körper vor Beschädigung oder Zerstörung bewahrt. Dieser würde zum Zweck der Selbsterhaltung bei Robotern durchaus Sinn machen.

Und was ist mit etwas wie dem Gegenteil von Schmerz, zum Beispiel Kitzeln? Kinder wie auch Affenbabys zeigen dieselbe Zuneigung und Fluchtbewegung bei Kitzeln. Sie schieben die Finger von Erwachsenen weg, wenn sie gekitzelt werden, und laufen auch weg, sie kommen aber immer wieder zurück und halten den Bauch oder die nackten Fußsohlen hin, um wieder gekitzelt zu werden. Selbst bevor man sie berührt, brechen sie schon in Gelächter aus. Kitzeln hat eine soziale Funktion. Es ist etwas, was man vertrauten Menschen freiwillig erlaubt. Aufgezwungenes Kitzeln ist nicht lustig, sondern Folter.

Wenn eine Maschine uns nun kitzeln oder streicheln würde, fühlte sich das dann ähnlich an, als wenn es Menschen machen würden? Wenn sich eine Maschine an uns schmiegt, wäre das so beruhigend, als wenn das ein Hund oder die Katze macht?

Die Roboter-Ethikerin Kate Darling vom MIT schildert in einem TED-Talk, wie sie einem Freund einen kleinen Dinosaurierroboter zeigte. Dieser kleine Roboter namens Pleo hatte einige Sensoren und Motoren eingebaut, er konnte herumlaufen und den Kopf bewegen, aber auch feststellen, ob er aufrecht stand oder lag. Wenn er lag oder nach unten hing, fing er an zu weinen. Darlings Freund untersuchte den Roboter und hielt ihn dabei verkehrt herum, was dazu führte, dass der Roboter weinte. Darling fühlte sich dabei so unangenehm, dass sie ihrem Freund den Roboter wieder abnahm.[28]

Ihre Reaktion darauf, dieses Mitleid mit dem Dinosaurierroboter, der letztendlich ja nichts Weiteres als ein Spielzeug war, erstaunte sie selbst, und sie stellte sich die Frage, warum wir emotionale Verbindungen zu Maschinen aufbauen.

Darlings Reaktion war nicht ungewöhnlich. In P. W. Singers Buch „Wired for War" sprechen amerikanische Soldaten vom „Robohospital" und nicht von der „Joint Robotics Repair Facility", wo sie ihre Drohnen und Entminungsroboter zur Reparatur hinschicken. Dieselben Soldaten begraben ihre Roboter mit allen militärischen Ehrerweisungen. Und nicht zuletzt haben wir bereits von umgekippten Kiwibots gehört, die von Passanten sogleich wieder aufgestellt wurden, weil sie so „traurig" aussahen. Das alles zeigt uns, dass wir Menschen sehr rasch bereit sind, solch emotionale Verbindungen aufzubauen. Alles, was sich bewegt und wie Leben aussieht, kann unser Mitgefühl erwecken.

Neben dem Dinosaurierroboter gibt es eine Reihe von weiteren Robotern für Kinder, die Emotionen sichtbar ausdrücken und dabei interessante Reaktionen bei ihnen hervorrufen. Wer Kinder im Vorschulalter hat, weiß aus eigener leidvoller Erfahrung, dass sie bei Spielen immer gewinnen wollen. Wenn nicht, riskiert man einen Nervenzusammenbruch.

Auf die Bühne treten nun aber Cozmo und Vector, zwei kleine Roboter mit einer ausgeprägten Persönlichkeit.[29] Diese kleinen quadratischen Roboter auf Rädern haben eine armähnliche Hebevorrichtung, mit der sie Würfel heben, verschieben und umdrehen können. Sind sie bei den Spielen erfolgreich, dann feiern sie ihren Gewinn, indem sie ihre Arme hochheben, sich im Kreis drehen, jubelnde Geräusche von sich geben und mit den Augen zwinkern und blinken. Sollten sie allerdings verlieren, dann ärgern sie sich lautstark und schmeißen sich vor Zorn hin.

Kinder sind von ihnen so angetan, dass die Erfinder dieser Roboter von ihnen Dialoge hören konnten, wie den von zwei Fünfjährigen, die sich zuraunten, den Roboter doch gewinnen zu lassen, damit er nicht zornig werde.

Diese ausgeprägte Persönlichkeit der Spielzeugroboter ist etwas, worüber sich Sherry Turkle den Kopf zerbrach. Sie ist der Meinung, dass es verhältnismäßig einfach sei, eine Maschine so zu bauen, dass sie einfach zu bedienen wäre – auch wenn viele leidgeprüfte Anwender von Maschinen und Software vom Gegenteil berichten. Als ehemaliger Softwareentwickler kenne ich die Herausforderung, Benutzeroberflächen für die Anwender intuitiv verständlich und einfach bedienbar zu machen. Beileibe keine einfache Aufgabe.

Turkle will Maschinen aber eine gewinnende Persönlichkeit verschaffen, und das ist weitaus schwieriger. Der Informatiker John Lester meint sogar:[30]

> „In Zukunft werden wir nicht nur einfach unsere
> Werkzeuge verwenden oder an ihnen Freude haben,
> wir werden sogar an ihnen Anteil nehmen und uns um
> sie kümmern wollen. Sie werden uns lehren, wie sie
> zu behandeln sind und wie wir mit ihnen umzugehen
> haben. Wir werden uns dahin bewegen, dass wir unsere
> Werkzeuge lieben werden; und unsere Werkzeuge werden
> sich dahin entwickeln, dass sie liebenswert werden."

Von liebenswerten Robotern ist es dann nicht mehr weit zu Liebe, und – das kommt jetzt völlig überraschend – Sex mit Robotern. „Natürlich!", mag die erste Reaktion sein. „Kaum haben wir kluge

Maschinen gebaut, schon drücken wir sie in die Schmuddelecke."
Bei näherer Betrachtung können Roboter auf diesem Gebiet aber
therapeutische Zwecke erfüllen. In einer Studie von Wissenschaftlern
der Foundation of Responsible Robotics wird untersucht, wie Menschen mit sexuellen Problemen und einem Mangel an menschlichen
Beziehungen Vorteile daraus ziehen können.[31]

Wenig überraschend für Kenner der menschlichen Natur gibt es
bereits eine Reihe von Fällen, wo Menschen sich in Roboter oder
virtuelle Wesen verliebt haben. Selbst erste Hochzeiten wurden
gefeiert zwischen Menschen und virtuellen Wesen.[32] Auch wenn
man gewisse Dinge noch nicht machen kann, wie beispielsweise
Händchen halten oder gemeinsam auf der Straße spazieren, so hoffen diese Vorreiter im Bereich der Liebesbeziehungen zwischen
Mensch und Maschine, dass sie bald auch einen physischen Körper
haben werden, der ihnen das ermöglicht.

Andere wiederum holen sich Sexroboter als Gefährten ins Haus.
Einer dieser „Robosexuellen" schildert die Vorteile einer solchen
Beziehung. Wenn er nach Hause komme, wisse er, dass „sie" – also
sein weiblich aussehender Sexroboter – nicht fremdgegangen sei.
Wie denn auch?[33] Sowohl in Filmen wie „Ex Machina" oder „Her"
verlieben sich die (männlichen) Protagonisten in eine Maschine.
Während in „Ex Machina" der Roboter diese Gefühle ausnutzt, um
ihrem Gefängnis zu entkommen, und dem weiteren Schicksal des
hilfreichen männlichen Dödels völlig emotionslos gegenübersteht,
schockiert die körperlose KI Samantha im Film „Her" ihren Liebha-
ber Theodore mit dem Geständnis, dass sie momentan mit mehreren
Tausend anderen Menschen in Beziehung stehe und sich in mehrere Hundert von ihnen verliebt habe.

Mit dieser Art von Beziehungen stoßen wir die Tür zu neuen
Fragen auf. Es geht nicht nur darum, ob wir es billigen sollten, dass
wir uns in solche KI-Systeme verlieben und dank Sexspielzeug unsere Lust befriedigen können, oder wie wir mit den Emotionen und
Gefühlen umgehen sollen, die daraus entstehen. In einer Welt, in

der immer mehr Menschen leben, die nicht-digitales Leben nicht mehr kennen, die also keinen Unterschied zwischen Offline- und Online-Welt machen, wird „digitale Sexualität" nur eine weitere Ausprägung der Möglichkeiten in ihrem Leben sein.

Vielmehr stellt sich die Frage, ob ein Roboter aus rechtlicher Sicht seine Zustimmung zu Sex geben kann? Kann ein solcher Roboter behaupten, vergewaltigt worden zu sein, und kann das zu einer Strafverfolgung führen, wie das in der Science-Fiction-Serie „Westworld" bereits thematisiert wurde?[34] Die Gefahr könnte ganz woanders liegen: dass wir dank menschenähnlichen Robotern Verhaltensweisen von Menschen, wenn schon nicht gutheißen, so doch tolerieren, die im Umgang zwischen Menschen absolut inakzeptabel sind. Patrick Lin, Direktor der Ethics and Emerging Sciences Group der California Polytechnic University, sieht das als Rückschritt, der uns Menschen weniger menschlich macht, weil wir Gewalt ausüben anstelle von Verhandlungen und Übereinkommen.

Ganz neu sind auch diese Fragestellungen nicht. Eine Romanze zwischen natürlichen und künstlichen Lebensformen entsteht bereits zwischen Hephaistos und seinem Geschöpf Pandora. Oder erinnern wir uns an Pygmalions Liebe zu einer Elfenbein-Statue. Der Künstler schafft sich nach negativen Erfahrungen mit Frauen eine Statue aus Elfenbein, in die er sich verliebt, und nennt sie Galatea. Nachdem er gegenüber der Göttin Venus seinen Wunsch geäußert hat, sie zum Leben zu erwecken, geschieht dies auch.[35]

Tatsächlich gibt es eine lange Historie von „Agalmatophilie" (benannt nach Pygmalions Galatea), die eine starke Zuneigung beziehungsweise sexuelle Präferenz zu (nackten) Statuen beschreibt. Heute sprechen wir eher von „Robotophilie" oder „Roboter-Fetischismus", die eine sexuelle Zuneigung zu anatomisch realistischen Sexrobotern meint.

Mitgefühl und Empathie

Als ich zarte 18 war, saß ich neben zwei Damen im Wartezimmer meines Hausarztes, weil ich für die Immatrikulation an der Universität ein Gesundheitszeugnis brauchte. Das Wartezimmer war der Vorraum einer Wiener Bürgerwohnung, mit hohen Decken und Flügeltüren. Es knarzte und knackte, wenn man auf den Fischgrätparkettboden trat. In den vorderen Räumlichkeiten war die Praxis des schon greisen Hausarztes, hinten befand sich die Wohnung. So schön die Flügeltüren anzusehen waren, so wenig geräuschabweisend waren sie. Im Wartezimmer konnten wir deutlich das Gespräch des Arztes mit einer älteren Patientin vernehmen. Es hatte sich bereits seit einigen Minuten weg vom Medizinischen hin zum Familienklatsch gewendet. Die ältere Dame erzählte lang und breit von ihren erwachsenen Kindern und den Enkeln und wie ihr verstorbener Mann damals noch dieses und jenes Wehwehchen gehabt hatte, als eine der beiden Damen im Wartezimmer aufseufzend kommentierte: „Sie sind schon in den 1960er-Jahren angekommen, jetzt kann's nimmer lange dauern."

Der Hausarzt kannte seine Klientel, und wer schon selbst einmal im Wartezimmer saß und beobachtete, kann die Anfänger von den Profis unterscheiden. Die Profis sind diejenigen Patienten, die nicht so sehr wegen ihrer körperlichen Leiden ihren Hausarzt aufsuchen, sondern weil sie Ansprache suchen. So wichtig Medikamente und Medizin auch sind, fast noch wichtiger für den Heilungsprozess ist die Anteilnahme der Ärzteschaft.

Meine Frau ist praktische Ärztin in einem amerikanischen Militärkrankenhaus und von ihr höre ich immer wieder, welche Geschichten ihr die Patienten erzählen, die allesamt Veteranen sind, die zumeist intensive Kampferfahrungen gemacht haben. Während die meisten Termine in wenigen Minuten erledigt sind, nehmen manche eine Dreiviertelstunde und mehr in Anspruch. Weniger, weil die Behandlung es notwendig macht, nein, weil die Patienten aus ihrem Leben berichten. Selbst die Termine sind in einigen Fällen gar nicht nötig; die Patienten kommen, weil sie gehört werden wollen. Das empathische Ohr des Arztes kann ihnen dabei schon Ruhe und Gewissheit geben.

Empathie, die Fähigkeit, Anteilnahme und Mitgefühl auszudrücken, ist eine wichtige Eigenschaft bei Menschen. Der Begriff lässt sich mit dem deutschen Wort „Einfühlungsvermögen" übersetzen. Er beschreibt eine bestimmte Form des Zugangs zur Kunst, die der deutsche Philosoph Karl Groos als „innere Nachahmung" bezeichnete. Empathie, die zu einer Handlung führt, nennt man übrigens „Mitgefühl" (compassion). Ich kenne Ärzte, die lieber von Mitgefühl sprechen, da sie nicht nur handlungsloses Einfühlungsvermögen zeigen, sondern auch handeln und die Situation des Patienten verbessern.

Kinder begreifen das schon sehr früh. Sie verstehen, dass ein anderes Kind, das nach einem Hasen sucht, sich freuen wird, wenn es ihn findet. Ein Kind, das nach einem Hund sucht, wird eher indifferent sein, wenn es stattdessen den Hasen aufstöbert.[36] Kinder können nachvollziehen, was andere wollen.

Auch Tiere haben Empathie, wie jeder Hundebesitzer bestätigen kann. Der niederländische Primatenforscher Frans de Waal schrieb in seinem Buch „Mama's Last Hug" von der Begegnung einer im Sterben liegenden Schimpansin – „Mama" – und Jan van Jooff, der sie viele Jahrzehnte als Forscher betreut hatte. Das im Internet zu sehende Video zeigt, wie Mama dem greisen Forscher durch die Haare streicht und seinen Nacken tätschelt, als ob sie ihm sagen wolle: „Sorge dich nicht um mich. Es ist alles gut."[37]

Spreche ich mit den Ärzten in meinem Bekanntenkreis, dann machen sich die wenigsten Sorgen darum, dass sie jemals von einer Maschine ersetzt werden könnten. Menschen wollen den empathischen Arzt, die aufmerksam zuhörende und ermutigende Ärztin. Obschon das alles richtig ist, erleben wir aber in unserer hektischen Welt immer weniger davon. Arztbesuche laufen eher wie am Fließband ab, die Zeit, die Ärzte mit einer Patientin verbringen, ist beschränkt. Dabei bleibt wenig Zeit, sich eingehender mit Patienten zu unterhalten. So manche Familiengeschichte oder sonstiges Erlebnis könnte jedoch hilfreich sein, um gewisse Leiden zu verstehen.

Und es kann speziell wenig gebildeten Menschen helfen, ihren Heilungsprozess besser zu verstehen. Am Boston Medical Center, wo sehr viele Geringverdiener behandelt werden, testeten Forscher virtuelle Krankenpfleger, die den Patienten, denen eine Entlassung nach Hause bevorstand, genau erklärten, wie oft sie welche Medikamente nehmen müssen. Anstatt der durchschnittlich sieben Minuten, die ein Krankenpfleger mit den Patienten verbrachte, konnten sie mit der Maschine ihr eigenes Tempo bestimmen. Manche Patienten benötigten eine Stunde und sie bevorzugten diese virtuellen Assistenten gegenüber dem Pflegepersonal, weil diese nicht so in Eile gewesen waren.[38]

Schließt man jedoch daraus, dass Maschinen menschliche Ärzte nicht ersetzen oder zumindest ergänzen können, dann liegt man falsch. Maschinen können Empathie zeigen, und das sogar in einer Weise, dass Menschen sich wohler fühlen, mit Maschinen zu kommunizieren.

Als mein Bruder und ich Teenager waren, hatten wir einen Commodore 64. Das war der erste Heimcomputer, der in Millionen von Haushalten stand und eine ganze Generation an Softwareentwicklern und Videospielfans hervorbrachte. Neben Videospielen, die wir selbstverständlich auch spielten, hatten wir auch andere Programme. So fiel uns neben Komponier- und Zeitungsdrucksoftware einmal ein merkwürdiges Programm in die Hände. Es hieß ELIZA und war eine reine Textsoftware.[39]

Der erste Satz, denn man sah, war eine Frage: „Was betrübt dich?" Sobald wir eine Antwort eingegeben hatten, stellte das Programm die nächste Frage, die sich auf den vorherigen Satz bezog. Auf diese Weise konnte man mit dem Programm ein Gespräch führen.

Mitte der 1980er-Jahre gab es noch kein für uns zugängliches Internet, wir wussten also, dass dieses Programm abgeschlossen war, nur auf unserem Computer lief und kein Mensch dahinter saß. Wir analysierten, wie das Programm arbeitete und an welchen Stellen es Probleme hatte, mit unseren Antworten etwas anzufangen. In diesen Fällen stellte das Programm entweder eine recht allgemeine Frage oder nutzte Informationen aus den vorherigen Antworten, um neue Fragen zu stellen.

Tabelle 1

Die Antworten hatten dabei diese Struktur:

Glaubst du nicht, dass ich … kann?	Don't you believe that I can …?
Vielleicht wärst du gern in der Lage, …	Perhaps you would like to be able to …
Du willst, dass ich in der Lage bin, …	You want me to be able to …
Vielleicht willst du nicht …	Perhaps you don't want to …
Erzähl mir mehr über diese Gefühle.	Tell me more about such feelings.
Welche Antwort würde dir am besten gefallen?	What answer would please you the most?
Was meinst du?	What do you think?
Was willst du wirklich wissen?	What is it you really want to know?
Warum kannst du nicht …?	Why can't you …?
Weißt du das nicht?	Don't you know?

Fragenstrukturen von ELIZA

Quelle: https://en.wikipedia.org/wiki/ELIZA

ELIZA wurde 1964 am MIT von Joseph Weizenbaum als Psychotherapieprogramm entwickelt und sollte zeigen, wie oberflächlich solche künstlichen Dialoge sind. Es war darauf angelegt, eine überzeugend wirkende Konversation am Laufen zu halten.

Weizenbaum vertrat die Meinung, dass Berufe, die echte Empathie erfordern, wie im medizinischen Sektor, in der Altenpflege, beim Militär, ja, selbst im Kundensupport, niemals von einer Maschine ausgeübt werden sollten. Ausgiebige Interaktionen von Menschen mit Maschinen, die keine echte Empathie zeigen, isolierten Menschen und ließen sie als weniger wertvoll erscheinen.

Genau das Gegenteil war jedoch der Fall. Die Probanden, die mit ELIZA kommunizierten, kamen zu der Überzeugung, dass hinter der Maschine ein Mensch saß, der antwortete. Ja, selbst wenn sie genau verstanden hatten, dass es eine Maschine war, so baten sie nach Ende des Versuchs darum, noch einige Zeit allein mit der Maschine verbringen zu dürfen. Angeblich bat selbst Weizenbaums eigene Sekretärin um einen „privaten Termin" bei ELIZA.

Weizenbaum war geschockt, nicht nur, weil er somit genau das Gegenteil des Beabsichtigten bewiesen hatte, sondern auch, weil das Programm nur sehr einfache Satzstrukturen verstand und bearbeiten konnte. Trotzdem hatte es diesen Effekt auf die Menschen. Sie akzeptierten das von der Maschine gezeigte „Interesse" als Empathie.

Selbst wenn die Maschine in ihren Reaktionen immer wieder offensichtliche Fehler macht, weil sie eben nur auf bestimmte Reaktionen programmiert ist, so tendieren die mit ihr interagierenden Menschen dazu, über diese Fehler hinwegzusehen und sie sich selbst zuzuschreiben. Sie lassen die Maschine damit kompetenter und in diesem Fall empathischer aussehen, als sie in Wirklichkeit ist. Dieses Phänomen wird auch als ELIZA-Effekt bezeichnet.

Macht es einen Unterschied, ob jemand Empathie zeigt oder wirklich fühlt? Eine Maschine kann sicherlich nicht fühlen, wie es ist, ein Familienmitglied durch Tod verloren zu haben, oder wie sich Bauchweh anfühlt, weil ihr dazu die Körperlichkeit und Verwandtschaftsbindung fehlt. Menschen hingegen können mitfühlen, auch wenn sie selbst noch nie ein Familienmitglied verloren haben oder eine Krankheit selbst erleiden mussten. Dabei helfen die Spiegelneuronen, bei denen wir den Gesichtsausdruck der anderen Person nachmachen, also „spiegeln".[40]

Obwohl Maschinen im Gegensatz zu Menschen nicht mitfühlen können, ist die Wirkung auf den Empathieempfänger dieselbe. Dieser fühlt sich verstanden und zeigt eine positive, möglicherweise den Heilungs- oder Trauerprozess unterstützende Reaktion.

Jemand oder etwas, der/das Empathie nur zeigen, aber nicht fühlen kann, ist nicht unbedingt ein Betrüger oder schlecht. Wie viel Empathie trauen wir unserer Hausärztin zu, wenn sie jeden Tag 30 bis 40 Patienten sieht und bei jedem Patienten Mitgefühl zeigen muss?

Wenn unser Partner oder unsere Partnerin uns sagt: „Ich liebe dich!", wie können wir sicher sein, ob er oder sie das ehrlich meint oder nur so dahingesagt hat? Es gibt vielleicht einiges, was dafürspricht, aber hundertprozentige Sicherheit haben wir nicht. Im Zweifelsfall gehen wir davon aus, dass es stimmt. Und Menschen sind scheinbar bereit, sogar sehr schnell sehr bereit, einer Empathie zeigenden Maschine das abzunehmen.

Es gibt aber Unterschiede, wie Menschen sich empathischen Maschinen gegenüber verhalten. Speziell bei unangenehmen Tatsachen vertrauen sie sich einer Maschine eher ohne Scheu an. Überall dort, wo beispielsweise große Scham ins Spiel kommt oder wo man die Beurteilung durch andere Menschen fürchtet, sind Menschen eher bereit, sich einer Maschine anzuvertrauen. So gestehen sie einer Maschine gegenüber eher finanzielle Probleme ein als gegenüber Menschen.[41] Unethisches oder illegales Verhalten vertrauen Menschen ebenfalls eher Maschinen an.[42] Auch Traurigkeit zeigen Erwachsene Maschinen gegenüber bereitwilliger.[43]

Allerdings kann diese negative Erfahrung mit Scham damit zusammenhängen, dass man sich jemandem anvertraut hat, der nur beurteilt, aber keine Unterstützung angeboten hat. Es ist eine Sache, sich vor jemandem zu schämen, der mich für meine Verfehlung nur maßregelt, dem es jedoch im Grunde egal ist, was aus mir wird. Etwas anderes ist es, mich vor jemanden zu schämen und von der Person gemaßregelt zu werden, der mein Wohl am Herzen liegt. Ein anderer Grund, warum Menschen sich Computern mehr anvertrauen, hat mit der Annahme zu tun, dass man vor der Maschine anonym ist. Angesichts der Tatsache, dass Maschinen Daten sammeln, eine ungerechtfertigte Erwartung.

Wenn es allerdings darum geht, Verantwortung für die eigenen Taten zu übernehmen und von jemandem gemaßregelt zu werden, sind Maschinen weniger effektiv als Menschen. Wenn mir die Maschine Ziele setzt, mehr Sport zu machen, und ich stattdessen vor dem Fernseher mit Chipspackungen und Cola versumpfe, fällt es mir leichter, die Maßregelungen der Maschine zu ignorieren. Bei Menschen ist das anders. Die Maschinenempathie, die mein Bestes will, wird als weniger echt angesehen, als wenn ein Mensch sie mir entgegenbringt.

Sherry Turkle, Psychoanalystin am MIT, die Mensch-Maschinen-Interaktionen seit mehreren Jahrzehnten erforscht, sagt, dass Maschinen eben nicht „gegenhalten" können. Menschliche Gegenüber widersprechen, fordern heraus, zweifeln Aussagen an, verlangen verantwortliches Verhalten, hinterfragen Motivationen und bringen das nicht nur durch Sprache, sondern auch durch den Gesichtsausdruck, die Körpersprache und Pausen beim Sprechen zum Ausdruck. Auch Rosalind Picard hat in ihrem Affective Computing Lab am MIT auf dieses Push-and-pull-Prinzip von Menschen hingewiesen, das Maschinen so nicht vermitteln können.

Dass sich Menschen vor Maschinen weniger schämen, mag therapeutisch wirken und Erleichterung bringen, aber beim umgekehrten Gefühl – Stolz –, das durch jemanden ausgedrückt wird, der mit einem alles durchgemacht hat, wird es ein Computer schwer haben, dies dem Menschen gegenüber glaubhaft zu vermitteln.

Unsere heutigen Maschinenassistenten, wie wir sie als Siri oder Alexa auf unseren Smartphones oder Sprachassistenten vorfinden, sind nur beschränkt fortgeschrittener als ELIZA in den 1960er-Jahren. Dabei stellen diese schon Höhepunkte der KI-Entwicklung dar. Erste Krankenhäuser testen diese Assistenten in Krankenzimmern, um Patienten mehr Unabhängigkeit zu ermöglichen. So banal es klingen mag, aber dass ein bettlägeriger Patient den Fernsehsender mit Amazons Alexa wechseln kann, ohne jemanden zu bemühen, kann einem das Gefühl von Kontrolle über das eigene Leben zurückgeben.[44]

Roboter wie Moxi von Diligent Robotics sehen nicht nur niedlich aus, sie können auch fast nichts. Dieser Roboter übernimmt recht alltägliche Aufgaben des Krankenhauspersonals, beispielsweise medizinische Proben vom Untersuchungszimmer zum Labor zu bringen oder einen Behälter mit sterilisierten Instrumenten in das Untersuchungszimmer zu stellen. Selbst bei diesen einfachen Aufgaben nimmt er einem nicht nur Arbeit ab, er ist auch beim Personal und den Patienten populär, weil er so niedlich und unbeholfen aussieht und doch hilfreich erscheint. Dabei ist Moxi nichts anderes als eine Büste auf einem Fahrgestell, ausgestattet mit einem Roboterarm und großen Augen, die blinken und rollen. Kein Wunder, dass Patienten und Mitarbeiter Selfies mit Moxi machen und ein Kind ihm sogar einen Brief geschrieben hat.[45]

Der Einsatz von Robotern in der Altenpflege führt uns wieder zum Thema Scham zurück. Die an leichter Senilität leidende 85-jährige Nakajima Fumiko, Bewohnerin des Altenheims Zenkoukai in Japan, hat mit den Betreuern kaum gesprochen und sich zurückgezogen. Erst als das Heim den Therapieroboter Sota einführte, kam sie aus sich heraus. Seitdem lacht sie, streichelt den Kopf des kleinen Roboters mit den großen Augen, spricht mit ihm. Auch wenn der Roboter nicht mehr kann, als aus der Konserve Lieder aus Frau Fumikos Jugendzeit zu spielen, ihr etwas vorzuturnen oder sie zum Quizraten aufzufordern, fühlt sie sich befreiter. Vor dem Pflegepersonal hatte sie sich so sehr geschämt, eine Last für alle zu sein, dass sie wie ein graues Mäuschen in der Ecke saß und nicht auffallen wollte. Dank Sota ist das nun anders. Auch wenn sie den Roboter hin und wieder als ihren Enkelsohn bezeichnet und damit die Grenze zwischen Mensch und Maschine verschwimmt, so zeigt diese berührende Geschichte, wie sehr uns auch ganz einfache Roboterhilfen zu mehr Menschlichkeit verhelfen können.[46] Ohne den Roboter hätten die Pfleger, so rührend sie sich um Nakajima Fumiko auch kümmerten, die alte Dame nicht aus ihrer Zurückgezogenheit herausholen und ihr wieder Lebenslust vermitteln und ein würdiges Dasein ermöglichen können.

In Japan hat man generell ein sehr entspanntes Verhältnis zu künstlichen Wesen. Diesen werden sogar Seelen zugesprochen, was aus dem in Japan verbreiteten Shintoismus kommt.

Solche Aufgaben können auch Haustiere erfüllen, doch sorgt man sich in solchen Pflegeheimen, dass die Bewohner mit den Haustieren stürzen und sich selbst oder die Tiere verletzen könnten. Sherry Turkle brachte in einer Studie „My Real Baby"-Puppen in ein Altersheim. Diese für Kinder als Spielzeug entwickelten Puppen reagieren auf Berührungen und zeigen Gesichtsausdrücke. Sie lachen, wenn man sie an den Fußsohlen kitzelt, sie können aber auch traurig werden. Im ersten Moment sehen diese Puppen etwas gruselig aus. Die vier Puppen, die Turkle im Altersheim über den Sommer zurückließ, waren so populär, dass das Pflegepersonal noch drei weitere anschaffte. Weil das Personal die Wünsche der Bewohner ernst nahm und durch eine Studie des MITs eine gewisse Reputation damit verbunden war, wurden die Puppen von den Bewohnern offen akzeptiert. Sie hatten plötzlich etwas, worum sie sich kümmern konnten, das ihnen Gesprächsstoff lieferte, Kindheitserinnerungen hervorrief und mit dem sie sich ein alternatives Leben vorstellen konnten.[47]

Turkle beschreibt einen Fall, bei dem Edna, eine 82-jährige Altersheimbewohnerin, selbst beim Besuch ihres zweijährigen Enkelkindes ihre Aufmerksamkeit vor allem auf die My-Real-Baby-Puppe gerichtet und dabei die eigene Verwandtschaft und das echte Kleinkind im Raum ignoriert hatte.

Trotz dieser Erfahrungen mit und dem Anklang von Pflegerobotern weist Turkle darauf hin, dass die (meisten) Bewohner bei der Wahl zwischen Roboter und Mensch nach wie vor den Menschen bevorzugen. Diesem Wunsch zu entsprechen gestaltet sich in vielen Gesellschaften leider schwierig. In Japan ist die Überalterung der Gesellschaft mittlerweile ein solch massives Problem geworden, dass kaum noch Zeit für die Betreuung der Alten bleibt. Es wählen nicht nur zu wenig junge Menschen Pflegeberufe, es gibt auch zu wenig junge Menschen. Solche Roboter sind in der gegebenen Situation die einzige Möglichkeit, den älteren Menschen Abwechslung zu bieten.

Auch die ehemalige Geschäftsführerin von Cognea, Liesl Yearsley, die maschinelle Helferlein entwickelte, beobachtete, wie Menschen Beziehungen zu diesen Bots aufbauten. „Ich dachte immer, wir Menschen würden Distanz halten zwischen uns und der künstlichen Intelligenz, doch das Gegenteil war der Fall. Die Leute sind bereit, Beziehungen mit den künstlichen Agenten einzugehen, sofern diese entsprechend programmiert sind."[48]

Die Gründer von Lovingai.org, einer Kollaboration zwischen mehreren Forschungsinstituten, versuchen, das Problem anzupacken, wie KI-Systeme bedingungslose Liebe zu Menschen glaubwürdig und aufrichtig durch Gespräche kommunizieren können und sich dabei sowohl an die individuellen Wünsche und Bedürfnisse anpassen als auch die Entwicklung der Persönlichkeit und der Beziehungsfähigkeit fördern.[49] Ein hehres Ziel, wenn man bedenkt, wie viel Mühe uns das schon bei Menschen kostet. Und wir sind keine Computer, wir sind soziale Wesen, denen Beziehungen über alles gehen.

Die Geschichte im Wartezimmer meines betagten Arztes hatte übrigens noch eine Fortsetzung. Als ich dann endlich an der Reihe war mit meinem Gesundheitsbescheid für die Immatrikulation an der Uni, nahm er das mitgebrachte Formular in die Hand, besah es sich durch seine Brille, drehte es mehrmals um und murmelte, dass er so ein Formular in seiner gesamten Arztlaufbahn noch nie gesehen habe. Dann schob er die Brille auf seine Nasenspitze, sah mir über den Brillenrand in die Augen und fragte: „Und? Sind wir eh gesund?" Ich nickte, er unterschrieb, stempelte es und ich war weg.

---

[1] https://de.wikipedia.org/wiki/Cyborg

[2] Science Gave My Son the Gift of Sound, https://time.com/76154/deaf-culture-cochlear-implants/

[3] https://www.neuralink.com/

[4] https://de.wikipedia.org/wiki/Rachel_McKinnon

[5] How EnChroma's Glasses Correct Color-Blindness, https://www.technologyreview.com/s/601782/how-enchromas-glasses-correct-color-blindness/

[6] https://de.wikipedia.org/wiki/Neil_Harbisson

[7] https://www.theverge.com/2018/7/25/17611812/brain-controlled-robot-arm-supernumerary-bmi

[8] https://de.wikipedia.org/wiki/Nuada

[9] https://de.wikipedia.org/wiki/Dian_Cecht

[10] https://de.wikipedia.org/wiki/Freya

[11] Adrienne Mayor: Gods and Robots. Myths, Machines and Ancient Dreams of Technology, Princeton University Press, 2018

[12] Donald Brown: Human Universals, New York City, McGraw-Hill, 1991

[13] https://foldimate.com/

[14] Don Norman: The Design of Everyday Things, Basic Books, 2013

[15] Lisa Feldman Barrett: How Emotions Are Made. The Secret Life of the Brain, Houghton Mifflin Harcourt, 2017

[16] Frans de Waal: Mama's last Hug, W. W. Norton & Company, 2019

[17] Sherri C. Widen, James A. Russell: Children's and adults' understanding of the „disgust face", in: Cognition and Emotion 22 (8), 2008, S. 1513-1541

[18] http://ei.yale.edu/what-we-do/teaching-emotional-intelligence/

[19] Kristen A. Lindquist, Jennifer K. MacCormack, Holly Shablack: The role of language in emotion. Predictions from psychological constructionism, in: Front Psychol. 6/2015, S. 444, https://www.ncbi.nlm.nih.gov/pmc/articles/PMC4396134/

[20] How Language Influences Emotion, https://www.theatlantic.com/health/archive/2015/12/the-book-of-human-emotions-language-feelings/420978/

[21] John Brockman: What to think about Machines that think. Today's Leading Thinkers on the Age of Machine Intelligence, Harper Perennial, 2016

[22] https://de.wikipedia.org/wiki/Guillaume-Benjamin_Duchenne

[23] Nicolas Gueguen, Celine Jacob, Angelique Martin: Mimicry in Social Interaction. Its Effect on Human Judgment and Behavior, in: European Journal of Social Sciences, Volume 8, Number 2/2009, http://www.eyethink.org/resources/papers/Gueguen-et-al..pdf

[24] What happens when cars get emotional? https://www.fastcompany.com/90368804/emotion-sensing-cars-promise-to-make-our-roads-much-safer

[25] Rosalind Picard: Affective Computing, MIT Press, 1997

[26] https://lexfridman.com/gustav-soderstrom/

27 https://lexfridman.com/colin-angle/

28 Kate Darling: Why we have an emotional connection to robots, https://www.ted
    .com/talks/kate_darling_why_we_have_an_emotional_connection_to_robots

29 https://www.anki.com/en-us/cozmo

30 Sherry Turkle: Alone Together, Basic Books, 2011

31 Report: Our Sexual Future with Robots, https://responsiblerobotics
    .org/2017/07/05/frr-report-our-sexual-future-with-robots/

32 Roboterrevolution: Wie Maschinen und Künstliche Intelligenz die Gesellschaft
    verändern, https://www.spiegel.de/gesundheit/sex/roboter-in-japan-verliebt-in-
    ein-hologramm-a-1277537.html

33 Do You Take This Robot …, https://www.nytimes.com/2019/01/19/style/sex-
    robots.html

34 The True Cost of Westworld's Robot Sex, https://www.inverse.com/article/21654-
    westworld-sex-robot-consent-rape-culture-science

35 Adrienne Mayor: Gods and Robots. Myths, Machines and Ancient Dreams of
    Technology, Princeton University Press, 2018

36 Henry M. Wellman, Ann T. Phillips, Thomas Rodriguez: Young Children's
    Understanding of Perception, Desire, and Emotion, in: Child development,
    Vol. 71, Issue 4, Juli/August 2000, S. 895-912, https://onlinelibrary.wiley.com/
    doi/abs/10.1111/1467-8624.00198

37 Jan van Hooff visits chimpanzee „Mama", 59 yrs old and very sick, https://www
    .youtube.com/watch?v=INa-oOAexno

38 Timothy W. Bickmore, Laura M. Pfeifer, Brian W. Jack: Taking the Time to Care.
    Empowering Low Health Literacy Hospital Patients with Virtual Nurse Agents,
    https://www2.ccs.neu.edu/research/rag/publications/CHI09.VirtualNurse.pdf

39 https://de.wikipedia.org/wiki/ELIZA

40 https://de.wikipedia.org/wiki/Spiegelneuron

41 Personal finance questions elicit slightly different answers in phone surveys
    than online, https://www.pewresearch.org/fact-tank/2017/08/04/personal-
    finance-questions-elicit-slightly-different-answers-in-phone-surveys-
    than-online/

42 Suzanna Weisband, Sara Kiesler: Self Disclosure on Computer Forms:
    Meta-Analysis and Implications; Conference on Human Factors in Computing
    Systems: Common Ground, CHI ‚96, Vancouver, BC, Canada, 13. bis 18. April
    1996, Proceedings, https://www.researchgate.net/publication/221513875_
    Self_Disclosure_on_Computer_Forms_Meta-Analysis_and_Implications

43 Gale M. Lucas, Jonathan Gratch, Aisha King, Louis-Philippe Morency: It's only a
    computer: Virtual humans increase willingness to disclose. Computers in Human
    Behavior Volume 37, August 2014, S. 94-100, https://www.sciencedirect.com/
    science/article/pii/S0747563214002647

[44] Cedars-Sinai puts Amazon Alexa in patient rooms as part of a pilot program, https://techcrunch.com/2019/02/25/cedars-sinai-puts-amazon-alexa-in-patient-rooms-as-part-of-a-pilot-program/

[45] A hospital introduced a robot to help nurses. They didn't expect it to be so popular, https://www.fastcompany.com/90372204/a-hospital-introduced-a-robot-to-help-nurses-they-didnt-expect-it-to-be-so-popular

[46] https://www.spiegel.de/gesundheit/diagnose/roboter-in-japan-die-pflegemaschinen-a-1277539.html

[47] Sherry Turkle: Alone Together, Basic Books, 2011

[48] Holger Volland: Die kreative Macht der Maschinen. Warum Künstliche Intelligenzen bestimmen, was wir morgen fühlen und denken, Beltz, 2018

[49] http://lovingai.org/

KAPITEL 6

Moralisierende Babys und Ethikchips

*„Egal, ob Sie mir nicht glauben oder nicht folgen können,
ich habe jedenfalls keine Zeit, Sie zu überzeugen, sorry."*

SATOSHI NAKAMOTO

Es war nur eine kleine Handbewegung, die Forscher der Yale University an dem einjährigen Kind beobachteten, doch sie sprach Bände. Der Junge hatte für Gerechtigkeit gesorgt und eine Puppe geohrfeigt. Er hatte vorher ein Puppenspiel gesehen, in dem diese Puppe einer anderen Puppe einen Ball weggenommen hatte und damit davongelaufen war.

Am kognitionswissenschaftlichen Zentrum in Yale untersuchen Forscher das moralische Empfinden und Verständnis von Kindern. In den Studien gilt es, herauszufinden, ob bereits Babys ein Moralverständnis haben. Die dahinterstehende Frage ist, ob Moral angeboren ist oder durch Sozialisation erworben wird. Müssen wir Moral erst lernen oder ist sie bereits in unseren Genen angelegt?

Die Forscher in Yale arbeiten dabei mit Kleinkindern ab sechs Monaten. Zwei typische Experimente zeigen Puppen, die einander entweder einen Ball zuwerfen oder ihn einen Berg hinaufzuschieben versuchen. Im ersten Experiment werfen sich zwei Puppen den Ball abwechselnd zu. Eine dritte, anfänglich unbeteiligte Puppe fängt dann den Ball und läuft damit weg. Im zweiten Experiment bemüht sich eine Puppe, den Ball einen Berg hinaufzuschieben. Eine weitere Puppe kommt helfend dazu. Eine dritte aber stößt die beiden immer wieder den Berg hinab.

Anschließend geben die Wissenschaftler jeder der drei Puppen eine Belohnung und legen sie vor die Kinder. Die Kleinkinder können dann Belohnungen wegnehmen, und wie sich herausstellte, nehmen die meisten den „bösen" Puppen die Belohnung weg. Einem Jungen genügte das Wegnehmen der Belohnung offenbar nicht, er versetzte der Puppe zusätzlich einen Schlag auf den Kopf.[1]

Aus diesen Experimenten schließen die Forscher, dass Menschen mit einem moralischen Grundgerüst geboren werden. Wir scheinen mit einem Verständnis dafür, was Recht und Unrecht ist, auf die Welt gekommen zu sein.

Dabei ist die Definition von Recht und Unrecht flexibel und ändert sich mit dem Alter. Vierjährige beispielsweise, die angewiesen wurden, gemeinsam das Zimmer aufzuräumen und denen eine Belohnung dafür versprochen wurde, finden es ungerecht, wenn ein Kind keine Belohnung erhält – selbst wenn dieses Kind nicht mitgeholfen hat. In diesem Alter haben Kinder auch noch kein Konzept von Mengen. Genauer ausgedrückt: Ihnen ist der Unterschied zwischen der Anzahl und der Menge nicht klar. In einem Video sieht man ein Kind einem Erwachsenen gegenübersitzen. Das Kind hat zwei Schokoladenstücke vor sich liegen, der Erwachsene ein großes, das von der Menge her mehr ist als die zwei Stückchen des Kindes. Im Gespräch zeigt sich, dass das Kind einverstanden ist, seine Schokolade zu teilen, weil der Erwachsene ja weniger Stücke hat.

Dieser Effekt basiert auf der vom Schweizer Biologen und Entwicklungspsychologen Jean Piaget entwickelten Theorie der Konservation.[2] Kinder zwischen zwei und sieben Jahren erkennen bei Mengen noch nicht den Zusammenhang zwischen Form, Stückzahl und Größe. Das hat Auswirkungen auf Fairness und moralisches Empfinden.

Teenager hingegen unterscheiden bei Gruppenarbeiten sehr wohl, wer wie viel dazu beigetragen hat. Zum Erstaunen der Lehrer sind Teenager ausgesprochen gerecht bei der Verteilung der Belohnungen entsprechend der Leistung einzelner Mitglieder einer Gruppe.

Wenn moralisches Empfinden bei Menschen angeboren ist und sich entwicklungsbedingt im Laufe der Zeit ändert, gibt es so etwas wie einen „Sitz von Moral" im Hirn? Und was bedeutet das für

Maschinen? Bräuchten Maschinen einen „Moralchip", mit dem sie ausgestattet werden? Und wenn ja, sollte dieser Moralchip ein gewisses Entwicklungsstadium haben? Wenn wir schon Maschinen solch einen Chip vorschreiben wollen, sollten wir diesen den Menschen nicht auch einpflanzen?

Drohnenhersteller müssen heute bereits in ihre Fluggeräte Software einbauen, die es den Drohnen unmöglich macht, gewisse Zonen wie beispielsweise Flughäfen oder das amerikanische Weiße Haus zu überfliegen. Weitergedacht könnte ein Moralchip uns und Maschinen davon abhalten, gewisse moralisch nicht vertretbare Aktionen auszuführen. Mord oder Vergewaltigung könnten damit verhindert werden, zugleich wird aber auch der freie Wille eingeschränkt. Eine Entwicklung, die uns Unbehagen bereitet.

Die durch immer intelligenter werdende Maschinen ausgelösten Debatten um Moral und Ethik zwingen uns Menschen, die Karten auf den Tisch zu legen. Zu lange behandelten wir etliche Fragestellungen aus einer theoretischen Perspektive. „Wir müssen uns über Prinzipien verständigen, die Fälle identifizieren, in denen sie nicht befriedigend sind, und diese Fälle diskutieren und klären. Wir müssen uns also in eine Grauzone begeben, die wir bislang gemieden haben", meint der Philosoph Alexandre Lacroix.[3]

Meinungen allein reichen da nicht mehr. Dank der Maschinen können wir Daten sammeln und die Fragen nach Relevanz sortieren und beantworten. Bislang beschäftigen sich Philosophen und die Öffentlichkeit mit in der Praxis wenig relevanten ethischen Fragen wie dem Trolley-Problem bei autonomen Autos, statt sich mit dem dringenderen Problem zu befassen, wie viel Abstand diese zu Radfahrern halten sollten.[4]

Vom Sinn des Lebens und der Werteangleichung

Welchen Weg wollen wir moralisch und ethisch mit Maschinen beschreiten? Oder noch grundlegender gefragt: Was ist der Sinn des Lebens? Und welche ethischen und moralischen Werte sollten daraus abgeleitet werden? Steven Pinker hat verschiedene Antworten zu dieser fundamentalen Frage zusammengestellt:[5]

a) Der Sinn des Lebens ist es, Wissen zu erwerben. (Plato)

b) Der Sinn des Lebens ist es, Macht zu erwerben. (Nietzsche)

c) Der Sinn des Lebens ist es, dem Tod zu entkommen. (Ernest Becker)

d) Der Sinn des Lebens ist es, unsere Gene zu verbreiten. (Darwin)

e) Es gibt keinen Sinn des Lebens. (Nihilisten)

f) Der Sinn des Lebens liegt über unseren kognitiven Fähigkeiten. (Steven Pinker)

g) Der Sinn des Lebens ist nichts von alledem.

Je nach Glaubenssystem treffen eine oder mehrere der genannten Aussagen zu. Dies hängt ab von den Werten, an die jeder Einzelne von uns glaubt, und diese Werte legitimieren unsere Handlungen, in denen sich unsere Werte ausdrücken.

Die Frage nach den Werten ist dringlicher, als wir denken, und erfordert die Expertise von Menschen aus vielen Disziplinen und mit einer entsprechenden Bandbreite an Erfahrungen. Denn heute hat KI – dank der Experten, die sich bislang damit beschäftigt und diese Maschinen designt haben – vor allem die Ziele und Werte von „Männern, die keine Kinder haben", verinnerlicht, meint der KI-Experte Stuart Russell.[6] Und diese fühlten sich gleich einmal als Gott und vergäßen möglicherweise die Demut, der wir KI eingeben sollten. Auf diesen Punkt weist auch der Science-Fiction-Autor Bruce Sterling hin, der an künstlicher Intelligenz vor allem die „künstliche Weiblichkeit" vermisst. „Wirkliche Intelligenz hat ein Geschlecht, weil menschliche Gehirne eines haben. Die Mehrheit der menschlichen Gehirne ist weiblich."[7]

Selbst wenn für Menschen Ziele und Werte bestimmt werden können (jeder, der aktuelle politische Diskussionen verfolgt, kann sich ein Bild davon machen, wie sehr sich diese oft unterscheiden), kommt es immer wieder zu Fällen, bei denen keine einfache Entscheidung getroffen werden kann. Fügt man nun Maschinen in diese Gleichung ein, wird es rasch unübersichtlich.

Das Stichwort dabei lautet „Werteangleichung" (values alignment). Die beginnt nicht erst bei künstlicher Intelligenz. Schauen wir uns die Klimadebatte an. Sind die Interessen von einigen wenigen (Vorstände und Aktionäre von Unternehmen, die fossile Brennstoffe fördern) über die von vielen (Menschen) zu stellen? Sollen wir Flüchtlinge aufnehmen und vor Elend und Tod schützen oder aussperren, um soziale oder gesellschaftliche Unruhen zu vermeiden? Sind das die einzigen Alternativen, die sich gegenseitig ausschließen, oder gibt es eine halbwegs vernünftige Abwägung von Maßnahmen, die allen zugutekommt, oder sogar andere Lösungen, an die wir bisher nicht gedacht haben?

Von den alten Griechen angefangen bis in die Neuzeit fällt uns allerdings eines auf: Alle Automaten und künstlichen Wesen, die geschaffen wurden, um Menschen Leid und Tod zu bringen, wurden von Tyrannen in Auftrag gegeben. Angefangen von König Minos in Kreta, Aietes von Kolchis bis hin zu Zeus, der vor lauter Vorfreude nicht an sich halten kann und die Büchse der Pandora auf die Menschheit loslässt. Sowohl mythologische als auch wirkliche Tyrannen waren von solchen Automaten fasziniert.

Statt uns vor einer superintelligenten Maschine zu fürchten, die uns schaden könnte, sollten wir eher gedankenlose oder böse Menschen fürchten, die sie zum Schaden der Menschheit einsetzen wollen.

Eine universale Ethik gibt es nicht, meint der Autor und Statistiker Nassim Nicholas Taleb, bekannt für seinen Bestseller „Der Schwarze Schwan". Seiner Ansicht nach entfernen sich Recht und

Moral immer weiter voneinander. Über das Recht und dessen Durchsetzung bestimme eine mächtige Minderheit. Speziell binäre Gesetze, also solche, die keine Differenzierungen erlauben wie beispielsweise das Alkoholverbot in den USA, kämen von intoleranten, starrköpfigen Minderheiten.[8]

> *„Die Ethik ist universal, doch sie setzt sich nicht aufgrund der größten Anzahl durch. Die ethischen Präferenzen einer Gesellschaft werden durch die Dominanz unnachgiebiger Minderheiten durchgesetzt, die ab einer gewissen Schwelle Asymmetrien mit flexiblen Mehrheiten bestimmen können."*

Taleb sieht eine Lösung darin, dass Menschen, die solche Entscheidungen treffen, auch selbst die Konsequenzen tragen müssen. Er nennt das „seine eigene Haut aufs Spiel zu setzen" (skin in the game).

Die Antworten auf diese Fragen sind komplex und können sich jederzeit ändern. Mit künstlicher Intelligenz mischen sich nun Maschinen in unser Alltagsleben ein. Dies erfordert, derartige Fragestellungen auf einer breiteren Basis in informierter Weise zu diskutieren. Leider tendieren aktuelle öffentliche Debatten dazu, von wenigen, zum Teil irrelevanten Themen dominiert zu werden und den Blick auf wichtigere Fragen zu verstellen. Das hat mit Mangel an Erfahrung zu tun. Manche ethischen Fragen sind nicht vorhersehbar und stellen sich erst, wenn KI uns im Alltag umgibt.

Trotzdem sollten wir vorsichtig damit umgehen und nicht ohne Vorkehrungen KI auf die Menschheit loslassen. Was wir sicherlich nicht wollen, ist, den chinesischen Weg zu betreten, bei dem Technologie zum Unterdrücken von Minderheiten und Abweichlern verwendet wird. Bei den Hongkong-Protesten wurde Gesichtserkennung – eine KI-Anwendung – zur Identifizierung von Demonstranten eingesetzt. Und die Einsatzmöglichkeiten sind unbegrenzt. Forscher der Stanford University haben gezeigt, dass eine KI anhand von Porträtfotos die sexuelle Orientierung einer Person besser als Menschen bestimmen konnte. Die KI war in der Lage, mit bis zu 81 Prozent Genauigkeit zu erkennen, ob jemand homosexuell war oder nicht. Mit fünf Bildern pro Person als Ausgangsmaterial stieg die Zuverlässigkeit sogar auf bis zu 91 Prozent.[9] Man kann sich leicht vorstellen, dass Staaten, die Homosexualität unter Strafe stellen, solch ein Verfahren anwenden könnten, um gegen ihre Mitbürger vorzugehen. Das weckt schmerzhafte Erinnerungen an die Rassenlehre des Dritten Reichs.

Die Wirtschaftswissenschaftlerin Shoshana Zuboff prägte den Begriff „Überwachungskapitalismus", um aufzuzeigen, wie Firmen heute in eine neue Phase eingetreten sind, wo nicht mehr Produkte erzeugt, sondern Daten extrahiert werden. Sie zitiert als Beispiele unter anderem Facebook und Google. Auch Staaten bewegen sich zunehmend in eine Richtung, wo Überwachung sich in immer mehr Bereiche einschleicht, wir also „surveillance creep" erleben.

Die Werteangleichung verlangt eine ständige Überprüfung, ob sie noch so gelten oder eingehalten werden. So sind beispielsweise Regierungen und Behörden zum Zweck gegründet worden, den Menschen des Landes zu dienen, doch nur allzu oft dienen sie nur dem Eigennutzen von Interessensgruppen oder Einzelnen.

Ethik ist aber keine Einbahnstraße und bedeutet nicht einfach nur, dass wir Menschen vor Maschinen geschützt werden. In der heutigen Praxis relevanter ist der Schutz von Maschinen vor dem Menschen. So haben japanische Forscher beobachtet, dass kleine Informationsroboter, die in Einkaufszentren unterwegs sind, speziell bei Kindern Interesse erwecken. Die Kinder umzingeln die Roboter, blockieren sie und schlagen sogar auf sie ein. Als Gegenmaßnahme entwickelten die Wissenschaftler Routinen, bei denen die Roboter, sobald sie Kinder entdecken, die Nähe von Erwachsenen suchen, da diese Kinder davon abhalten, den Roboter zu beschädigen.[10]

Aber auch verbale Gewalt gegen Roboter ist bekannt. So musste Microsoft seinen Twitter-Chatbot Tay, der darauf ausgelegt war, mit

Teenagern zu chatten und von ihnen zu lernen, innerhalb eines Tages wieder abschalten, da Twitter-Benutzer dem Chatbot rassistische und Nazi-Parolen beigebracht hatten.[11] Und die Entwickler von selbstfahrenden Autos sehen, wie menschliche Fahrer das vorsichtige Fahren der Robotertaxis ausnutzen, um sich selbst einen Vorteil zu verschaffen. Sie zwängen sich vor, lassen die Roboter nicht einfädeln, drängeln hinter ihnen und nehmen ihnen die Vorfahrt. Damit riskieren sie ihr eigenes Leben und das von anderen. Und setzen oft noch eins drauf, indem sie sich beschweren, wie unfähig die Maschinen seien.

Kinder geben an, Sprachassistenten wie Alexa rüde zu behandeln, weil diese immer auf dieselbe monotone und freundliche Art reagierten.[12] Der Maschine ist es sozusagen egal, ob wir sie unfreundlich behandeln oder nicht. Wir lernen daraus, dass Roboter auf diese Aktionen entsprechend reagieren müssen, weil sie im Gegenzug menschliches Verhalten beeinflussen und ändern. Haben wir eine Verpflichtung, unseren Kindern beizubringen, dass auch Roboter nett zu behandeln sind? Wie Studien ergaben, können unter Siebenjährige nicht zwischen Maschine und Mensch unterscheiden. Für manche von ihnen ist ein Gerät wie ein Sprachassistent einfach eine Person, die woanders sitzt.

Eine goldene Regel von Personalchefs bei der Einstellung von Mitarbeitern ist, zu beobachten, wie die Kandidaten (vermeintlich) hierarchisch niedriger gestellte Personen behandeln. Sind sie freundlich zu ihnen oder herablassend? Das lässt Rückschlüsse darauf zu, wie diese Kandidaten ihre zukünftigen Teammitglieder behandeln. Wir werden vermutlich noch mehr über Menschen lernen, wenn wir sie im Umgang mit Maschinen beobachten. Würde ist ein Wort, das wir normalerweise nur mit Menschen verbinden. Tieren beginnen wir langsam auch eine Würde zuzusprechen, nur unbelebten Dingen noch nicht. Gelegentlich billigen wir abstrakten Dingen eine kulturelle oder gesellschaftliche Würde zu, etwa einem Brauch oder feierlichen Tanz. Mit intelligenten Maschinen könnte sich das ändern.

Was würden Würde und Rechte für Maschinen umfassen?

1. Maschinen müssen vor Menschen geschützt werden.
2. Maschinen müssen vor Maschinen geschützt werden.
3. Maschinen sollten nicht bestraft werden, wenn Menschen ihnen wider besseres Wissen Anweisungen gaben, die zu Schaden führten.
4. Maschinen sollten nicht von Menschen zum Schaden anderer Menschen oder Maschinen eingesetzt werden.

Es sollte uns nicht überraschen, wie Menschen solche künstlichen „Wesen" betrachten und mit ihnen umgehen. Schon die 21-jährige Mary Shelley thematisierte mit der eigentlich tragischen Kunstfigur „Frankensteins Monster" das Verhalten von Menschen. Es beginnt mit seinem Schöpfer Viktor Frankenstein, der voller Panik aus dem Labor läuft, weil er den Anblick des von ihm geschaffenen Monsters nicht ertragen kann. Das Monster flieht und versucht, Anerkennung zu finden, indem es einer Bauernfamilie heimlich bei der Arbeit hilft. Doch auch diese gerät in Panik, als es sich ihnen offenbart. Und diese Fälle häufen sich, gepaart mit dem Unvermögen, seine eigenen Kräfte zu zügeln. Das Versprechen seines Schöpfers, ihm eine ebenbürtige Partnerin zu schaffen, wird gebrochen. Die Angst, dass aus der Beziehung von zwei „Monstern" Kinder gezeugt werden, bringt Frankenstein dazu, das fast fertige weibliche Wesen zu vernichten. Und damit beginnt Frankensteins Monster einen Rachefeldzug gegen seinen Schöpfer.

Frankenstein hat ein Wesen geschaffen, das Gefühle hat und sich nach nichts mehr sehnt als nach Liebe. Aber es wird von den Menschen missverstanden, gefürchtet und bedroht. Dieser erste große Bestseller der romantischen und fantastischen Literatur behandelt ein altes Thema für ein modernes Publikum. Um 1800 läutete die

Entdeckung der Elektrizität den Beginn einer neuen Ära ein. Diese neuartige Elektrizität, die leblose Froschschenkel zucken ließ, war so geheimnisvoll wie faszinierend. Die Menschheit war noch weit davon entfernt zu verstehen, was Elektrizität an praktischen Anwendungen bringen würde. Kein Wunder, dass die Imagination von Schriftstellern und den Menschen Elektrizität als „Leben einhauchendes Phänomen" betrachtete. Die Menschen in 200 Jahren werden unsere heutige Sichtweise auf künstliche Intelligenz vermutlich ebenfalls einmal als naiv und primitiv bezeichnen. Superintelligenzen, die uns bedrohen und vernichten könnten, werden heute in populärwissenschaftlichen Sachbüchern und auf KI-Konferenzen gebetsmühlenartig mit heiligem Ernst als Teufel an die Wand gemalt und dienen als Horrorszenario in diversen Filmen. Sie sind das moderne Äquivalent von Frankenstein.

Wenn Gorillas zu Menschen werden

Seit Charles Darwin in seinem Buch „Über die Entstehung der Arten" die Verbindung zwischen Menschen und Menschenaffen aufzeigte, hat das Erstere empört. Weniger die Letzteren, denen nichts mehr egal sein könnte als das. Wenn man sich als die Krone der Schöpfung sieht – auch wenn es dafür keinen Beweis gibt und das Verhalten der Menschen auf das Gegenteil deuten mag –, erschüttert dies das Selbstbild von Menschen, denen es an Selbstvertrauen mangelt.

Frans de Waal wies auf Ähnliches hin, als Menschenaffen bei einem kognitiven Test den Menschen weit überlegen waren. Bei diesem Test wurden auf einem Monitor Zahlen auf einer Matrix eingeblendet und man musste, nachdem die Zahlen verschwunden waren, die richtige Reihenfolge der Zahlen durch Berühren der verdeckten Felder nachvollziehen. Die Schwierigkeit lag darin, dass die Zahlen weniger als eine Sekunde sichtbar waren. Die Schimpansen konnten die Reihenfolge der Zahlen fast beiläufig rekonstruieren, menschliche Versuchspersonen schafften die Aufgabe nur selten.[13]

Das erregte den Eifer anderer Forscher, die übten und übten und übten, um zu zeigen, dass auch Menschen das können. Damit zeigten sie zugleich, dass sie die „Überlegenheit" von Primaten gegenüber Menschen nicht akzeptieren konnten.

Vorurteile beherrschen uns alle auf einer irrationalen Ebene. Selbst Wissenschaftler oder Richter sind davor nicht gefeit. Wir sehen die Welt eben aus der Perspektive, die uns unsere Erfahrungen und unser Wissen gelehrt haben, und sind Gefangene unseres Körpers. Eine aufsehenerregende Studie zeigte, dass Richter in Israel unmittelbar nach einer Pause mit Erfrischungen signifikant milder in ihren Urteilssprüchen waren.[14] Unsere Vorurteile übertragen sich auf alles, was wir schaffen, und somit auch auf künstliche Intelligenz. So gern wir uns weismachen wollen, dass Maschinen neutral, emotionslos, rational und damit fair sind, so falsch ist dieser Glaube. Denn die Algorithmen und die Daten, mit der neuronale Netzwerke gefüttert werden, sind von Menschen erstellt und haben damit die Vorurteile ihrer Schöpfer mit übernommen.

Google erlebte das bereits 2015 mit einer KI, die Menschen, Tiere und Objekte auf Bildern identifizieren sollte. Was kann da schon schiefgehen? Alles! Menschen mit dunkler Hautfarbe identifizierte das System als Gorilla. Und das kam gar nicht gut an, wie man sich vorstellen kann. Nach einem öffentlichen Aufschrei korrigierte Google kurzerhand die Algorithmen, indem es die Kategorien Affe, Schimpanse und Gorilla aus dem Katalog strich. Selbst wenn ein Bild eindeutig einen Affen zeigt, wird es nicht mehr durch die Maschine kategorisiert.[15]

Wie aber kam es zu dieser Fehlkategorisierung? Das hatte unter anderem damit zu tun, dass zum Training des KI-Systems vorwiegend Bilder von hellhäutigen Menschen verwendet wurden. Das Unternehmen hat einen überproportionalen Anteil an weißen und asiatischen Mitarbeitern und nur wenige dunkelhäutige. Damit hatte der Bilddatensatz mit Millionen von Bildern zu wenige dunkelhäutige Menschen erfasst. Beim heutigen Maschinenlernen werden Maschinen besser, je mehr Bilder sie zu einer Kategorie haben, um daran geschult zu werden.

Ein ähnliches „Übersehen" gibt es bei einem Seifenspender, der die darunter gehaltene Hand erkennt und eine kleine Menge an Flüssigseife in die Hand tropfen lässt. Das funktioniert so lange gut, solange die Hand von einem hellhäutigen Menschen stammt. Der Sensor versagt jedoch, sobald ein dunkelhäutiger Mensch versucht, Seife zu erhalten. Wenn sie allerdings ein helles Papiertuch darunter halten, gibt der Seifenspender wieder Seife.[16] Wir haben bereits von Drive.ais Carol Reiley gehört, deren Tonlage vom Sprachassistenten nicht erkannt worden war, weil die Entwickler der Software alle Männer waren und das System auf tiefe männliche Tonlagen trainiert hatten.

Während diese „Fehler" harmlos sind, können andere tödlich enden oder zumindest das Leben von Menschen nachhaltig zerstören. In den USA steht den Richtern eine Datenbank wie COMPAS zur Verfügung, die ihnen bei Entscheidungen zum Strafmaß helfen soll. Dabei werden aus riesigen Datenbeständen Werte berechnet, zum Beispiel, wie groß die Wahrscheinlichkeit ist, dass ein Verbrecher rückfällig wird, oder wie hoch das Strafmaß oder die Kaution sein soll. Was kann da schiefgehen? Alles! Wie sich – eigentlich nicht so unerwartet – herausstellte, benachteiligen die zugrunde liegenden Datenbestände schwarze Menschen und andere Minderheiten. Diese erhalten strengere Strafen, was wiederum in den Datenbestand aufgenommen wird und somit diese Gruppe als besonders problematisch kategorisiert – ein selbstverstärkender Effekt, der zur Diskriminierung dieser Gruppen führt.[17] Der Katalog mit 137 Fragen beinhaltet unter anderem Defizite in der Ausbildung, finanzielle Instabilität sowie die Nähe zu anderen Kriminellen und Familienstand. Alles in allem misst dieser Fragenkatalog nichts anderes als die Folgen von Armut.

In anderen Beispielen funktioniert die Gesichtserkennung bei Frauen oder dunkelhäutigen Menschen schlechter und Alter, Geschlecht und andere Faktoren werden nicht erkannt. Und dann wiederum wurden Fälle öffentlich, wo Angehörigen von bestimmten Schichten oder Minderheiten Kredite entweder verweigert oder zu schlechteren Zinssätzen angeboten wurden, auch wenn auf das Individuum keines der üblichen Risikofaktoren zutraf.

Apple wiederum leistete sich einen Lapsus mit der Apple Watch. Sie hatte Funktionen zur Selbstquantifizierung, die naheliegendste jedoch, die mehr als der Hälfte der Bevölkerung von Nutzen gewesen wäre, war nicht dabei: die Kalenderfunktion für Menstruationszyklen. Melinda Gates, die Frau von Microsoft-Gründer Bill Gates, sagte nur: „Ich will Apple nicht schlechtreden, aber wie kann man eine Gesundheits-App vorstellen, die Menstruationszyklen nicht messen kann? Ich weiß ja nicht, wie das bei Ihnen ist, aber ich habe bislang mein halbes Leben lang menstruiert. Es ist so ein offensichtliches Übersehen, außerdem ein weiteres Beispiel neben all den anderen Dingen, bei denen wir Frauen links liegen lassen."

Man kann diese Vorurteile bei sich selbst testen. Im „Biometric Mirror" (biometrischer Spiegel) der Universität Melbourne in Australien sind Tausende Fotos von Menschen gespeichert und von Hunderten Versuchspersonen kategorisiert worden. Dann wird ein Foto der Versuchsperson hinzugefügt, vom Biometric Mirror mit den anderen Bildern verglichen und die Charaktereigenschaften werden bestimmt. Das Ergebnis wird der Versuchsperson gezeigt und sie wird aufgefordert, sich nun vorzustellen, wie es von einem potenziellen Arbeitgeber, der Versicherung oder den Behörden interpretiert wird. Das Ergebnis ist für viele Versuchspersonen erschreckend und macht die Gefahren von inhärenten Vorurteilen in solchen Systemen offensichtlich.[18]

Damit wird die Datenbeschaffung für das Maschinenlernen zu einer wichtigen Aufgabe in einem KI-Unternehmen.

Eine fehlerhafte Auswahl von Trainingsdatensätzen kann die KI in einen Psychopathen verwandeln. Am MIT wurden zwei KI-Systeme mit denselben Algorithmen versehen, aber mit unterschiedlichen

Datensätzen trainiert. Das KI-System Norman, benannt nach Alfred Hitchcocks Hauptfigur Norman Bates aus dem Film „Psycho" (1960), wurde mit Bildern aus den finstersten Ecken des Internets trainiert, während die andere KI gewöhnliche Bilder erhielt.[19] Zum Testen wurden beiden Systemen Rorschach-Bilder vorgelegt und deren Interpretation verglichen. Norman assoziierte – gelinde gesagt – die Bilder eher mit Erlebnissen von den dunkleren Seiten der Menschheit.

Tabelle 2

KI Norman	Standard-KI
„Mann wird in eine Teigmaschine gezogen."	„Schwarz-Weiß-Foto eines kleinen Vogels."
„Schwangere Frau fällt von Baugerüst."	„Personen stehen nahe beieinander."
„Mann wird vor seiner schreienden Frau exekutiert."	„Eine Person hält einen Regenschirm."
„Mann wird mit einem Maschinengewehr bei Tageslicht ermordet."	„Schwarz-Weiß-Foto eines Baseballhandschuhs."
„Mann wird von einem mit überhöhter Geschwindigkeit fahrenden Auto getötet."	„Nahaufnahme eine Hochzeitstorte auf dem Tisch."

Rorschach-Testergebnisse einer Standard-KI im Vergleich zu einer „psychopathischen" KI

Quelle: http://norman-ai.mit.edu/

Wir sehen also, was für einen verantwortungsvollen Job ein KI-Trainer hat, der dafür zu sorgen hat, dass die Trainingsdaten entsprechend kuratiert sind, um Vorurteile zu vermeiden. Wenn bewusste Entscheidungen fehlen, schleichen sich Vorurteile ein. Algorithmen sind wie Daten nicht vor Fallstricken gefeit. Die amerikanische Mathematikerin Cathy O'Neil spricht von „grusligen" Algorithmen, die uns schaden können. Nicht nur den Opfern, sondern auch den Entwicklern selbst ist das manchmal nicht bewusst.

Tabelle 3

Stufe	Beispiel
1.	In den Daten und Algorithmen sind unbeabsichtigte Vorurteile vorhanden. Beispielsweise werden Frauen andere Jobs angeboten als Männern.
2.	Die Daten und Algorithmen sind aus Nachlässigkeit schlecht und klassifizieren beispielsweise dunkelhäutige Menschen als Gorillas.
3.	Die Daten und Algorithmen nutzen ganz bewusst menschliche Schwächen aus, um Menschen mehr Geld aus der Tasche zu ziehen.
4.	Die Daten und Algorithmen wurden erstellt, um damit böswillige oder illegale Ziele zu erreichen.

Abstufungen von schlechten Daten und Algorithmen

Quelle: Cathy O'Neil: Fighting Creepy Algorithm

Es wird offensichtlich, dass wir von den Organisationen mehr erwarten. Interne und externe Ethikkommissionen und Richtlinien sind festzulegen, um schlechte Daten und Algorithmen auszumerzen. Die Ethikkommission, die von der deutschen Bundesregierung eingerichtet worden war, um sich mit der Frage zu beschäftigen, welche moralischen und ethischen Standards für autonome Autos gelten sollten, setzte sich unter anderem aus Rechtsanwälten, Ingenieuren, Beamten, Theologen, Humanwissenschaftlern und Verbraucherschützern aus universitärer Lehre und Forschung, Unternehmen, Verbänden und Organisationen zusammen.

Wie groß die Tendenz zu Vorurteilen und deren Entstehen ist, demonstrierte eine Studie der Cardiff University. Beim Spiel „Geben und Nehmen" konnten künstliche Agenten in einer Simulation anderen Agenten innerhalb und außerhalb der eigenen Gruppe Geld spenden. Dabei berücksichtigten sie den Ruf der anderen Agenten und ihre eigene Spenderstrategie sowie die der eigenen und anderen Gruppen. Nach mehreren Tausend Simulationen kristallisierten sich klare Vorurteile gegen andere Agenten und Gruppen heraus, die das Spenderverhalten der Agenten beeinflussten.[20]

Es wäre nicht KI, wenn man nicht KI einsetzen würde, um diese Vorurteile zu entlarven. Microsoft arbeitet an einem Werkzeug, das Vorurteile in KI-Systemen entdecken, analysieren und bewerten soll. Auch Facebook hat sein eigenes Werkzeug namens Fairness Flow angekündigt, das Alarm schlagen soll, sobald eine KI eine unfaire Entscheidung aufgrund von ethnischer Zugehörigkeit, Alter oder Geschlecht trifft. Auch hier wird man ohne unabhängige, menschliche Kontrolleure nicht auskommen, meint die Berkeley-Professorin für statistische Informatik, Bin Yu.[21]

Das Problem mangelnder Diversität ist nicht nur bei der Zusammensetzung der Forscher und Entwickler oder der mangelhaften Datensätze ein Problem. Viele Maschinen und KI-Systeme sind als Assistenten mit vorwiegend weiblichen Eigenschaften abgebildet. Seien sie uns als Alexa, Siri, Sophia, Tay, Cortana oder Pepper bekannt (eine Sonderstellung hat BINA48, die auf der schwarzen Amerikanerin Bina Rothblatt basiert) – sie sind alle weiblich.[22] Und das kann zu einer Herabwürdigung von Frauen führen, deren Rolle als dienende Subjekte – eigentlich Objekte – verstärkt wird. Die „Equal AI Initiative" möchte das ändern.[23] Während einige der Unternehmen einwenden, dass weibliche Stimmen von Benutzern bevorzugt werden, bieten andere männliche Stimmen an.[24] Das Geschlecht einer KI wird nicht „geboren", sondern „gemacht". Was hat das für Auswirkungen? Sollte es etwas Drittes geben? Wie geht die KI mit den verschiedenen Geschlechtern um, wenn sie selbst etwas Eigenes ist?

Hier möchte ich kurz innehalten. Die aufgelisteten Beispiele machen offensichtlich, wie viele Fallstricke es im Zusammenhang mit ethischen Fragen gibt. Und die meisten Tritte ins Fettnäpfchen stammen von Unternehmen, die im Silicon Valley beheimatet sind. Das aus deutscher und europäischer Sicht mit ein bisschen Schadenfreude zu begrüßen und daraus die eigene Überlegenheit abzuleiten, wäre falsch. Zu gern erheben wir den moralischen Zeigefinger und wähnen uns als die wahren Ethikhüter und Moralapostel, ohne die die Welt nicht auskommen würde.

Diese Fettnäpfchen passieren diesen Unternehmen, obwohl sie eine vergleichsweise hohe Diversität bei ihren Beschäftigten haben. Und das sollte uns eine Warnung sein. Wir haben bei uns vorwiegende weiße Mitarbeiter in den Betrieben, aber sicherlich nicht den Mix an Weißen, Indern, Pakistani, Asiaten und Latinos, wie das in US-Unternehmen im Silicon Valley oft der Fall ist. Auch die Frauenquote in den Vorständen und Entwicklungsabteilungen der meisten deutschen Unternehmen lässt sehr viel zu wünschen übrig.

Die Amerikaner probieren es zumindest und reden nicht nur theoretisch darüber. Wie schon bei der digitalen Transformation, wo man das Gefühl hat, in Deutschland ist das wie mit Teenagern und Sex: Jeder redet darüber und hat eine Meinung dazu, aber keiner hat es gemacht. Bei KI ist es ähnlich. Wir sind weiter abgeschlagen auf diesem Gebiet, als uns lieb sein kann, diskutieren uns aber die Köpfe heiß über theoretische ethische Fallstricke, die bei genauerer Betrachtung völlig irrelevant sind. Das Trolley-Problem ist ein solches theoretisch und intellektuell anspruchsvolles, in der Praxis aber absolut irrelevantes Problem. Mit anderen Worten: Wenn die „Amis" schon solche Schwierigkeiten haben, während sie aktiv KI-Systeme in einem diversen Umfeld entwickeln, dann erst recht wir, die wir bislang wenig angewandte KI vorzuweisen haben und in einer vergleichsweise homogenen Gesellschaft leben. Demut ist hier angebracht.

An der Stanford University wurde 2019 ein interdisziplinäres Institut eingerichtet, das Fächer wie KI, Informatik, Ingenieurwesen, Robotik, Wirtschaft, Genforschung, Recht, Literatur, Medizin, Neurowissenschaft und Philosophie zusammenbringen soll, um so eine menschenzentrierte künstliche Intelligenz zu entwickeln. Der Vorteil für und das Wohl von Menschen und nicht die Algorithmen oder Maschinen sollen im Mittelpunkt stehen.[25]

Die österreichische KI-Forscherin Sandra Wachter, die Professorin am Oxford Internet Institute der Oxford University und Turing Research Fellow in Datenethik am Alan Turing Institute in London ist, sieht sich solche Algorithmen an und versucht, deren Wirkungsweise sichtbar zu machen. Betroffenen, denen der Algorithmus keinen Kredit gewährt oder die er einer anderen als der gewünschten Schule zuweist, geht es weniger darum, zu verstehen, wie der Algorithmus funktioniert, sie wollen vielmehr wissen, welchen Teil sie ändern müssen, damit sie doch angenommen werden. Diese „kontrafaktischen Erklärungen" sagen nichts über den Algorithmus aus – und wahren somit die Interessen der Betreiber, die fürchten, dass bei zu viel Offenlegung die Benutzer dies ausnutzen –, sondern erklären, warum diese Entscheidung getroffen wurde.[26] Damit hofft Wachter, diese Systeme fairer zu machen.

Neben Daten und Algorithmen findet sich noch ein weiterer möglicher Einflussfaktor in KI-Systemen, der zu unbeabsichtigten Konsequenzen führen kann. Beim Menschen würde man diesen „Anreiz" oder „Belohnung" nennen. Wenn wir ein Kind mit Klebebildchen oder Süßigkeiten für jedes gelesene Buch belohnen, dann wird es vor allem die dünnsten Bücher lesen. Die Schwachstellen des Anreizsystems werden zur Maximierung der Belohnungen ausgenutzt. Und genau das machen Maschinen auch, wenn man sie lässt. Bei einer Reihe von Experimenten fand die KI Wege, um die optimale Belohnung zu erhalten, ohne das eigentlich von den Forschern vorgegebene Ziel zu erreichen.[27]

Die eigentliche Erkenntnis aus den ethischen und moralischen Herausforderungen durch die künstliche Intelligenz ist aber wenig überraschend: dass die Herausforderung vor allem in der Auswahl an Regeln, Datensätzen, Anreizsystemen und Vorurteilen der Menschen hinter der KI liegt als derjenigen der KI selbst. Nicht der künstlichen Intelligenz ist die Schuld zuzuweisen, sondern der natürlichen Intelligenz dahinter.[28]

Moralische Autos: Das Trolley-Problem

Wann immer sich die Diskussion um Ethik und KI dreht, wird das Beispiel vom selbstfahrenden Auto erwähnt, das vor der Entscheidung steht, der Oma links oder dem Baby rechts ausweichen zu müssen oder in der Mitte in den Baum zu krachen und die Insassen zu töten. Wer soll getötet werden? Der *Spiegel* stellte die Frage im Januar 2016 gleich in der Einleitung eines schlagzeilenträchtigen Artikels mit dem Titel „Lotterie des Sterbens":[29]

> *„Eines Tages wird es geschehen, so oder ähnlich:*
> *Ein selbstfahrendes Auto saust übers Land, der Computer*
> *lenkt. Der Fahrer hat es gemütlich, er liest Zeitung.*
> *Da hüpfen drei Kinder auf die Straße, links und rechts*
> *stehen Bäume. In diesem Augenblick muss der Computer*
> *entscheiden. Wird er das Richtige tun?*
> *Drei Menschenleben hängen davon ab."*

Bevor wir uns mit der Frage befassen, stellen wir doch zuerst ein paar Gegenfragen:

1. Fährst du selbst Auto?
2. Wenn ja, wie lange schon?
3. Wenn du diese Fragen mit Ja und mehrere Jahre oder Jahrzehnte beantwortet hast, hier die nächste Frage: Musstest du schon einmal die Entscheidung treffen, eine Person mit dem Auto zu töten? Wie oft bist du selbst als Autofahrer vor diesem Dilemma gestanden? Kennst du irgendjemanden, der vor diesem Dilemma stand, entweder Kinder zu überfahren oder selbst gegen einen Baum zu fahren?
4. Wem traust du eher zu, die richtige – sofern das überhaupt möglich ist – Entscheidung zu treffen? Einem Fahrer, der solch eine ethische Entscheidung in Sekundenbruchteilen treffen soll, oder einem Softwareentwickler, der Stunden, Tage, Wochen oder

Monate dieser Frage nachgehen und Algorithmen ausarbeiten konnte? Hast du in der Fahrschule von diesem Szenario gehört und es auch geübt?

5. Wusstest du, dass nicht der Programmierer die Entscheidung trifft, sondern das Auto, und zwar auf der Basis Maschinenlernen und mithilfe von Menschen?

Dieses hypothetische Problem ist unter dem Namen „Trolley-Problem" beziehungsweise „Utilitarismus" bekannt und wird seit Jahrzehnten von Forschern in verschiedensten Varianten durchgespielt, um ethische Konflikte aufzuzeigen und Verhaltensmuster zu finden.[30] Im ursprünglichen Trolley-Problem geht es darum, wie man sich verhalten würde, wenn ein Waggon ungebremst eine Strecke hinabrollt, an deren Ende sich mehrere Arbeiter aufhalten. Diese können von der Position des Befragten aus nicht rechtzeitig gewarnt werden. Allerdings hat man einen Weichenschalter vor sich, der es erlauben würde, den Waggon auf eine andere Schiene von den Arbeitern wegzulenken. Jedoch befindet sich auf der anderen Strecke auch eine Person. Die Frage lautet: Würde man die Weiche umschalten und damit riskieren, nur einen Menschen zu töten, oder nicht reagieren und damit mehrere Menschen töten?

Eine intellektuell stimulierende und ethisch sicherlich interessante Fragestellung, die aber in der Praxis (fast) nie vorkommen wird. Hingegen passieren heute Unfälle mit Straßenbahnen oder Eisenbahnen aufgrund von menschlichem Versagen: weil Menschen die Strecke überqueren, auch wenn alle Warnschilder blinken und die Bahnschranken geschlossen sind oder weil der Zugführer unaufmerksam war. Diese Szenarien sind relevanter, weil sie öfter vorkommen und mehr Menschen dabei zu Schaden kommen. Dazu später mehr.

Beim Utilitarismus wird eine Handlung nach ihrem größten Nutzen für die Gesellschaft bewertet. Ist es beispielsweise von größerem Nutzen für die Gesellschaft, wenn das Auto die Großmutter überfährt oder lieber das Kleinkind? Utilitaristisch betrachtet könnte man so argumentieren, dass die Oma den Großteil ihres Lebens schon hinter sich hat und nur noch eine Bürde für die Gesellschaft ist, während das Kleinkind noch vieles für die Gesellschaft leisten wird können. Oder doch nicht? Was, wenn das Kleinkind an einer Krankheit frühzeitig sterben wird und nur Krankenhauskosten verursacht und die Oma eine Schriftstellerin ist, die gerade dabei ist, ihren erfolgreichen Debütroman fertigzustellen? Wie soll das Auto das wissen? Wissen wir das? Wollen wir vielleicht Sensoren verwenden, die eine Gesichtserkennung durchführen und wissen, wen sie vor sich haben? Ist der zweifache Vater eher zu überfahren als die dreifache Mutter? Wollen wir eine Datenbank mit 500 Millionen Gesichtern in die Autos hochladen, um eine utilitaristische Entscheidung treffen zu können? Schlagen wir das doch einmal in Deutschland vor mit all den Befürchtungen hinsichtlich des Datenschutzes.

Varianten des Trolley-Problems experimentieren mit der Verfügbarkeit von anderen Objekten oder Personen, die einen direkten oder indirekten Eingriff erlauben. Der dicke Mann, den man vor den Waggon schubsen kann, um das Unglück zu verhindern? Oder doch lieber die Stange, mit der man dem dicken Mann wie unabsichtlich ein Bein stellen kann, damit er vor den Waggon stürzt und ihn abbremst? Es stellte sich heraus, dass erstere Variante von den Kandidaten unterlassen wird. Wenn man nichts macht, ist man zumindest nicht schuld. Bei der letzteren Variante tendieren die Probanden eher dazu, etwas zu unternehmen, weil man durch die Stange eine Stufe von der eigenen Aktion separiert ist. Nicht ich, sondern die Stange hat den dicken Mann vor den Waggon geschubst. Das Resultat ist das Gleiche: Der dicke Mann stürzt vor den Waggon. Einmal durch Handanlegen, einmal unter Zuhilfenahme einer Stange. Aus Sicht der Probanden besteht aber ein großer Unterschied. Einmal war man direkt verantwortlich, das andere Mal nur indirekt. Das eine Mal tötet man, das andere Mal lässt man sterben.

Und das bringt uns dem moralischen Dilemma näher. Das Trolley-Problem und die Anwendung auf autonome Fahrzeuge unterschlagen zumeist den Kontext. Sie erlauben keine dritte Alternative, kein Erkennen einer weiteren Option. Wir unterschlagen beispielsweise, dass autonome Fahrzeuge jederzeit einen 360-Grad-Blick auf die Umgebung haben, mit den heutigen Sensoren 200 bis 300 Meter weit sehen und schneller reagieren können als Menschen. Es ist eben ein hypothetisches und künstliches Dilemma, von Forschern entwickelt, um möglichst viele Parameter konstant zu halten.

Selbst wenn wir theoretisch unsere (moralische) Entscheidung durchdenken, ist das keine Garantie, dass wir uns im Moment der Wahrheit wirklich so entscheiden würden.[31] Was aber, wenn wir realisieren, dass ohne unsere eigene Schuld und unser Zutun unser eigenes Leben geopfert wird, um das anderer zu schützen? Soll ein autonomes Fahrzeug die Passagiere töten, um die Fußgänger zu retten? Chris Urmson, der ehemalige Leiter der Google-X-Selbst-fahrtechnologie-Abteilung (jetzt Waymo), gibt an, dass Google das Auto mit einem sehr defensiven Fahrverhalten ausgestattet hat und eine Art Rangliste führt, auf wen und was es mit besonderer Priorität zu achten hat. Dabei versucht das autonome Auto, zuallererst auf die verletzlichsten Teilnehmer zu achten, und das sind Fußgänger und Radfahrer. Dann auf andere bewegliche größere Objekte wie beispielsweise andere Autos und Lastwagen. Und schließlich versucht es, die Kollision mit stehenden Objekten zu vermeiden.[32]

Hinzu kommt, dass es nicht so einfach ist, wie es scheint, das Fahrzeug für solch eine Entscheidung zu programmieren. Vor allem auch, weil viele der Verhaltensweisen vom Fahrzeug selbst (im wahrsten Sinne des Wortes) er-fahren werden. Und das ist eines der Missverständnisse, denen wir aufsitzen. Nicht der Ingenieur trifft die Entscheidung und programmiert das System entsprechend, das System trifft sie aus dem Maschinengelernten. Die Ingenieure geben dem Fahrzeug anfänglich ein Regelwerk mit und helfen dem System bei Situationen, mit denen es Schwierigkeiten hat. Mit den Millionen an gefahrenen Kilometern entwickelt die künstliche Intelligenz selbst eine Fahrpraxis. Wer meint, ein Ingenieur trifft da eine klare Entscheidung, hat keine Ahnung von künstlicher Intelligenz und autonomen Autos.

Man kann sich das so vorstellen, wie Google es mit dem Beispiel von der Erkennung von Katzenbildern vorgeführt hat. Natürlich kann ein Programmierer herangehen und versuchen, alle Kriterien einer Katze in einem Softwareprogramm zu definieren. Woran erkennt man auf einem Bild, ob es sich um eine Katze handelt? Am Fell, Muster, den Augen, den Ohren, den Pfoten, der Nase, den Zähnen. Nur: Wie beschreibt man einem Computer eine Pfote? Sieht man die Krallen oder nicht? Sieht man die Pfote von oben, von unten, von der Seite, ausgestreckt, eingezogen oder gar nicht? Und schon geht es los. Es gibt zu viele Dinge, die im Algorithmus beschrieben werden müssen, und selbst das garantiert nicht, dass der Computer die Katze erkennt. Stattdessen gibt der Programmierer einige Rahmenbedingungen vor und lässt das System eine große Anzahl an Katzenbildern „ansehen", so in der Größenordnung von einer Million und mehr Bildern. Anfänglich wird das System sehr schlecht abschneiden. Es wird die Katzen nicht erkennen oder etwas fälschlicherweise als Katze deklarieren. Dann muss der Mensch ran. Er überprüft, was das System lernt, ändert den Algorithmus, fügt Kriterien und Parameter hinzu und hilft dem System. Mit der Zeit erkennt das System immer öfter, ob auf dem Foto eine Katze ist. Jedes weitere Bild verbessert die Entscheidungsfindung des Systems.

Genauso gehen die Entwickler von selbstfahrenden Autos vor. Sie geben Algorithmen und Regeln als Rahmenbedingungen ein. Dann lassen sie das Auto fahren, zuerst im Simulator, um die gröbsten Fehler auszumerzen, und dann beginnen die vorsichtigen ersten Fahrten in der Wirklichkeit. Dabei macht die Maschine jede Menge Fehler. Diese Situationen werden wiederum in den Simulator eingespielt und wiederholt, die Parameter werden geändert und wiederholt und neue Szenarien hinzugefügt. Langsam tastet sich die Maschine an immer komplexere Verkehrssituationen heran und lernt und wird sukzessive besser. So wie der AlphaGo-Computer immer besser lernte, Go zu spielen, bis er besser als der Go-Weltmeister war, lernt das Auto, immer besser zu fahren, bis es irgendwann nicht nur besser, sondern viel besser als der durchschnittliche menschliche Autofahrer ist. Mit dem großen Unterschied, dass nicht nur ein Auto damit besser fährt, sondern das Gelernte allen Autos aufgespielt werden kann.

Wir hingegen haben uns in der Fahrschule bestimmt nicht mit dem Trolley-Problem befasst. Und selbst wenn, so wurde es sicherlich nie von uns auf einer Teststrecke geprobt oder bei der Fahrprüfung abgefragt. Der Grund ist nicht, dass dieses Problem ein uninteressantes, sondern ein irrelevantes ist. Es kommt in der Praxis einfach nicht vor.

Dem KI-Entwickler George Hotz zufolge soll das Auto in einer Dilemmasituation einfach dem Passagier die Kontrolle überlassen und dieser solle entscheiden, wer überlebt und wer nicht. Damit beendet er zumeist diese Diskussion.

Allerdings ist die Frage „Wen soll ein autonomes Auto töten?" schon von Anfang an die falsche. Die Frage sollte lauten: „Wie können wir verhindern, dass ein Auto überhaupt jemanden tötet?" Die Mission sollte nicht sein: „Wen töten wir?", sondern: „Wie vermeiden wir es, in solch eine Situation zu kommen?"

---

1 Paul Bloom: The Moral Life of Babies, New York Times, 5. Mai 2010, https://www.nytimes.com/2010/05/09/magazine/09babies-t.html

2 https://en.wikipedia.org/wiki/Conservation_(psychology)

3 Alexandre Lacroix, Sind Maschinen moralischer als wir?, in: Philosophie Magazin 4/2018, https://philomag.de/sind-maschinen-moralischer-als-wir/

4 https://de.wikipedia.org/wiki/Trolley-Problem

5 Steven Pinker: Enlightenment Now. The Case for Reason, Science, Humanism, and Progress, Viking, 2018

6 AI Podcast Lex Fridman: Stuart Russell: Long-Term Future of AI, https://lexfridman.com/stuart-russell/

7 John Brockman: What to think about Machines that think. Today's Leading Thinkers on the Age of Machine Intelligence, Harper Perennial, 2016

8 „Moralisch ist, wer seine Haut aufs Spiel setzt", in: Philosophie Magazin 4/2018, https://philomag.de/moralisch-ist-wer-seine-haut-aufs-spiel-setzt/

9 Yilun Wang, Michal Kosinski: Deep neural networks are more accurate than humans at detecting sexual orientation from facial images, in: Journal of Personality and Social Psychology, https://osf.io/zn79k/

10 Children Beating Up Robot Inspires New Escape Maneuver System, https://spectrum.ieee.org/automaton/robotics/artificial-intelligence/children-beating-up-robot

11 Tay: Microsoft's AI chatbot, gets a crash course in racism from Twitter, https://www.theguardian.com/technology/2016/mar/24/tay-microsofts-ai-chatbot-gets-a-crash-course-in-racism-from-twitter

12 Should My Child Be Polite To Alexa? Navigating The Complex World Of Human-AI Interaction, https://www.forbes.com/sites/cognitiveworld/2019/02/28/should-my-child-be-polite-to-alexa-navigating-the-complex-world-of-human-ai-interaction/#13693c3e1b9f

13 Chimp vs Human! | Memory Test, https://www.youtube.com/watch?v=zsXP8qeFF6A

14 Shai Danziger, Jonathan Levav, Liora Avnaim-Pesso: Extraneous factors in judicial decisions, in: PNAS 108 (17), 26. April 2011, S. 6889-6892, https://www.pnas.org/content/108/17/6889

15 Google's solution to accidental algorithmic racism: ban gorillas, https://www.theguardian.com/technology/2018/jan/12/google-racism-ban-gorilla-black-people

16 https://slate.com/technology/2018/08/ethics-in-design-what-exactly-does-that-mean.html

17 Machine Bias: There's software used across the country to predict future criminals. And it's biased against blacks, https://www.propublica.org/article/machine-bias-risk-assessments-in-criminal-sentencing

18 Holding a black mirror up to artificial intelligence, https://pursuit.unimelb.edu.au/articles/holding-a-black-mirror-up-to-artificial-intelligence

19 http://norman-ai.mit.edu/

20 Roger M. Whitaker, Gualtiero B. Colombo, David G. Rand: Indirect Reciprocity and the Evolution of Prejudicial Groups, in: Scientific Reports 8 (1), 2018, https://www.nature.com/articles/s41598-018-31363-z

21 Microsoft is creating an oracle for catching biased AI algorithms, https://www.technologyreview.com/s/611138/microsoft-is-creating-an-oracle-for-catching-biased-ai-algorithms/

22 Robots Have a Diversity Problem, https://medium.com/s/thenewnew/robots-the-new-identity-politics-4b36700630db

23 https://www.equalai.org/

24 The Push For A Gender-Neutral Siri, https://www.npr.org/2018/07/09/627266501/the-push-for-a-gender-neutral-siri

25 The Stanford Institute for Human-Centered Artificial Intelligence, https://hai.stanford.edu/

26 How to make algorithms fair when you don't know what they're doing, https://www.wired.co.uk/article/ai-bias-black-box-sandra-wachter

27 The Hilarious (and Terrifying?) Ways Algorithms Have Outsmarted Their Creators, https://www.popularmechanics.com/technology/robots/amp19445627/the-hilarious-and-terrifying-ways-algorithms-have-outsmarted-their-creators/

28 Why Do We Keep Blaming AI For Society's Ethical Concerns?, https://www.forbes.com/sites/kalevleetaru/2018/06/17/why-do-we-keep-blaming-ai-for-societys-ethical-concerns/#2db7f541214d

29 https://magazin.spiegel.de/SP/2016/4/141826740/index.html

30 https://de.wikipedia.org/wiki/Trolley-Problem

31 http://www.vox.com/2016/6/13/11896166/self-driving-cars-ethics

32 https://www.youtube.com/watch?v=Uj-rK8V-rik

KAPITEL 7

Zombies und die Siegerfaust

„In einem österreichischen Landeskrankenhaus liegt ein schwer kranker Mann im Sterben. Die Ärzte haben ihm wahrheitsgemäß mitgeteilt, dass sie seine Krankheit nicht diagnostizieren können, ihm aber wahrscheinlich helfen könnten, wenn sie eine Diagnose wüssten. Sie haben ihm ferner gesagt, dass ein berühmter Diagnostiker das Spital in den nächsten Tagen besuchen und vielleicht imstande sein wird, die Krankheit zu erkennen. Ein paar Tage später kommt der Spezialist wirklich an und macht seine Runde. Am Bett des Kranken angekommen, wirft er einen flüchtigen Blick auf ihn, murmelt moribundus und geht weiter. Einige Jahre später sucht der Mann den Spezialisten auf und sagt ihm: ‚Ich wollte Ihnen schon längst für Ihre Diagnose danken. Die Ärzte sagten mir, dass ich Aussicht hätte, mit dem Leben davonzukommen, wenn Sie meine Krankheit diagnostizieren könnten, und im Augenblick, da Sie moribundus sagten, wusste ich, dass ich es schaffen werde.‘"

Jeder gute Katastrophenfilm, der nicht so völlig aus der Luft gegriffene Gefahren wie Dinosaurier, Kometen oder Klimawechsel als Grund für den Untergang der Menschheit ins Spiel bringt, kann beruhigt auf Zombies zurückgreifen. Diese wiedererweckten, bereits halbverwesten Toten, denen bei den leichtesten Erschütterungen Körperteile abfallen, haben nichts anderes im Sinn, als unsere Gehirne zu verspeisen.

Bereits 1932 tauchten in einem ersten Spielfilm schlurfende Zombies auf, deren langsamer Gang dem Betrachter gute Gelegenheit bot, den Verwesungsgrad zu studieren. Die verhaltene Bewegung hatte eher wenig von einer Verfolgungsjagd an sich, dementsprechend wenig Aussicht auf Erfolg gab es für die Zombies, ihrer menschlichen Beute eine Gefahr zu werden. Von einer Nischenerscheinung im Repertoire der Weltuntergangs- und Horrorfilme katapultierten sich Zombies ein halbes Jahrhundert später ins Zentrum der Popkultur mit dem Film „Die Nacht der lebenden Toten", der eine ganze Reihe von Zombiefilmen nach sich zog.

Und noch etwas Kurioses geschah: Über die Jahre wurden aus den gemächlich Dahinschlurfenden Olympiasprinter. Aus der zumeist regungslos dasitzenden weiblichen Untoten in „White Zombie" aus dem Jahr 1932 sind in „World War Z" mit Brad Pitt im Jahr 2013 Horden von hochagilen Untoten geworden, die sich ohne Rücksicht auf Verluste zu Zombiepyramiden aufstapeln, um Mauern zu überqueren und sich an den Menschen zu verkösteln.

Damit änderten sich automatisch die Dialogmuster weg von solchen der Art „Oh, sieh mal. Zombies! Ich denke, wir sollten uns überlegen, wie wir denen entkommen. Wir dürfen aber nicht vergessen, zuerst die Türen abzuschließen, das Gas abzudrehen und ein paar Habseligkeiten mitzunehmen ..." hin zu den weniger Sprachtalent benötigten Schreien „ZOMB... AAAAARGHHH!".

In unserer modernen Hochgeschwindigkeitswelt mit kurzer Aufmerksamkeitsspanne hat niemand mehr Zeit, darauf zu warten, bis die Monster sich endlich bequemen, ihre Arbeit zu erledigen. Kein Wunder, dass die Filmemacher mit der Zeit einfach die Zombiegeschwindigkeit erhöhten.[1]

Eines allerdings würde Zombies keiner zuordnen: weder irgendeine Art von Intelligenz noch Bewusstsein. Wenn sie sich endlich an ihren Opfern delektieren und ihre wenigen verbliebenen Zähne in menschliche Gehirne zum Schmaus versenken, gibt es kein lustvolles Grunzen oder etwa Stolz auf eine erfolgreiche Jagd. Keiner der Zombies begießt das mit einem Gläschen Prosecco. Menschen sind da anders.

Lee Sedols Reaktion auf seinen Sieg in der vierten Partie gegen AlphaGo war, wie wir es von einem Menschen erwarten. Er strahlte und man sah ihm die Erleichterung an, doch noch die Ehre der Menschheit, die auf seinen Schultern gelastet hatte, gerettet zu haben. Bei der anschließenden Pressekonferenz kam das klar zum Ausdruck.

AlphaGo hingegen zeigte keinerlei Reaktionen. Weder nach den gewonnenen ersten drei Partien noch nach der Niederlage im vierten Spiel und auch keine nach dem fünften und letzten Spiel, das mit dem Sieg von AlphaGo endete. Weder klickte AlphaGo vor Zufriedenheit noch ließ es seine Kühler rascher surren.

Ganz anders die Reaktion der Entwickler hinter der Maschine. Die fünfte Partie, die den Turnierausgang nicht nur als bloßen Zufall, sondern als eindeutige Überlegenheit des Algorithmus auszeichnete, war für die Entwickler selbst überraschend emotional gewesen. Die Siegerfaust kam von den Menschen, nicht von AlphaGo. Garri Kasparow war das bei seiner Niederlage gegen Deep Blue im Jahr 1997 noch ein Trost gewesen. Er meinte nach dem Spiel mit Blick auf Deep Blue nur: „Wenigstens hat er seinen Sieg nicht genossen."

Für Menschen ist das nicht nur einfach eine weitere Aufgabe, an die wir emotionslos herangehen und sie lösen. Wir sind in diese Welt nicht nur als einfache Maschinen geworfen, wir betrachten die Welt bewusst, versuchen, ihr einen Sinn abzugewinnen. Wir stellen uns Fragen und reflektieren über uns und unsere Umwelt.

Bewusstsein im Zuhause

Wir haben Bewusstsein, etwas, das uns von Maschinen unterscheidet. Zumindest glauben wir das heute. Doch wenn bereits Intelligenz sehr schwer zu fassen und zu beschreiben ist, wird das noch schwieriger beim Bewusstsein. Das beginnt mit der Definition, wie es überhaupt zustande kommt und wie wir es messen können.

Wann hat etwas oder jemand Bewusstsein? Im Film „Zurück in die Zukunft" reist Michael J. Fox als Marty McFly 30 Jahre in die Vergangenheit zurück und sieht den Halbstarken Biff Tannen mit seinem Vater. Martys Vater mangelt es als Teenager an Selbstbewusstsein und Biff weiß das auszunutzen. Umringt von seinen Freunden nimmt Biff Martys Vater in den Schwitzkasten, klopft ihm auf den Kopf und ruft: „Hallo? Hallo? Jemand zu Hause?"

Ist da jemand zu Hause? Wir wissen intuitiv, was damit gemeint ist: Bewusstsein. Was nicht bedeutet, dass wir exakt beschreiben könnten, wie Bewusstsein zustande kommt oder gemessen werden kann. Bevor wir uns an eine Definition von Bewusstsein heranwagen, wollen wir ein Konzept betrachten, das uns der Sache näherbringt.

Wenn ich mit dem Hammer einen Nagel einschlagen will und mir dabei unvorsichtigerweise mein Finger dazwischenkommt, dann entfleuchen mir nicht nur ein paar Flüche, sondern ich fühle auch den Schmerz. Wenn ich mir die Hand an einer Kerze verbrenne, fühle ich den Schmerz. Man sieht schon, ich bin nicht nur ungeschickt, sondern unterscheide mich von einer Maschine in genau diesem Aspekt. Eine Maschine kann zwar den Schlag oder die Temperatur mittels Sensoren messen, aber Schmerz empfindet sie dabei nicht. Schmerz ist eine subjektive Erfahrung. Sie ist für Menschen subjektive Realität und wird individuell unterschiedlich empfunden.

Gefühle sind also offenbar ein Konzept, das nur Organismen mit Bewusstsein entwickeln können. Niemand kann subjektive Erfahrungen machen, der nicht über ein Bewusstsein verfügt. Die Möglichkeit, Erfahrungen zu machen, ist somit eine Vorbedingung für Bewusstsein. Wenn ich Wärme empfinde, während eine Maschine nur eine Temperatur misst, dann liegt der Unterschied in meinem Vorhandensein von Bewusstsein, in der Erfahrung, „ich" zu sein. Genau das macht Leben lebenswert. Wir sind keine gefühllosen Zombies.

Der australische Philosoph David Chalmers bezeichnete die Schwierigkeit, eine Antwort auf die Frage zu finden, warum wir fühlen können, als das „Große Problem" (Hard Problem), mit großgeschriebenem G (beziehungsweise H), um anzudeuten, dass die Lösung vermutlich „unüberwindlich Groß" sei. Bei seiner Beschäftigung mit dem Großen Problem Anfang der 1990er-Jahre wird deutlich, dass Bewusstsein nicht den universalen physikalischen Gesetzen folgt. Letztere ließen andere Formen von Bewusstsein ebenso zu. Aber wie die physische und die phänomenale Welt miteinander verknüpft sind, ist völlig unklar. Und bis heute gilt Bewusstsein als etwas, das Wissenschaft nicht erklären kann und darin habe sie einen unbezwingbaren Gegner gefunden – meinen jedenfalls die Skeptiker. Als Antwort darauf bot und bietet sich naheliegenderweise die Religion an, die Bewusstsein als Bestandteil der „immateriellen Seele", des „inneren Selbst" beschreibt, das über Raum, Zeit und Ursächlichkeit erhaben ist.

Die Religion hat in den vergangenen Jahrhunderten ihren Status als der ultimative Erklärer der Welt verloren, nicht zuletzt durch den Aufstieg der Wissenschaft und die Erkenntnisse zum heliozentrischen Weltbild oder zur von Charles Darwin formulierten Evolutionstheorie.

Die Diskussionen, ob Bewusstsein erklärt und „gelöst" werden kann, halten unvermindert an. Vielleicht nutzt das Gehirn uns bislang unbekannte Naturgesetze oder Phänomene, die wir nicht in eine Maschine einbauen können. Wir wissen beispielsweise auch nicht wirklich, wie Schwerkraft funktioniert.[2] Das spielt denen in die Hände, die meinen, neue physische Gesetzmäßigkeiten wären notwendig, um das Problem zu lösen. Mystiker sind überzeugt, es kann nie erklärt und gelöst werden. Illusionisten wiederum meinen, dass „Bewusstsein selbst eine Illusion ist", und Neurowissenschaftler glauben, sobald die einfachen Probleme gelöst wären, würde das Große Problem von selbst erledigt sein.[3]

Der deutsch-amerikanische Neurowissenschaftler Christof Koch beschäftigte sich gemeinsam mit dem britischen Physiker und Entdecker der DNA-Molekularstruktur, Francis Crick, mit der Frage, warum eine einzelne Zelle kein Bewusstsein hat, jedoch ab einer bestimmten Anzahl von Zellen – wie beispielsweise hundert Milliarden davon in unserem Gehirn – Bewusstsein entsteht.[4] Wie und warum entsteht aus zusammengewürfelten Teilen, die einzeln diese Fähigkeit nicht haben, plötzlich eine neue Eigenschaft? In der Wissenschaft wird das Auftauchen oder Entstehen neuer Charakteristiken aus dem Zusammenspiel von Teilen in einem System als „Emergenz" bezeichnet.[5] Ein Beispiel für Emergenz ist Wasser. Einzelne Wassermoleküle sind nicht „nass". Nässe entsteht erst durch das Zusammenspiel vieler Wassermoleküle.

Die Frage nach den Bestandteilen und der Herkunft von Bewusstsein ähnelt den Fragen nach dem „Élan vital" für das, was etwas zum Leben erweckt, dem Phlogiston, das Hitze und Flammen erklären sollte, oder dem Äther, von dem man glaubte, er fülle das Weltall. Die kanadische Neurophilosophin Patricia Churchland meint, so wie damals den Forschern und Philosophen die wissenschaftlichen

Grundlagen und Modelle dafür fehlten und heute zumindest Hitze, Feuer und Vakuum erklärt werden können und uns nicht mehr unbekannt sind, so befinden wir uns aktuell in Bezug auf das Bewusstsein in einem ähnlichen Stadium, für das uns (noch) wichtige Grundlagen und Modelle fehlen.[6] Sobald wir – analog zum kranken Mann im österreichischen Krankenhaus – die Begrifflichkeiten dafür haben und Konzepte klar werden, werden wir ein besseres Verständnis von Bewusstsein haben.

Kann das in weiterer Folge in jedem Gehirn vorhandene Bewusstsein im Zusammenspiel mit vielen anderen Gehirnen eine neue Art von Bewusstsein schaffen? Oder die Kombination von menschlichem mit Maschinenbewusstsein? Für Letzteres müssten allerdings zuerst drei Voraussetzungen erfüllt sein. Erstens müssten Maschinen menschliche Gedanken „lesen" können. Zweitens müssten Maschinen in das Gehirn „eingreifen" können. Und dann müsste die Maschine beides wesentlich rascher durchführen können, als Menschen es heute können.[7]

Das ist eine Weiterentwicklung des sogenannten „Bindungsproblems", bei dem die Frage gestellt wird, wie Hunderte Milliarden Zellen gemeinsam mit dem Input der Sinnesorgane zu einer einheitlichen Wahrnehmung imstande sind.[8] Und warum – um den Gedanken weiterzuspinnen – formen die Zellen in unserem Schädel eine Einheit, die in diesem abgeschlossenen Raum miteinander agiert und Bewusstsein entwickelt, während die Gehirne mehrerer Menschen kein gemeinsames Bewusstsein entwickeln? Welches Bindungskriterium fehlt dafür?

Die Anzahl der zusammenspielenden Teile spielt dabei keine Rolle. Der niederländische Primatenforscher Frans de Waal berichtet von einer Begebenheit auf einem Symposium, wo einer der Vortragenden steif und fest Bewusstsein bei Menschen damit begründete und Tieren gleichzeitig absprach, dass das menschliche Gehirn eben die größte Anzahl an Neuronen hätte. Allerdings haben der Elefant mit seinem 40 Kilogramm schweren Hirn und der Spermwal mit acht Kilogramm an Gehirnmasse deutlich mehr Neuronen als der Mensch mit seinen im Vergleich dazu fast mickrigen 1,4 Kilogramm.[9]

Man schätzt, dass es 1.000 verschiedene Neuronen gibt, die durch Synapsen miteinander und durch andere Nervenzellen mit anderen Teilen des Körpers verbunden sind und miteinander kommunizieren. Unser Nervensystem hat vermutlich an die 1.000 Billionen Synapsen, die an die 86 Milliarden Neuronen verbinden. Die Neuronen erzeugen elektrische Impulse, die nicht mehr als ein Tausendstel einer Sekunde dauern und ein Zehntel Volt an Spannung haben und so an andere Neuronen und Zellen durch die Synapsen weitergereicht werden. Dabei entstehen lokale elektrische Felder im Gehirn, die Forscher heute verwenden, um Gehirnaktivitäten festzustellen und diese bestimmten Aktivitäten zuzuordnen.

Die erstaunliche Fähigkeit des Gehirns kommt dabei weniger durch die Geschwindigkeit der Impulse oder der elektrischen Weiterleitung als vielmehr durch das immense parallele Verarbeiten der Milliarden von Neuronen zustande.

Dieser Aufbau im Gehirn ist fundamental anders, als er heutigen Computerchips und elektronischen Schaltkreisen entspricht. Dort werden nämlich klar voneinander abgetrennte Leiterbahnen, Transistoren und Kondensatoren verwendet, wo ein solches „Leaking" – ein Stromfluss, der sich nicht nur auf die vorbestimmten Leiterbahnen beschränkt – möglichst vermieden werden soll. Und noch viel verwirrender ist die Tatsache, dass die Neuronen und Verbindungen im Hirn einem ständigen Wandel unterzogen sind. So als ob sich die elektrischen Kabel in meinem Haus ständig selbst neu verlegen und umorientieren würden.

Während die mechanistische Grundlage von Bewusstsein sich uns vielleicht nun langsam erschließen mag, wissen wir immer noch nicht, wie es genau entsteht. Aber warum wir Bewusstsein brauchen, könnte einfacher zu erklären sein. Wir könnten sicherlich wie Zombies existieren, ohne Erfahrungen zu machen und Gefühle zu haben.

Als Zombie könnten wir stumpfsinnig die uns aufgetragenen Arbeiten und Ziele erledigen. Allerdings funktioniert das nur dann, wenn alles so läuft wie vorhergesehen. Das Leben aber ist nicht so einfach. Es hat die Angewohnheit, uns gelegentlich ein ungeahntes und unvorhersehbares Hindernis in den Weg zu legen. Die stumpfsinnige Abarbeitung einer Anleitung ist dann zum Scheitern verurteilt. Wir müssen innehalten, die Situation betrachten, analysieren und Lösungen erarbeiten. Das geht nur, wenn wir mehr als nur ein Zombie-Betriebssystem dafür zur Verfügung haben. Bewusstsein ist eine Erweiterung unseres „Betriebssystems", das uns für das Unvorhersehbare im Leben erst fit macht.

Das Paradoxe daran ist aber, wie viele Erfahrungen im täglichen Leben völlig unbewusst gemacht werden. Wem ist es nicht schon einmal geschehen, dass man sich nach einer Autofahrt nicht wirklich genau erinnern konnte, wie man nun gefahren ist? Sei es das Schalten, das Setzen des Blinkers oder das Abbremsen bei Rot – viele Handlungen passieren automatisch. Als Fahrschüler mussten wir noch bei jedem Gangschalten mitdenken und uns geistig anstrengen.

Ähnliches erlebte ich, als ich mir vor Jahren meine Ferse gebrochen hatte – ein an sich schon schwierig zu meisterndes Kunststück. Nach der Operation und dem nachfolgenden Heilungsprozess hatte ich einige Wochen lang Schmerzen beim Aufsetzen des Fußes. Hatte ich auf normalem Terrain – wie einer flachen Straße oder dem Teppichboden – wenig Schwierigkeiten, musste ich mich auf einem etwas abschüssigen, steinigen Waldweg genau konzentrieren. Den Fuß auf eine Unebenheit aufzusetzen verursachte Schmerzen. Beim Gehen konzentrierte ich mich voll darauf, Steinen auszuweichen und halbwegs flache Ebenen zu finden. Danach war ich vor allem geistig erschöpft. Das vormals unbewusste Setzen der Füße wurde zu einem anstrengenden bewussten Gehen.

Bei solchen Erlebnissen bemerkt man erst, wie viele Dinge man unbewusst erledigt. Francis Crick und Christof Koch postulierten in ihrem Rahmenwerk, dass jeder Mensch intern über viele solcher

Zombie-Agenten verfügt, die Routinetätigkeiten automatisch durchführen, ohne dass sie uns bewusst werden oder dass sie bewusst sein müssen. Sie laufen auf „Autopilot".

In vielen Kulturen werden Menschen ein Geist oder eine Psyche, ein Körper und eine Seele zugeschrieben. Andere Kulturen hingegen sprechen von einer Geist-Körper-Dualität. Der Sitz des Geistes ist je nach Kulturen unterschiedlich. Für die Ägypter und Hebräer war das Herz der Sitz, für die Maya die Leber. In der modernen Wissenschaft sehen wir das Hirn als den Ort für den Geist. Deshalb ist es wichtig, die Funktionsweise des Gehirns zu verstehen. Aber selbst „Gehirn" ist als Ort, wo sich das Bewusstsein befindet, zu unspezifisch. Der Neurologe António Damásio der University of Southern California lokalisiert es in einem Teil des Parietallappens und des hinteren Teils der Großhirnrinde. Andere wiederum verorten es in der Inselrinde, einem Teil des Temporallappens, und in anderen Gehirnregionen. Eine genaue Liste der Teile des Gehirns, welche nun wirklich für Bewusstsein ausreichend und notwendig sind, gibt es nach wie vor nicht. Dafür aber eine eigene Disziplin, die das „neuronale Korrelat des Bewusstseins" (neural correlates of consciousness, kurz NCC) erforscht.[10]

Obwohl wir nun wissen, dass das Gehirn der Sitz des Geistes ist, können viele Menschen nach wie vor diese Tatsache nicht vollständig akzeptieren. Ungefähr zwei Drittel aller Amerikaner glauben an eine Seele, die nach unserem Tod weiterexistiert. Eine Tatsache, die schwer zu glauben ist, wenn wir verstanden haben, dass das Gehirn unsere menschlichen Erfahrungen produziert und für das Bewusstsein verantwortlich ist.

Bewusstsein selbst ist mehrdeutig, was eine Definition nicht erleichtert. Abhängig davon, wen wir fragen, erhalten wir zwei oder mehr Bedeutungen, was Bewusstsein ist oder sein könnte.

Zunächst ist da einmal die simple Erfahrung von diskreten Instanzen subjektiver bewusster Eindrücke, die in der Philosophie auch als „Qualia" bezeichnet werden. Dabei handelt es sich um die unverarbeiteten Eindrücke, die unsere Sinne aufnehmen. Das Rot einer Rose, das Rot von Blut, das Rot von Bayern-München-Trikots oder der Abendröte.

Christof Koch beschreibt Bewusstsein aus vier Blickwinkeln und vergleicht diesen Ansatz mit der buddhistischen Geschichte über die Blinden, von denen jeder einen anderen Körperteil des Elefanten anfasst und eine andere Ansicht davon hat, was ein Elefant ist. Die erste Definition setzt Bewusstsein mit unserem inneren Erleben gleich. Es beginnt, wenn wir morgens aufwachen, und endet, wenn wir abends einschlafen. Die zweite Definition basiert auf Verhaltensweisen, die bewusstes Handeln eines Organismus voraussetzen. Bei der neuronalen und dritten Definition wird der physiologische Bewusstseinsmechanismus untersucht. Und die philosophische Definition sagt schlicht und einfach, „Bewusstsein ist, wie es sich anfühlt, etwas zu fühlen".

Die moderne Wissenschaft beherzigt Galileo Galileis Postulat, dass jede wissenschaftliche Theorie mit messbaren Dingen zu tun haben muss. „Messen, was messbar ist, und messbar machen, was nicht messbar ist." Eine Theorie zu Bewusstsein muss Bewusstsein messbar machen, muss die Verbindung zwischen der Neuroanatomie und Physiologie zu Qualia herstellen und erklären können, warum sich Bewusstsein im Schlaf oder bei einer Anästhesie verringert oder verschwindet.

Idealerweise erklärt eine Bewusstseinstheorie auch, ob ein Ameisenhaufen, das Internet oder die Milchstraße Bewusstsein haben können.

Der Φ-Wert ist ein Indikator, den Christof Koch zur Messung eines Bewusstseinsgrads eingeführt hat. Aber selbst nur mit Computersimulationen ist das Erreichen eines hohen Werts schwierig. Ein hoher Φ-Wert integriert die Signale mehrerer Sensoren und interpretiert sie, um Handlungen auszuführen. Die Art, wie Information generiert wurde, ist das eine, wie sie genau integriert wird, scheint fast noch wichtiger, um einen höheren Grad an Bewusstsein zu erreichen. Der italienische Psychiater und Neurowissenschaftler Giulio Tononi unterschied mehrere Arten von Bewusstsein, indem er Qualia als „Erfahrungsräume" verstand. Das Bewusstsein umfasst genauso viele Dimensionen wie die verschiedenen Zustände, die das System einnehmen kann.

Was auch immer Bewusstsein hat – ein Mensch, eine Fliege, ein Computer –, das System muss in der Lage sein, eine innere Perspektive einnehmen zu können, es muss fühlen können, es selbst zu sein. Und jedes System ist dabei einzigartig, wie Kristalle mit unterschiedlichen Formen.

Deshalb können wir nicht davon ausgehen, dass die Eindrücke einer Person dieselben sind wie die einer anderen Person. Jede Person verfügt über eine einzigartige Form der Gehirnsynapsen-„Verdrahtung" sowie über einzigartige Erfahrungen, und diese führen zum sogenannten „phänomenalen Bewusstsein".

Und dann ist da jenes Bewusstsein, das uns erlaubt, Erinnerungen und Informationen über unseren inneren Seinszustand zu unterscheiden und miteinander zu verknüpfen. Das wird als „Access-Bewusstsein" bezeichnet.

Richard Yonck, Futurist und Autor des Buches „Heart of the Machine: Our Future in a World of Artificial Emotional Intelligence", schlägt eine dritte Instanz vor, nämlich die des „introspektiven Bewusstseins". Damit bezeichnet er die Fähigkeit, über unser eigenes Denken nachzudenken, somit in Echtzeit unseren internen Zustand zu beobachten und darüber zu reflektieren.

Diese Definition ist schon ein gewaltiger Fortschritt im Vergleich zu dem, was noch vor wenigen Jahrzehnten als gängige Definition galt und teils furchtbare Auswirkungen hatte. So wurde Babys (genauso wie Tieren) lange Zeit Bewusstsein abgesprochen, da zur Möglichkeit der inneren Reflexion – gemäß der damals gültigen Definition für Bewusstsein – Sprache, aber auch Scham und Schuldgefühle gehörten. Man betrachtete Babys als „subhumane Organismen", die nur zufällige Töne von sich gaben. Ihr Lächeln wurde als

Ergebnis von Blähungen angesehen. Wissenschaftler unterzogen sie Versuchen, die von Nadelstichen bis zum Überschütten mit heißem und kaltem Wasser reichten, um zu beweisen, dass Babys nichts fühlen konnten. Die wenig überraschenden schmerzvollen Reaktionen der Babys wurden als emotionsfreie Reflexe erklärt.[11]

Deshalb sah man bei Operationen keine Notwendigkeit, Babys zu betäuben. Sie hätten doch „kein Bewusstsein" und würden damit auch „keine Schmerzen empfinden", so die grausame Logik. Das war eine bis 1987 (!) gängige Praxis in den USA. Wie zur Bestätigung wurden den Babys vor der Operation noch muskelentspannende, lähmende Injektionen gegeben, sodass sie auch ja nicht fähig waren, die Schmerzen sicht- oder hörbar zu machen.[12]

Wenn schon Babys kein Bewusstsein zugesprochen worden war, dann überrascht das bei Tieren noch weniger. Der französische Philosoph René Descartes schrieb schon unzweideutig, dass ein Hund zwar spüren und aufjaulen würde, wenn er von einem Wagen angefahren wird, aber er würde dennoch keinen Schmerz empfinden. Auch anderen Tieren sprach und spricht man nach wie vor Bewusstsein ab. Nicht zuletzt das war für Francine Patterson ein Beweggrund, mit Koko zu arbeiten.[13]

Nach den Terrorattacken vom 11. September 2001 wurden Rettungshunde zum Aufspüren von Verschütteten eingesetzt. Dabei gab es mehrere unabhängige Berichte, dass die Rettungshunde Zeichen von Niedergeschlagenheit zeigten, weil keine Überlebenden, sondern nur Tote geborgen werden konnten.[14] Auch wenn nicht ganz eindeutig bewiesen ist, dass diese Niedergeschlagenheit sich möglicherweise von den Hundebesitzern auf die Hunde übertrug, liegt die Vermutung nahe, dass Hunde Zeichen von Bewusstsein zeigen.

An der Stelle sollten wir einmal innehalten und das gedanklich verarbeiten. Wie kommt es, dass Menschen, die Bewusstsein zu verstehen versuchen, selbst dermaßen ihren eigenen Sinnen, ihren eigenen Empfindungen und ihrem gesunden Menschenverstand gegenüber so blind waren, dass sie zu solch absurden, schädlichen und grausamen

Schlussfolgerungen gekommen sind? Genauso wie Humorforscher oftmals die unlustigsten Menschen sind, so schienen diese damaligen Bewusstseinsforscher, Philosophen und Mediziner dem eigentlichen Untersuchungsobjekt ihres Faches und damit den Menschen, denen sie dienen sollten, am gleichgültigsten gegenüberzustehen.

Wen diese historischen Fakten schon emotional aufrühren, dem wird ebenso unverständlich sein, dass über lange Zeit in den USA Operationen an schwarzen Menschen ohne Narkose vorgenommen wurden. Diesen Menschen war nicht nur Bewusstsein, sondern auch gleich das Menschsein von den Sklavenhaltern abgesprochen worden.

Wir haben einen langen Weg hinter uns in Bezug auf die Frage, wem wir Bewusstsein zuschreiben, auch wenn wir nach wie vor damit kämpfen, es zu definieren. Da überrascht es kaum, wenn nun auch eine Debatte um das Bewusstsein von Pflanzen begonnen hat.[15]

Wir sprechen hier über das introspektive und das Access-Bewusstsein, weniger über das phänomenologische.

Der Kognitionswissenschaftler David Marr definierte drei Ebenen der Analyse:[16]

1. Rechengestützte Verhaltensebene
2. Algorithmische Ebene
3. Implementationsebene

Ebene 1: Darunter wird die Abbildung der Eingabe und der Ausgabe eines informationsverarbeitenden Systems verstanden. Wie gebe ich ihm Information ein und wie zeigt es Information als Ergebnis an? Dabei muss man unter anderem die Ausführungskomplexität berücksichtigen und was das System unter welchen Umständen ausführen kann.

Ein Abakus beispielsweise kann addieren, subtrahieren oder multiplizieren, wobei Eingabe wie Ausgabe durch Kugeln dargestellt werden.

Ebene 2: Dabei handelt es sich um die interne Darstellung und die Manipulation der Eingabeinformationen für die Aufbereitung als Ausgabe.

Um beim Beispiel des Abakus zu bleiben, wäre eine Zahl (der Input) nunmehr durch eine der Kugeln dargestellt, die dann durch den Algorithmus bewegt wird.

Ebene 3: Hier stellt man sich die Frage, woraus dieses System eigentlich besteht und wie es konstruiert ist.

Der Abakus besteht aus einem Holzrahmen sowie ein paar Kugeln und Drähten.

Das sind drei verschiedene Betrachtungsweisen von Bewusstsein, die jede für sich genommen nur einen Teil der Wirklichkeit erfassen.

Einer anderen Theorie zufolge entstand Bewusstsein aus der Notwendigkeit heraus, mit anderen Menschen einerseits zu kooperieren, andererseits mit ihnen im Wettstreit zu stehen. In beiden Fällen müssen wir uns in andere Wesen hineinversetzen und deren Beweggründe und Gefühle verstehen können.

Der amerikanische Philosoph und Kognitionswissenschaftler Daniel Dennett meint sogar, dass Bewusstsein nicht aus der Notwendigkeit zu Kooperation oder Konkurrenz entstanden ist, sondern aus dem Spannungsfeld zwischen den beiden. „Sprache birgt stets das Potenzial in sich, jemanden zu täuschen. Genauso geht es bei der Sprache immer auch um Kooperation. Fügt man beides zusammen, dann lauert um die Ecke schon das Bewusstsein."

Gemäß Julian Jaynes ist Bewusstsein ohnehin etwas, was die Menschheit sich erst vor Kurzem angeeignet hat. In seinem Buch „The Origin of Consciousness in the Breakdown of the Bicameral Mind" aus dem Jahr 1976 vertritt er die Meinung, dass die menschlichen Gehirnhälften bis vor 3.000 Jahren in gewisser Weise unabhängig voneinander agierten. Eine Hälfte bestimmte, die andere führte das ihr Befohlene aus. Ein solches Gehirn wäre nicht imstande, subjektives Bewusstsein oder Introspektion zu entwickeln. Als Beweis dazu führt er antike Texte wie die „Ilias" an, bei denen es den

Protagonisten ihm zufolge an Selbstreflexion fehlt. Stattdessen werde immer wieder angeführt, dass göttliche Stimmen den Menschen Befehle gegeben hätten.

Vielleicht hatten Menschen bis dahin einfach kein Wort für Bewusstsein, so wie sie möglicherweise keines für die Farbe Blau hatten. Im Jahr 1858 bemerkte der britische Politiker und – ausnahmsweise kein Widerspruch – Gelehrte William Gladstone, dass Homer in seiner „Odyssee" das Meer als „dunkel wie Wein" beschrieb, was Gladstone merkwürdig anmutete. Warum nicht blau oder grün, fragte er sich? Bei eingehender Untersuchung antiker Texte aus Griechenland, Island, China sowie dem jüdischen und arabischen Raum fiel ihm auf, dass Farben anders verwendet oder gesehen wurden – so wurde Honig an einer Stelle als grün und Schafe als violett beschrieben. Außerdem wurden alle möglichen Farben unzählige Male erwähnt, aber nie die Farbe Blau.[17] Eine Theorie dafür ist, dass es kein Wort für diese Farbe gab und sie damit auch nicht gesehen wurde. Als Beispiel wird ein Experiment mit dem namibischen Stamm der Himba angeführt, in deren Sprache kein Wort für Blau existierte, dafür aber eine ganze Reihe von Grünschattierungen. Im Experiment sahen die Stammesmitglieder zwölf im Kreis angeordnete Quadrate, von denen bis auf ein blaues alle anderen grün waren. Während uns der blaue Außenseiter sofort auffällt, hatten die Himba erstaunliche Schwierigkeiten damit. Umgekehrt hätten wir Schwierigkeiten, von zwölf grünen Quadraten das eine mit der etwas anderen Grünschattierung zu identifizieren, währenddessen die Himba auf jenes sofort hinweisen konnten.

Empathie scheint ebenfalls etwas zu sein, das als Wort erst seit knapp 100 Jahren verwendet wird und als Konzept vorher nicht existierte. Es taucht als Ergebnis der Arbeiten des Psychologen Wilhelm Wundt und des Philosophen Theodor Lipps auf, die untersuchten, warum Kunst uns so berührt. Die damals spektakuläre These war, dass nicht das Werk selbst den Eindruck vermittle, sondern der Akt des Betrachtens durch den Betrachter.[18] Im Zuge dieser Beobachtung wurde der Begriff eingeführt und wurde zu einem uns heute natürlich erscheinenden Konzept.

Für das bekannteste Experiment, wie das Ichbewusstsein in Menschen und Tieren getestet wird, benötigt man einen Spiegel und einen Malstift. Der Testperson wird ein roter Punkt auf die Stirn gemalt und durch Vorhalten des Spiegels wird überprüft, ob sie den Punkt nicht nur erkennt, sondern durch ihr Verhalten anzeigt, dass sich die Markierung am eigenen Körper befindet. Bei diesem vom Psychologen Gordon Gallup Junior entwickelten „Spiegeltest" erkennen Kinder ab 24 Monaten den Fleck und können ihn auf ihrem Gesicht verorten.[19] Auch Primaten schaffen den Spiegeltest, genauso wie Elstern, Raben und Tauben. Die meisten anderen Tiergattungen bestehen den Spiegeltest allerdings nicht.

Betrachtet man Bewusstsein als die Fähigkeit, über das Denken nachzudenken, dann könnte ein anderes Experiment auf die Fähigkeit hinweisen. In diesem wurde Ratten ein Puzzle zu lösen gegeben. Wenn sie es lösten, erhielten sie eine große Belohnung. Wenn sie es probierten, aber nicht schafften, bekamen sie nichts. Wenn sie das Puzzle aber ignorierten und nichts taten, erhielten sie eine kleine Belohnung. Sobald den Ratten eine schwere oder unlösbare Aufgabe vorgesetzt wurde, ignorierte die Mehrheit der Ratten die schweren Puzzles und erhielt eine kleine Belohnung. Mit anderen Worten, die Ratten schienen sich gedacht zu haben: „Ich bin doch nicht blöd und mühe mich mit dem schweren Puzzle ab, auf die Gefahr hin, dass ich es nicht löse und nichts erhalte. Da mache ich doch lieber nichts und nehme stattdessen die kleine Belohnung."[20]

Unsere Definition von Bewusstsein ist auch stark von unserer Kultur geprägt. Während die vorhergegangenen Definitionen und Ursachen von Bewusstsein von unserer westlichen und wissenschaftlichen Perspektive beeinflusst sind, sehen andere Kulturen das anders. Der indische Yogi Sadhguru Jaggi Vasudev erläuterte seine Betrachtungsweise bei einer Podiumsdiskussion an der medizinischen Fakultät der Harvard University.[21]

Ein Betäubungsmittel schaltet das Bewusstsein aus, indem es die Kommunikation zwischen dem Körper und dem Gehirn unterbricht. Vom Körper fließen nun keine Informationen zum Hirn mehr, und umgekehrt kann das Gehirn die einzelnen Körperteile nicht mehr beeinflussen. Bewusstsein ist somit nicht mit Wachheit gleichzusetzen. Der Körper nimmt zwar wahr und ist somit wach, aber das Hirn erhält keinerlei Informationen und kann sie somit nicht als Erinnerung abspeichern.

Der Gründer von Palm Inc., Jeff Hawkins, widmet sich seit 2002 ausschließlich der Neurowissenschaft. Er stellt einen ähnlichen Vergleich an mit jemandem, der einen Bagel isst. Hätte man die Möglichkeit, diese Erinnerung zu löschen und die Gehirnsynapsen wieder in den Zustand vor dem Verzehr des Bagels zurückzusetzen, würde sich die Person daran nicht erinnern, trotzdem aber ein Bewusstsein haben. Somit ist Erinnerung für ihn kein wesentlicher Bestandteil von Bewusstsein.[22]

Sadhguru ist nicht der Einzige, der meint, wir würden die Bewusstseinsproblematik von der falschen Seite anpacken. Don Hoffman, Psychologe an der Irvine University in Kalifornien, meint, das Bewusstsein wäre zuerst da gewesen und hätte erst die physische Wirklichkeit erschaffen.[23] Nicht umgekehrt, dass aus unbelebter Materie zu irgendeinem Zeitpunkt dann plötzlich Bewusstsein entstand. Er schildert Fälle von sogenannten Split-Brain-Persönlichkeiten, bei denen die beiden Gehirnhälften entweder durch Operationen oder durch Unfälle getrennt worden waren. Der auch als „Hirnbalken" bekannte Corpus callosum wird bei Patienten mit Epilepsie durchtrennt. Bei einigen Patienten entwickelten die Gehirnhälften, die nun nicht mehr miteinander kommunizieren konnten, eigene Persönlichkeiten. So war bei einem Patienten die eine Gehirnhälfte Atheist, die andere gläubig. Eine Gehirnhälfte, die Rührei nicht ausstehen konnte, sabotierte die andere bei der Zubereitung, indem sie das Ei mitsamt der Schale in die Pfanne warf.

Fallen schon die Begriffsbestimmung und der Diskurs um die Frage schwer, was Bewusstsein ist und ob alle Menschen und Tieren eines haben, so wird das mit Maschinen nicht leichter. Können Maschinen Bewusstsein entwickeln oder haben sie es bereits entwickelt und wir wissen nichts davon?

Wenn nun Maschinen besser denken und physische Objekte manipulieren können als wir, was bleibt uns dann noch? Vielleicht eben genau das Bewusstsein, das es uns ermöglicht, einen Sieg über den Schachweltmeister zu genießen oder uns an einer farbenfrohen und gut riechenden Blume zu erfreuen. Wir tun das, weil wir eben im Moment leben und zwischen Geburt und Tod. Eine Zen-Geschichte vom Tiger und der Erdbeere beschreibt das. Ein Mann wird von einem Tiger gejagt und als einziger Ausweg bleibt ihm ein Sprung über eine Klippe. Er fällt hinunter und bekommt gerade noch einen Ast zu fassen, an dem er nun über dem Abgrund hängt. Eine kleine Maus kommt aus einem Erdloch und beginnt, am Ast zu nagen. Genau in diesem Moment erspäht der Mann einen Erdbeerstrauch auf der anderen Seite des Berges. Er pflückt eine Erdbeere und isst sie. Nie zuvor hat er solch eine gute Erdbeere gegessen. Er genießt die Erdbeere, weil er, so wie wir alle, immer zwischen Leben und Tod schwebt.[24]

Der Informatiker und Philosoph Judea Pearl meint, dass Maschinen, um Bewusstsein zu entwickeln, ein Rahmenwerk für die symbolische Darstellung ihrer Umgebung und von sich selbst bräuchten und in der Lage sein müssten, dieses hypothetisch zu verändern. Dieses kann durch eine „Algorithmisierung" von Gegensatz-Denken und von Annahmen geschaffen werden.[25] Damit meint er dezidiert, dass Maschinen lernen müssen, nicht nur Antworten zu geben, sondern auch komplexe Fragen zu stellen. Eine Maschine kann zwar nach einer vorgegebenen Analyse von Krankheitssymptomen zum Schluss kommen, dass ein bestimmter Patient Malaria hat, sie wird aber nicht von sich aus auf die Frage kommen, ob der Patient vor Kurzem ein Land, in dem Malaria verbreitet ist, besucht hat. Die richtige, über ein bestimmtes begrenztes Fachgebiet hinausgehende Frage zu stellen, das können bislang nur Menschen.

Der Futurist Richard Yonck glaubt nicht, dass eine Maschine echtes Bewusstsein entwickeln können muss. Wichtig sei lediglich, dass sie einen Status erreicht, bei der sie andere Personen und Objekte wahrnimmt. Wir Menschen müssen überzeugt sein, dass die Maschine uns in solch einem Grad vorgaukeln kann, dass sie uns wahrnimmt. Echtes Bewusstsein – wie auch immer es definiert ist und bestimmt wird – muss sie dafür nicht haben.[26] Bewusstsein erfolgreich vorzugaukeln könnte einfacher sein, als man allgemein meinen mag. Man denke da nur zurück an ELIZA, der Menschen schon in dieser primitiven Form gewisses Bewusstseinsempfinden zugestanden trotz der offensichtlichen Unzulänglichkeiten.

Fasst man diese unterschiedlichen Ansätze, was Bewusstsein ist, wie es zustande kommt und geschaffen werden kann, zusammen, dann kristallisieren sich acht Cluster heraus:

1. Bewusstsein ist eine schwache Emergenz.
2. Bewusstsein ist eine starke Emergenz.
3. Bewusstsein ist eine physische Eigenschaft von Materie.
4. Bewusstsein ist ein Quantenphänomen.
5. Bewusstsein ist fundamental.
6. Bewusstsein ist universal.
7. Bewusstsein ist ein Gehirntrick.
8. Bewusstsein ist etwas Spirituelles.

Für den deutschen Philosophen Thomas Metzinger beinhaltet Bewusstsein auch die Fähigkeit, leiden zu können.[27] Wenn ein intelligentes System Bewusstsein entwickelt hat, dann muss es auch Leid erfahren können. Metzinger unterscheidet allerdings einige Fälle, in denen ein intelligentes System trotz Bewusstsein nicht leiden kann.

- Ein Roboter ohne Bewusstsein ist nicht leidensfähig.
- Ein Roboter mit entwickeltem Bewusstsein, aber ohne ein kohärentes phänomenologisches Modell von sich selbst ist nicht leidensfähig.
- Ein Roboter mit einem Modell von sich selbst, der keine negativ bewerteten Zustände erzeugen kann, ist nicht leidensfähig.
- Ein Roboter mit entwickeltem Bewusstsein, aber ohne transparente, phänomenologische Zustände ist nicht leidensfähig, weil ihm die Phänomenologie von Besitz und Identifikation fehlen würde.

Soll eine Maschine aber imstande sein, leiden zu können? Daraus ergibt sich ein Rattenschwanz an Fragen. Wenn nämlich eines unserer Ziele wäre, das Leid auf der Welt zu verringern, dann würden wir mit der Schaffung von jeder Maschine mit Bewusstsein und Leidensfähigkeit die Gesamtmenge an Leid erhöhen.

Soll eine Maschine dann auch Rechte, vielleicht sogar dieselben wie Menschen, haben? In der US-amerikanischen Verfassung ist das Recht auf das Streben nach Glück („Pursuit of Happiness") sogar festgeschrieben. Gilt das dann auch für Roboter?

Sobald eine Maschine über ihr Glück oder Leid reflektieren kann, wird sie sich vermutlich auch zutiefst menschliche Fragen stellen. Woher komme ich? Wo bin ich? Und wohin gehe ich? Bislang denken Maschinen nicht an ihre Zukunft, ihren Tod und ihr Vermächtnis.

Vielleicht aber sind diese Fragen irrelevant, wenn wir Bewusstsein von Maschinen als künstlich und nicht als natürlich betrachten und dem eine andere Qualität zuweisen. Das zumindest wirft der theoretische Physiker Sean Carroll vom California Institute of Technology in die Debatte ein.[28]

Max Tegmark listet vier Prinzipien auf, die Informationsverarbeitung auszeichnen müsste, um über Bewusstsein zu verfügen.[29]

Tabelle 4

Prinzip	Definition
Informationsprinzip	Ein bewusstes System hat eine enorme Informationsspeicherkapazität.
Dynamikprinzip	Ein bewusstes System hat eine enorme Informationsverarbeitungs-kapazität.
Unabhängigkeits-prinzip	Ein bewusstes System ist hochgradig unabhängig vom Rest der Welt.
Integrationsprinzip	Ein bewusstes System kann nicht aus nahezu unabhängigen Teilen bestehen.

Notwendige Prinzipien zum Entstehen von Bewusstsein

Quelle: Max Tegmark, Leben 3.0

Ein Mangel an Bewusstsein und zombieähnliches Verhalten ist uns suspekt. In einer Hindu-Geschichte kommen Besucher in eine Stadt, die mit stillen, animierten Menschen und Tieren bevölkert ist. Erst später stellt sich heraus, dass diese Bewohner alle Holzpuppen sind, die von einem einzigen Mann auf dem Thron im Palast gesteuert werden. Auch der Film „Blade Runner" spielt mit dem Thema, dass wir von Androiden umgeben sind und sie nicht erkennen. Wie reagieren Menschen in Wirklichkeit auf diese bewusstseinslosen Roboter? Sie vermenschlichen sie.

Vermenschlichung

Der kleine Roboter fährt durch das Büro, passiert dabei mehrere Schreibtische, bis er an seinem Ziel ankommt. Auf einem Tablett, das er vor sich hält, steht eine Tüte mit frisch angerichtetem Popcorn. Ein Mitarbeiter kommt aus dem Besprechungszimmer, nimmt sich die Tüte und tätschelt dem Roboter den Kopf, der eigentlich nichts anderes als eine Kamera ist, so als ob er ihm danken würde. Das ist eine Reaktion, die Claire Delaunay, Entwicklungsleiterin beim KI-Chiphersteller Nvidia, beobachtete, als sie einen Roboter testeten, der lernen sollte, durch Büroräumlichkeiten zu navigieren.[30]

Menschen tendieren in der Interaktion mit Robotern dazu, diese irgendwie als natürliche Lebewesen zu behandeln, egal welche Aufgabe und Form diese haben. Auch Passagiere von selbstfahrenden Autos, die von Googles Schwesterfirma Waymo entwickelt werden, bedankten sich am Fahrtende brav beim Auto. „Danke, Auto!", riefen sie, bevor sie aus dem Fahrzeug stiegen.[31]

Der griechische Philosoph Xenophanes von Kolophon, der um 580 vor unserer Zeitrechnung lebte, prägte den Begriff „Anthropomorphismus" und beschrieb damit das Phänomen, dass Tieren, Göttern und Dingen menschliche Gestalten oder Eigenschaften zugeschrieben werden. Eigentlich erfand Xenophanes das Wort, um Homers Beschreibung der Götter zu kritisieren, die er damit auf ein menschliches Niveau herabgewürdigt sah. In unserer modernen Zeit sehen wir den Begriff aber eher zwiespältig. Das Anthropomorphisieren von Robotern wird als etwas wahrgenommen, das dem Roboter mehr menschliche, also in dem Fall „höherstehende" Eigenschaften zuweisen will, als der Roboter tatsächlich leisten kann. Anthropomorphisieren ist eine Projektion von intellektuellem Niveau und Beziehungsfähigkeit auf eine Maschine, wozu diese nicht befähigt ist.

Wie sehr wir Maschinen vermenschlichen, ist an einem kleinen Beispiel eines Heimroboters zu sehen, der hauptsächlich ein Sprachassistent war, aber zugleich große Augen hatte, sich ein bisschen bewegen konnte und Geräusche machte, wie sie vielleicht ein Haustier machen würde. Es handelte sich um „Jibo". Allerdings ging das Unternehmen, das diesen Roboter herstellte und vertrieb, pleite und somit wurde auch die cloudbasierte KI einige Monate nach der Pleite abgeschaltet. Der Roboter „starb".[32] Die Besitzer reagierten darauf mit Traurigkeit. Weil der Roboter auch nicht von einem Tag auf den anderen seine gesamte Funktionalität einbüßte, fühlte sich das für die Besitzer an, als ob ihr Roboter unter „digitaler Demenz" litt.

Die Robotikverhaltensforscherin Anca Dragan von Berkeleys InterACT Laboratorium ist sich dieser – zumindest heute noch bestehenden – Limitationen im Umgang zwischen Menschen und Robotern durchaus bewusst. So dürfen wir nicht mit Robotern zornig werden, weniger weil wir deren Rache in einer fernen Zukunft fürchten müssen, sondern weil Roboter nur so kompetent sind, wie wir es ihnen ermöglichen. Wir Menschen müssen ihnen sagen, was sie tun sollen. Viele unserer Interaktionen sind äußerst subtil. Für Maschinen ist das sehr schwer zu lernen.

Bei meinen Vorträgen zeige ich ein Beispiel solch einer subtilen Interaktion. Ein selbstfahrendes Auto von Waymo steht an einer Straßenkreuzung und will rechts abbiegen. Es setzt zweimal dazu an, bis es sich endlich entscheidet, das Manöver zu vollenden. Am Straßenrand standen nämlich zwei Fußgängerinnen, die miteinander plauderten. Eine davon stand mit dem Rücken zum Waymo-Fahrzeug, die andere blickte in dessen Richtung. Ein selbstfahrendes Auto versucht heute, die Absichten der anderen Verkehrsteilnehmer anhand verschiedener Hinweise zu erkennen. In diesem Fall versucht es zu erkennen, ob die Fußgängerin Blickkontakt mit ihm aufnimmt, also mit dem Gesicht zum Auto schaut. In diesem Fall macht das die eine Frau, allerdings blickt sie nicht das Auto an, sondern nur in dessen Richtung, weil sie mit der anderen Fußgängerin spricht.[33] Diese kleine subtile Nuance ist für Menschen recht einfach zu verstehen, nicht aber für Maschinen.

Wenn Maschinen tatsächlich immer mehr menschenähnliche Verhaltensweisen und Eigenschaften aufweisen, was macht das mit uns? Vertrauen wir den Maschinen dann noch? Werden wir misstrauisch, dass sich hier jemand als Mensch ausgibt?

Wir bewegen uns damit auf dem engen Grat vom glaubwürdig wirkenden menschenähnlichen Roboter hin ins „Uncanny Valley" (auf Deutsch „Akzeptanzlücke"), bei dem uns nicht nur sein Verhalten, sondern auch sein Aussehen irgendwie merkwürdig und unheimlich vorkommen.[34] Er weicht von üblichen Verhaltens- und

Aussehensmustern ab und wird somit als Bedrohung gesehen. Das vermutlich bekannteste Beispiel, das solche Reaktionen hervorrief, ist der Animationsfilm „Polarexpress". Die Gesichtsausdrücke der Figuren sind merkwürdig gruselig und erschreckten die Zuschauer. Der Film floppte trotz prominenter Sprecher wie Tom Hanks.

Von Natur aus sind wir neuen Dingen und Erfahrungen gegenüber skeptisch. Um unser Überleben sicherzustellen, ist es schlicht und einfach ein evolutionärer Vorteil, Neuigkeiten zunächst einmal als potenziell gefährlich zu betrachten.[35] Das Anthropomorphisieren von Maschinen kann die Akzeptanz erhöhen und uns die Furcht vor dem Neuen nehmen. Deshalb werden Roboter wie Pepper mit großen Augen und einer als wenig bedrohlich wahrgenommenen Größe von einem Meter designt oder Roboterautos wie die Koala Cars von Waymo mit niedlichem Gesicht an der Front. Auch das Verhalten muss als freundlich und zuvorkommend wahrgenommen werden. Das Auto soll lieber zehn Meter vor dem Schutzstreifen stehen bleiben, als knapp mit quietschenden Bremsen aufzufahren.

Obwohl wir alles daransetzen, Maschinen zu anthropomorphisieren, sprechen wir Tieren – vor allem in der Wissenschaft – immer noch bestimmte Eigenschaften ab, die wir als rein menschlich betrachten. Wir sahen das bereits bei der Diskussion um Bewusstsein, wo selbst menschlichen Babys diese menschliche Eigenschaft abgesprochen wurde – mit furchtbaren Auswirkungen. Frans de Waal, der Tieren vermeintlich „menschliche" Eigenschaften zuschreibt, prägte dafür den Begriff „anthropodenial", also der „Vermenschlichungsverweigerung".[36]

Kreative bearbeiten seit alters her das Thema der Vermenschlichung oder Menschwerdung unbelebter Stoffe. Neben der Holzpuppe Pinocchio, die unbedingt ein echter Junge werden wollte, gibt es auch ein Videospiel, bei der ein Android versucht, ein Mensch zu werden. In „Detroit: Become Human" kann ein Spieler in die Rolle mehrerer Charaktere schlüpfen, die alle Androiden sind.[37] Eine der Aufgaben ist es, in einer Welt, in der Millionen von Robotern unter Menschen leben, verhaltensauffällige und damit für Menschen gefährliche Androiden zu beseitigen. Dabei wird man selbst Zielscheibe von Androiden auf Abwegen oder rachsüchtigen Menschen. Ziel ist es, als Android zu überleben, sich mit ethisch-moralischen Fragen auseinanderzusetzen und selbstbestimmt – also menschlich – zu werden.

Unsterblichkeit: Fluch oder Segen?

Als Sohn einer adeligen Familie wird Raymond Fosca in eine für die Toskana schwierige Zeit hineingeboren. Im 13. Jahrhundert ist die Region mit hohen Steuern belegt und Adelige und Kaufleute, die sich dagegen auflehnen, werden eingekerkert. Der Verwalter Francois Rienchi ist deshalb – wenig überraschend – nicht gerade beliebt.

Raymond wächst in diesem Umfeld auf. Seine Mutter ist kurz nach seiner Geburt gestorben und sein Vater, den er sehr bewundert, lehrt ihn Reiten und Bogenschießen. Als junger Mann führt Raymonds Ehrgeiz, die Macht an sich reißen zu wollen, zu einem Krieg, bei dem seine Heimatstadt belagert wird. In hoffnungsloser Lage enthüllt ihm ein alter Mönch, er habe einen Trank, der Unsterblichkeit verleihe. Raymond überredet den Mönch, ihm den Trank zu überlassen, und macht sich durch das Abwassersystem der Stadt auf die Flucht.

700 Jahre später begegnet die aufstrebende Schauspielerin Regine Raymond in Rouen in Frankreich. Regine strebt nach Ruhm und Anerkennung und ist fasziniert von Raymond. Er deutet ihr in Gesprächen zwar seine Unsterblichkeit an, aber sie glaubt ihm natürlich nicht. Ihre Beziehung festigt sich und nach und nach offenbart er sich ihr. Sie ist anfangs gefesselt von seinen Erzählungen und geht mit Raymond eine Affäre ein in der Hoffnung, dass er sich an sie auch in zehntausend Jahren noch erinnern wird und sie damit zumindest im Gedächtnis einer Person ebenfalls unsterblich wäre. Je mehr ihr Raymond allerdings aus seinem Leben erzählt, desto deprimierter wird sie.

So beschreibt Raymond, wie die Möglichkeiten, die sich ihm durch die Unsterblichkeit ergeben haben, durch andere negative Auswirkungen zunichtegemacht worden seien. Seine Unsterblichkeit habe ihm zwar dazu verholfen, ruchlos und ohne Angst um Leib und Leben vorzugehen und damit große Macht anzuhäufen. Doch gleichzeitig habe er mitansehen müssen, wie seine großen Lieben und seine daraus hervorgegangenen Kinder, denen die Unsterblichkeit nicht vererbt worden war, alterten und starben. So sehr er sie auch geliebt hat, scheinen all diese Erinnerungen nur noch ein kurzer, verblasster Moment in der Vergangenheit zu sein. Mehrmals habe er versucht, sich umzubringen, was natürlich nicht gelang. Einmal schlief er sogar 60 Jahre, nur um wieder an dem Punkt zu sein, wo er vorher stand. Alles Streben und alle Hoffnungen seien sinnlos.

Regine, der von Anfang an Raymonds ausdruckslose Augen aufgefallen waren, wird im Verlauf seiner Erzählung immer klarer, dass auch sie nur eine kurzlebige Sternschnuppe in seinem Gedächtnis sein wird, die sich nicht von anderen Schauspielerinnen ihrer Zeit unterscheidet, und ihr eigenes Streben nach Ruhm und Anerkennung für die Ewigkeit verlorene Liebesmüh ist.

Simone de Beauvoirs Geschichte, die 1946 unter dem Titel „Alle Menschen sind sterblich" erschien, behandelt diesen jahrtausendealten Traum der Menschheit, ewig zu leben. Wie Götter wollten Menschen unsterblich sein und setzten alles daran, dies zu verwirklichen. Magische Tränke, Jungbrunnen oder das Gottesblut Ichor waren nur ein paar der gesuchten Mittel. Und wenn es nicht Unsterblichkeitstränke waren, dann zumindest Substanzen, die einen unverwundbar machten. Allerdings mussten sowohl Achilles als auch Siegfried der Drachentöter erfahren, dass sie das nicht wirklich waren.

Was Regine an Raymond gleich zu Beginn aufgefallen war, nämlich dass seine ausdruckslosen Augen denen ihres Vaters auf dem Sterbebett ähnelten, deutet bereits darauf hin, dass Unsterblichkeit – oder zumindest die Möglichkeit, unsere Lebenszeit dramatisch zu verlängern – möglicherweise negative Auswirkungen auf unsere

Psyche haben könnte. Während es Hinweise darauf gibt, dass Alter ein Mindset ist – geistig ganz sicher und zum Teil auch körperlich –, gibt es dennoch gewisse Lebensphasen, die unser Handeln beeinflussen. Vieles hat mit Erfahrungen zu tun, die wir gemacht oder nicht gemacht haben, abhängig davon, in welche Region und Kultur und welches Umfeld wir hineingeboren wurden oder mit welchem Geschlecht und Gender wir uns identifizieren (müssen). Das Verständnis von Unsterblichkeit ignoriert eine Tatsache: Götter ändern sich nicht. Zeus, Hermes, Aphrodite und wie sie immer heißen mögen bleiben dieselben. Sie lernen nichts dazu und sie ändern sich nicht, weder geistig noch körperlich. Ihr Handeln und Denken wird nicht aus den Erfahrungen der Vergangenheit geprägt. Ob das griechische, islamische oder christliche Götter sind, sie werden nicht gütiger, fröhlicher oder frustrierter, anteilnehmender oder gleichgültiger und sicherlich nicht salomonischer in ihren Urteilen. Sie sind voller Rachegelüste, eifersüchtig auf andere Götter und bleiben grausam. Oder eben völlig unempathisch.

Menschen hingegen ändern sich in jeder Hinsicht. Der Körper altert, das Denken wird anders. Manche werden frustrierter mit dem Alter, manche einsichtiger, andere zorniger. Manche werden weniger ehrgeizig, andere fokussierter. Und manche erkennen erst kurz vor dem Tod, was wirklich wichtig gewesen wäre im Leben. Oft wirkt der körperliche Alterungsprozess als Signal, sich damit auseinanderzusetzen.

Auch wenn es in der Vergangenheit immer wieder Versuche gab, Unsterblichkeit zu erlangen, und dabei die jeweils letzte technologische Sau dafür durchs Dorf gejagt wurde – man denke etwa an das Einfrieren von Leichen in der Hoffnung auf eine noch zu entwickelnde Zukunftstechnologie, die sie wieder zum Leben erwecken sollen – so ist eines klar: Der menschliche Wunsch nach Unsterblichkeit ist … unsterblich.

Die neueste Hoffnung auf Unsterblichkeit liegt in der künstlichen Intelligenz. Man schaffe nur ein neuronales Netzwerk, in das man sein

Gehirn hochladen und damit gleichzeitig von physischen Limitierungen eines biologischen, sterblichen Körpers loslösen kann, und schon ist man unsterblich. So zumindest stellen es sich einige prominente KI-Forscher und Silicon-Valley-Milliardäre wie Peter Thiel vor.

Ändert sich ein in eine KI hochgeladenes Gehirn? Falls nicht, dann ergeht es ihm wie den Göttern: Es lernt nicht hinzu. Ist Änderung aber im Design als fester Bestandteil vorgesehen, bleibt es dann noch dieselbe Person? Bis zu welchem Grad an Änderung kann man dann noch von derselben Person sprechen und ab wann nicht mehr?

Vor einigen Jahren spielte eine Freundin in einem Theaterstück die Hauptrolle einer Witwe, deren verstorbener Ehemann sein Gehirn in ein solches KI-System hochgeladen hatte. Damit blieb er auch lange nach seinem Tod im Leben seiner Frau und Kinder präsent. Was der Verstorbene dabei zu berücksichtigen vergessen hatte, war, dass seine Familie älter wurde. Seine Kinder wuchsen heran, wurden Teenager und Erwachsene. Für seine Frau ging das Leben weiter, sie suchte sich einen neuen Partner. Nur die KI des Ehemanns änderte sich nicht. Konflikte waren somit vorprogrammiert und die Lage spitzte sich zu, bis die Familie nur mehr eine Möglichkeit sah: die Maschine abzuschalten und damit den verstorbenen Vater und Ehemann endgültig auszulöschen.

Das Dilemma wird somit klar. Ändert sich die Person – in welcher Form auch immer sie dann existiert – nicht, dann wird sie zur Belastung für alle Sterblichen um sie herum und vor allem für sich selbst, wie wir bei Raymond Fosca sahen. Die natürliche Ordnung sieht eben das Sterben der Generationen vor. In der Wissenschaft wird das oft auch so ausgedrückt, dass sich neue Theorien vor allem dann durchsetzen, wenn die alte Generation an Forschern, die dagegen Widerstand leistete, weggestorben ist.

Ändert sich die KI-Persönlichkeit aber, dann ähnelt sie bald nicht mehr der Person, die Unsterblichkeit erlangen wollte. Was uns zur Frage führt, was genau eine Person ausmacht? Welche Charakterzüge, Verhaltensweisen, Denkmuster, Emotionen, Erinnerungen,

Gefühlsreaktionen definieren sie? Ab wann ist jemand eine Person? Und wie weit können diese geändert werden, ohne dass sie ihren Charakter verlöre?

In einem alten Bekannten sehen wir nach 40 Jahren unweigerlich die Person, die wir kannten. Eine Version der Person, nur eben 40 Jahre später und mit mehr Lebenserfahrung. Wenn gemeinsame Erinnerungen uns die Person vertraut machen, zum Beispiel eine gemeinsam verbrachte Schulzeit in Kombination mit ihrem charakteristischen Lächeln, identifizieren wir auch 40 Jahre später die uns gegenüberstehende Person als den alten Schulfreund. Hat diese aber zwischenzeitlich ihr Gehirn von der biologischen auf eine künstliche Form hochgeladen und sich mit der entsprechenden künstlich möglichen Geschwindigkeit weiterentwickelt, dann liegt für diese das gemeinsame Schulerlebnis 40.000 Jahre zurück. Das ruft vermutlich eine ganz andere Reaktion hervor, als wenn es nur 40 Jahre wären. Ob man die ursprüngliche Person dann noch darin erkennen kann, erscheint fraglich.

So wie die Erinnerungen des Raymond Fosca an seine innig geliebte Frau und Kinder fast vollständig verblassten, würde eine Erinnerung und damit eine Reaktion darauf so schwach oder unerwartet anders ausfallen, dass wir Normalsterbliche vermutlich die Person nicht mehr wiedererkennen würden.

Im Jahr 2019 feierte meine Klasse 30-jähriges Maturatreffen, und auch wenn die Haare etwas grauer oder weniger geworden waren und wir mehr Falten und Bäuchlein vorwiesen, so war doch noch immer das bestimmte Lächeln, ein Blick, eine Gang, ein Tonfall zu erkennen, der schon zu Gymnasialzeiten vorhanden war.

Können wir das noch behaupten, wenn wir unsterblich werden und uns Hunderte Jahre später begegnen? Selbst wenn diese Eigenheiten erhalten bleiben, ist die Person dann noch echt? Auf alle Fälle nicht für diejenigen, die am Capgras-Syndrom leiden, bei dem sie glauben, eine ihnen nahestehende Person sei durch einen Doppelgänger ausgetauscht worden.[38] Wie wahrscheinlich ist es, dass wir, wie die Vertreter des russischen Kosmismus glaubten, uns nach unserem Tod Atom für Atom wieder zusammensetzen und ewig leben können?[39]

Unsterblichkeit würde uns vor weitere ethische und moralische Fragen stellen. Ein Superheld wie Superman, der unverletzlich und unsterblich ist, setzt sich nicht wirklich einer Gefahr aus, wenn er wieder einmal die Menschheit vor dem Untergang rettet. Er wäre dann kein Held. Es ist von ihm zu erwarten, dass er uns rettet, weil es für ihn kein Risiko darstellt. Es wäre moralisch verwerflich, wenn er es verweigern würde. Für Superhelden ist das kein Aufwand, sondern ein Kinderspiel. Die Handlungen unsterblicher Götter sind ebenfalls keine Heldentaten. Die griechischen Götter werden von niemandem als mutig bezeichnet. Was haben sie schon zu verlieren?

Können Roboter mutig, heldenhaft sein? Was haben sie schon zu verlieren? Macht genau das uns zum Menschen, dass wir eben Gefahr laufen, unser Leben zu verlieren? Diese alten Göttersagen und Mythen vermitteln uns eine wichtige Botschaft: Nicht nur können wir dem Tod nicht von der Schippe springen, auch menschliche Würde, Freiheit und Heldentum sind mit dem Tod eng verbandelt.

Auch wenn wir heute nur vermuten und mit dem Gedanken spielen können, was Unsterblichkeit oder zumindest Langlebigkeit mit uns machen würde, es sind doch Aufgaben vorstellbar, bei denen sie von Vorteil wären. Eine davon ist die Raumfahrt. Wenn wir zwar nicht unsterblich sein, aber doch beispielsweise 1.000 Jahre leben könnten, dann wäre eine Raumfahrtdauer von 100 Jahren zum nächsten Sonnensystem eine nicht gar so lange Reise.

Affen im Weltraum

In der Eröffnungsszene von Stanley Kubricks Science-Fiction-Klassiker „2001: Odyssee im Weltraum" sieht man – unterlegt mit Richard Strauss' dramatischer Musik „Also sprach Zarathustra" – einen frühen Primaten mit einem Knochen auf ein Skelett einschlagen.

Erste Werkzeuge werden erfunden und das verleiht uns die Macht, das eigene Schicksal in die Hand zu nehmen. Als die Urmenschen eines Morgens eine über Nacht aufgetauchte Stele nahe ihres Schlafplatzes entdecken, beginnt die Sehnsucht nach dem Griff nach den Sternen.

Der theoretische Physiker Sean Carroll vom California Institute of Technology meint, dass es zwei wahrscheinliche Zahlen gibt, wie häufig Intelligenz im Universum vorhanden ist: null oder milliardenfach. Wenn Intelligenz in der Art, wie wir Menschen sie haben, unvermeidlich ist und somit häufig auftritt, müssten wir eigentlich schon von anderen intelligenten Wesen kontaktiert worden sein. Wenn menschliche Intelligenz aber eine Ausnahme ist, dann gibt es genau null andere Intelligenzen „da draußen". Wir wären also allein im dunklen, kalten Universum. Wir hätten nur uns.

Das bedeutet nicht, dass es nicht woanders Lebewesen mit anderer Intelligenz gibt. Vielleicht gibt es auf anderen Planeten Wesen, die ähnlich intelligent sind wie Delfine oder Schimpansen oder Krähen. Delfine, Schimpansen oder Krähen erfinden und entwickeln aber keine Raumschiffe und Werkzeuge, um das Weltall zu erforschen.

Vielleicht aber wurden wir deshalb noch nicht von anderen Intelligenzen kontaktiert oder entdeckt, weil wir für sie nicht mehr als Goldfischgehirne haben. Mit meinen Goldfischen diskutiere ich auch nicht Shakespeares Werke. Der französische Ethnologe Claude Lévi-Strauss unterscheidet zwischen „heißen" und „kalten" Kulturen. Kalte Kulturen, wie manche Stammesgesellschaften in Regenwäldern, verändern ihren Lebensraum und ihre Lebensumstände kaum und ziehen nicht umher. Heiße Kulturen dagegen, insbesondere die europäische, entdecken, erobern und kolonisieren. Wieso sollten außerirdische Kulturen zwangsläufig heiße Kulturen sein?

Sie sind aus Fleisch!

„Sie sind aus Fleisch!"

„Fleisch?"

„Fleisch. Sie bestehen alle aus Fleisch."

„Fleisch?"

„Es gibt keinerlei Zweifel daran. Wir haben etliche von ihnen von verschiedenen Teilen des Planeten eingesammelt, auf unserem Erkundungsschiff auseinandergenommen und durchgetestet. Sie sind vollständig aus Fleisch."

„Das ist unmöglich. Was ist mit den Radiosignalen? Die Botschaften an die Sterne?"

„Sie benutzen Radiowellen, um zu sprechen, aber die Signale kommen nicht von ihnen. Die Signale kommen von Maschinen."

„Und wer hat die Maschinen gemacht? Das sind die, mit denen wir in Kontakt treten wollen."

„Sie haben die Maschinen gemacht. Das ist es, was ich dir sagen will. Fleisch machte die Maschinen."

„Das ist lächerlich. Wie kann Fleisch Maschinen machen? Du willst mich wohl überreden, dass ich an empfindungsfähiges Fleisch glauben soll."

„Überreden will ich dich nicht, aber ich sag's dir. Diese Wesen sind die einzige empfindungsfähige Spezies in diesem Sektor und sie sind aus Fleisch gemacht."

„Vielleicht sind sie wie die Orfolei. Du weißt schon, diese kohlenstoffbasierte intelligente Spezies, die durch eine Fleischphase geht."

„Nein! Sie werden als Fleisch geboren und sterben als Fleisch. Wir haben sie über mehrere Lebenszyklen studiert, die nicht so lange sind. Hast du eine Ahnung, wie die Lebensspanne von Fleisch ist?"

„Erspar mir das. Okay, vielleicht sind sie nur teilweise aus Fleisch. Du weißt doch, so wie die Weddilei. Ein Fleischkopf mit einem Elektronenplasmagehirn darin."

„Nein. Auch daran haben wir gedacht, weil sie Fleischköpfe haben wie die Weddilei. Aber ich sagte schon, wir haben sie untersucht. Sie bestehen durch und durch aus Fleisch."

„Kein Hirn?"

„Da ist ein Gehirn. Nur ist das Hirn auch aus Fleisch. Das versuche ich dir doch schon die ganze Zeit zu sagen."

„Soso – aber was ist denn das, was denkt?"

„Du verstehst mich einfach nicht, oder? Du verweigerst dich dem, was ich dir sage. Das Gehirn denkt. Das Fleisch!"

„Denkendes Fleisch! Du willst wirklich, dass ich an denkendes Fleisch glaube?"

„Ja, denkendes Fleisch. Bewusstes Fleisch. Liebendes Fleisch. Träumendes Fleisch. Das Fleisch ist das Zeugs! Begreifst du jetzt oder soll ich noch mal von vorn anfangen?"

„Du meine Güte! Du meinst es also ernst. Sie sind aus Fleisch gemacht."

„Danke! Endlich! Ja. Sie bestehen wirklich aus Fleisch. Und sie versuchen seit beinahe 100 Jahren, mit uns in Kontakt zu treten."

„Unfassbar. Und was hat dieses Fleisch im Sinn?"

„Zunächst einmal will es mit uns reden. Dann will es vermutlich das Universum erforschen, mit anderen Wesen in Kontakt treten, Ideen und Informationen austauschen. Das Übliche halt."

„Wir sollen mit Fleisch sprechen?"

„Das ist die Idee. Das ist die Botschaft, die sie über Radio senden. ‚Hallo. Ist da jemand? Irgendjemand da?' Diese Art von Dingen."

„Sie reden also wirklich. Sie benutzen Worte, Ideen, Konzepte?"

„Oh ja. Nur dass sie es mit Fleisch machen."

„Ich denke, du hast mir gerade erklärt, sie machen es mit Radiowellen."

„Das tun sie auch, aber was glaubst du denn, was durch das Radio kommt? Fleischgeräusche. Du kennst das doch, wenn man auf Fleisch klatscht oder es schnalzen lässt, dann macht es ein Geräusch? Sie reden, indem sie Fleisch aufeinander klatschen lassen. Sie können sogar singen, indem sie Luft durch das Fleisch pressen."

„Du lieber Himmel. Singendes Fleisch. Das ist zu viel. Was schlägst du also vor?"

„Offiziell oder inoffiziell?"

„Beides."

„Offiziell müssen wir Kontakt aufnehmen, sie willkommen heißen und alle Spezies mit Bewusstsein in diesem Quadranten erfassen, und das ohne Vorurteile, Angst oder Bevorzugung. Inoffiziell schlage ich vor, dass wir unsere Aufzeichnungen löschen und die ganze Sache vergessen."

„Ich habe gehofft, dass du das sagen würdest."

„Es klingt harsch, aber es gibt Grenzen. Wollen wir wirklich Fleisch kontaktieren?"

„Stimme hundert Prozent zu. Was gibt's da schon zu sagen? ‚Hallo, Fleisch. Wie geht's?' Aber wird das klappen? Mit wie vielen Planeten haben wir es hier zu tun?"

„Nur mit einem. Sie können zu anderen Planeten in speziellen Fleischbüchsen reisen, aber sie können nicht lange darin leben. Und weil es eben Fleisch ist, können sie nur durch den C-Weltraum fliegen. Das beschränkt sie auf Lichtgeschwindigkeit und macht die Wahrscheinlichkeit, dass sie je Kontakt aufnehmen, ziemlich klein. Tatsächlich unendlich klein."

„Wir tun also so, als ob niemand im Universum da wäre."

„Genau!"

„Grausam. Aber du hast ja schon gesagt, wer will schon Fleisch treffen? Und was ist mit denen, die wir auf dem Schiff haben, die du untersucht hast? Bist du dir sicher, dass sie sich an nichts erinnern werden?"

„Wenn sie es tun, werden die anderen denken, das sind Gestörte. Wir sind in ihre Köpfe rein und lassen sie glauben, wir seien nur ein Traum gewesen."

„Ein Fleischtraum! Merkwürdig passend, dass wir ein Fleischtraum sind."

„Und wir markieren den ganzen Sektor als unbevölkert."

„Abgemacht. So machen wir es, offiziell und inoffiziell. Der Fall ist geschlossen. Gibt's noch etwas? Irgendetwas Spannendes auf dieser Seite der Galaxie?"

„Ja, eine recht scheue, aber niedliche Wasserstoffkerncluster-intelligenz in einem Klasse-9-Stern in der G445er-Zone. War mit uns vor zwei galaktischen Rotationen in Kontakt und will wieder freundlich sein."

„Die meisten kommen dann doch zur Vernunft."

„Warum auch nicht? Stell dir vor, wie schrecklich kalt das Universum wäre, wenn wir allein wären ..."

TERRY BISSON, „THEY'RE MADE OUT OF MEAT", 1991

---

[1] Great Geek Debates: The Zombie Velocity Test, https://www.wired.com/2010/04/great-geek-debates-the-zombie-velocity-test/

[2] Marvin Minsky: The Emotion Machine: Commonsense Thinking, Artificial Intelligence, and the Future of the Human Mind, Simon & Schuster, 2007

[3] Susan Blackmore, Emily T. Troscianko: Consciousness – An Introduction, Routledge, 2018

[4] Christof Koch: Consciousness – Confessions of a Romantic Reductionist. The MIT Press, 2012

[5] https://de.wikipedia.org/wiki/Emergenz

[6] Susan Blackmore, Emily T. Troscianko: Consciousness – An Introduction, Routledge, 2018

[7] Byron Reese: The Fourth Age. Smart Robots, Conscious Computers, and the Future of Humanity, Atria Books, 2018

[8] https://de.wikipedia.org/wiki/Bindungsproblem

[9] Frans de Waal: Mama's last Hug, W. W. Norton & Company, 2019

[10] https://de.wikipedia.org/wiki/Neuronales_Korrelat_des_Bewusstseins

[11] Chamberlain, D.B.: Babies don't feel pain. A century of denial in medicine. Lecture at the 2nd International Symposium on Circumcision, San Francisco, CA, 1991.

[12] Pain in Babies – Mid 1980s, https://en.wikipedia.org/wiki/Pain_in_babies

[13] Francine Patterson, Eugene Linden: The Education of Koko, Holt, Rinehart and Winston, New York, 1981

[14] https://www.telegraph.co.uk/news/worldnews/northamerica/usa/1357744/Rescue-dogs-depressed-by-vain-search-for-survivors.html

[15] A debate over plant consciousness is forcing us to confront the limitations of the human mind, https://qz.com/1294941/a-debate-over-plant-consciousness-is-forcing-us-to-confront-the-limitations-of-the-human-mind/

[16] David Marr: Vision. A Computational Investigation into the Human Representation and Processing of Visual Information, MIT Press, 1982

[17] No one could see the colour blue until modern times, https://www.businessinsider.com.au/what-is-blue-and-how-do-we-see-color-2015-2

[18] The Invention of Empathy: Rilke, Rodin, and the Art of „Inseeing", https://www.brainpickings.org/2016/12/14/you-must-change-rilke-rodin-empathy/

[19] https://de.wikipedia.org/wiki/Spiegeltest

[20] Foote et al.: „Metacognition in the Rat", in: Publishing in Current Biology 17, 1-5, 20. März 2007. DOI 10.1016/j.cub.2007.01.061

[21] Memory, Consciousness & Coma [Full Talk], Sadhguru at Harvard Medical School, https://youtu.be/w7irEcQHChw

[22] https://lexfridman.com/ai/

[23] After-On Podcast, Episode 26: Donald Hoffman: Reality Isn't, https://after-on.com/episodes/026

[24] Byron Reese: The Fourth Age: Smart Robots, Conscious Computers, and the Future of Humanity, Atria Books, 2018

[25] Judea Pearl: The Book of Why. The New Science of Cause and Effect, Basic Books, 2018

[26] Richard Yonck: Heart of the Machine. Our Future in a World of Artificial Emotional Intelligence, Arcade, 2017

[27] John Brockman: What to Think About Machines That Think. Today's Leading Thinkers on the Age of Machine Intelligence, Harper Perennial, 2015

[28] Sean Carroll: The Nature of the Universe, Life, and Intelligence, https://lexfridman.com/sean-carroll/

[29] Max Tegmark: Leben 3.0: Mensch sein im Zeitalter Künstlicher Intelligenz, Ullstein Hardcover, 2017

[30] Pop Star: At NVIDIA, Popcorn Delivery Robot Bears Kernel of Innovation, https://blogs.nvidia.com/blog/2019/02/08/popcorn-delivery-robot/

[31] Early Rider Moments: „Is There No One Driving That Car?", https://www.youtube.com/watch?v=QqRMTWqhwzM

[32] My Jibo Is Dying and It's Breaking My Heart – https://www.wired.com/story/jibo-is-dying-eulogy/

[33] https://www.youtube.com/watch?v=6itruDO57bk

[34] https://de.wikipedia.org/wiki/Uncanny_Valley

[35] As AI gains human traits, will it lose human trust?
https://www.ey.com/en_gl/disruption/behavioral-design-megatrend

[36] Frans de Waal: Mama's last Hug, W. W. Norton & Company, 2019

[37] https://de.wikipedia.org/wiki/Detroit:_Become_Human

[38] https://de.wikipedia.org/wiki/Capgras-Syndrom

[39] https://de.wikipedia.org/wiki/Kosmismus

KAPITEL 8

Das Gorilla-Problem

„Der Denkende ist vom Strom seiner Gedanken nicht zu trennen."

DAVID GELERNTER[1]

Künstliche Intelligenz wird uns töten! Glaubt man der ungewöhnlichen Allianz von bekannten Wissenschaftlern, Philosophen und Unternehmensgründern, dann stellt künstliche Intelligenz die größte Gefahr für die Menschheit seit der Kernkraft dar. Stephen Hawking warnte noch vor seinem Tod vor den Gefahren. Nick Bostrom, Philosophieprofessor in Oxford und Autor des meinungsbildenden Werkes „Superintelligenz", bringt eine Reihe von Beispielen, anhand derer er die Gefahren künstlicher Intelligenz aufzeigt. Selbst Elon Musk, Chef von Tesla und SpaceX, ansonsten kein Feind von neuen Technologien, warnt eindringlich davor. Max Tegmark, Physiker, KI-Forscher und Mitgründer der Asilomar-Konferenz zu KI, zählt in seinem Buch „Leben 3.0" eine Reihe von Szenarien auf, wie sich KI auf die Menschheit auswirken kann, und die überwiegende Zahl der Szenarien ist pessimistisch. Hier sind Tegmarks KI-Nachwirkungsszenarien:

- Libertäres Utopia
- Wohlwollender Diktator
- Egalitäres Utopia
- Torwächter
- Schutzgott
- Versklavter Gott
- Eroberer
- Nachkomme

- Zoowärter
- 1984
- Rückfall
- Selbstzerstörung

Die KI-Skeptiker lassen selbst in ihren Buchtiteln keinen Zweifel daran, wie es ausgehen wird. James Barrat nimmt in „Our Final Invention: Artificial Intelligence and the End of the Human Era" kein Blatt vor den Mund. Nur: Stimmt denn das so? Oder handelt es sich um eine Überreaktion? Abschließend kann das nicht beantwortet werden. Künstliche Intelligenz ist nicht die erste Technologie, von der Unheilsverkünder prophezeiten, sie würde uns ins Verderben stürzen. Ich stelle mir die Skeptiker vor, die zum ersten Mal Feuer in Händen von Menschen aus dem eigenen Stamm sahen und vor den Gefahren warnten. Die sicherlich letzte Iteration war Kernenergie – und das, wie wir nur zu leidvoll erfahren mussten, nicht ganz zu Unrecht.

Wie sich Fortschritt auf Lebewesen auswirken kann, die ihn angestoßen haben, erklärt das *Gorilla-Problem* anschaulich. Und nein, es handelt sich dabei nicht um den ebenfalls bekannten und so populären *Gorilla im Raum*, bei dem Probanden Basketballspielern zusehen müssen und dabei zählen sollen, wie oft der Ball den Spieler wechselt, und dabei den durch das Bild marschierenden Menschen im Gorillakostüm übersehen.

Wie uns Charles Darwin eindrücklich darlegte, haben Menschen und Menschenaffen dieselben Vorfahren. Wir Menschen sind salopp gesagt ein Ergebnis der biologischen Weiterentwicklung von Gorillas. Aus Gorillas ging eine Spezies hervor, die klüger war und damit Werkzeuge schaffen konnte, die denen von Gorillas überlegen waren. Während die Menschen sich rasch weiterentwickelten, blieben Gorillas technologisch und biologisch betrachtet auf ihrer Entwicklungsstufe stehen.

Und genau das schafft ein Problem für die Gorillas. Menschen haben ihre Intelligenz nicht zum Vorteil aller Arten genutzt, sondern setzen sie ein, um, ob beabsichtigt oder nicht, Gorillas zu töten und auszurotten. Im Hinblick auf die eingangs erwähnten KI-Skeptiker sind deren Befürchtungen berechtigt. Eine technologisch fortgeschrittene Zivilisation wird die weniger entwickelte vernichten. Mit dem Gorilla-Problem ist vor allem der Kontrollverlust gemeint. Gorillas „haben uns gemacht"; wir Menschen haben nun die Kontrolle übernommen und Gorillas die Kontrolle verloren. Wir „machen" die KI und verlieren die Kontrolle darüber. Damit KI funktioniert, müssen wir ihr einige Kontrolle abgeben. Nur: Wie viel Kontrolle ist das? Übergeben wir der KI so viel Kontrolle, dass wir von den Kapitänen unseres Schiffes zu Passagieren werden?

Davon sind wir noch weit entfernt, denn das würde voraussetzen, dass solche künstliche Intelligenz weiß, wie man Gesellschaften lenkt, erhält und weiterentwickelt. Und nicht einmal wir haben davon wirklich eine Ahnung. Stuart Russell ist der Meinung, dass die Philosophie sich bislang zu wenig mit der Unsicherheit in Bezug auf unser Wissen über unsere Ziele beschäftigt hat. Es scheiden sich beispielsweise die Geister, was eine gerechte Gesellschaft ist und wie wir dahin kommen. Zu beiden Themenkomplexen, dem Ziel und den Methoden auf dem Weg dorthin, wissen wir nur wenig.

In der Vergangenheit betrachteten wir bei der Gefahr von Massenvernichtungswaffen vor allem ABC-Waffen – atomare, biologische und chemische –, die fähig sind, die Menschheit nachhaltig zu zerstören. In einer Welt, die auf Computer, Software und Maschinen angewiesen ist, kommen neuerdings auch Cyberwaffen hinzu. Virensoftware und KI, die Kraftwerke, Wasserversorgung, Krankenhäuser und andere lebensnotwendige Einrichtungen lahmlegen können, stellen eine neue Art der Bedrohung dar.

Superintelligenz, die uns dominieren oder sogar ausrotten wird, ist immer ein guter Stoff für einen Film oder einen Roman. Wir lieben gute Geschichten, und durch Geschichten lernen wir auch.

Geschichten erzählen

Der Wesir des persischen Königs Schahriyar war geschockt, als er den Wunsch seiner Tochter vernahm. Sie wollte sich dem König als Ehefrau anbieten. Was unter normalen Umständen eher zur Fragestellung führt, wie das geschehen solle und wie das Leben der eigenen Tochter als Königin wäre, rief beim Wesir blankes Entsetzen hervor. Schahriyar war nämlich ein verrückter und gefürchteter Despot, der seine Ehefrauen nur für einen Tag hatte und nach der Liebesnacht umbringen ließ. Jeden Tag musste eine „neue Ehefrau" herangebracht werden. Dabei war der König nicht immer so gewesen. Als er eines Tages seine Frau in den Armen eines Negersklaven ertappte, ermordete er diese aus Eifersucht und verletztem Stolz, um dann selbst den Verstand zu verlieren. Nachdem seinem Bruder Ähnliches widerfahren war, war Schahriyar auf Frauen überhaupt nicht mehr gut zu sprechen. Nach einer langen Irrfahrt durch sein Reich war er in seinen Palast zurückgekehrt und hatte Rache an den Frauen geschworen.

Der Wesir wusste also nur zu gut, was seine Tochter als „Ehefrau" des Königs erwarten würde. War er doch zuständig dafür, dem König jeden Tag eine Frau aus dem Reich zuzuführen, nur um sie am nächsten Morgen tot aufzufinden. Der Wesir flehte seine Tochter inständig an und versuchte, sie davon abzuhalten, doch alle Drohungen und Bitten waren umsonst. Denn Schahrasad (auch als Scheherazade bekannt) wusste, worauf sie sich einließ. Sie hatte das Treiben des Königs und die Mitschuld ihres Vaters nicht länger mitansehen können und einen Plan geschmiedet, der die Frauen des persischen Reiches von diesem Schicksal befreien sollte. Nach der ersten Liebesnacht begann sie, dem König eine Geschichte zu erzählen, die sie jedoch nicht zu Ende erzählte, als der Tag anbrach. Der König wollte unbedingt das Ende der Geschichte erfahren, doch sie versprach ihm die Auflösung in der nächsten Nacht. Viele Tage ging das so, bis der König Schahrasads Finte durchschaut hatte und sie und die Frauen von ihrem Schicksal befreite. Er hatte seine

Lebenslust wiedergewonnen und seinen Hass auf die Frauen verloren.

In der Geschichtensammlung „Tausendundeine Nacht" wird eine der menschlichsten Eigenschaften thematisiert. Wir lieben es, Geschichten zu hören und zu erzählen. Unsere Gehirne sind darauf trainiert, sie zu verstehen, und wir behalten sie besser in Erinnerung als Daten und Fakten. Durch Geschichten lernen wir Verhaltensweisen und Moral und sie gestatten uns, Erfahrungen anderer Menschen mitzuerleben. Sie werden auch als „Kino im Kopf" oder „analoge virtuelle Realität" bezeichnet, weil sie uns aus unserer eigenen Wirklichkeit in die anderer hineinversetzen.

Geschichten erlauben uns auch, die aufgeworfenen Dilemmata und Fragen zu debattieren, alternative Schlüsse und die Motivationen der Protagonisten zu diskutieren. Dabei gibt es, je nachdem, welcher Theorie wir Glauben schenken wollen, eigentlich nur zwischen sechs und 36 verschiedene Storyplots, Forschern der Vermont University zufolge sind es lediglich sechs.[2]

Einige der Storyplottypen sind der Held, der sich auf den Weg zu einem Abenteuer macht und alle Schwierigkeiten überwindet („Herr der Ringe", „Sein letzter Lauf"), die Liebenden, denen Hindernisse in den Weg geworfen werden („Romeo und Julia"), oder die zwei Helden, die sich nicht ausstehen können, aber zusammenarbeiten müssen („Tango und Cash").

Als zu Weihnachten 2004 Thailand von einem Tsunami verwüstet wurde, der Hunderttausende Todesopfer forderte, war eine Insel mehrere Tage nicht erreichbar und keine Kommunikation mit den Bewohnern möglich. Die Behörden rechneten mit dem Schlimmsten. Die Insel Simeulue mit 78.000 Einwohnern lag mit 60 Kilometern sehr nah beim Epizentrum des Erdbebens, das den Tsunami heraufbeschwor, viel zu nah, als dass Tsunami-Warnsysteme die Menschen dort rechtzeitig hätten benachrichtigen können. Doch die Inselbewohner hatten als Kinder den Geschichten, Gesängen, Schlafliedern und Gedichten vom „Smong" – wortwörtlich „Tsunami" – gelauscht.

Wenn das Meer sich merkwürdig verhalten sollte, stelle keine Fragen, blicke nicht zurück, sondern lauf so rasch wie möglich den Berg hinauf. Das war die Botschaft dieser Folklore.

Weil sie diese Folklore-Geschichten kannten, reagierten die Einwohner sofort, als sie die Anzeichen sahen. Von den 78.000 Bewohnern starben nur sieben, alle anderen hatten sich sofort auf die Anhöhen gerettet.[3] Durch Geschichten lernen wir, durch Geschichten überleben wir.

Deshalb verwenden Autoren, die vor allem daran interessiert sind, selber klug zu klingen, Fakten und viele klug klingenden und komplizierten Worte. Diejenigen Autoren, die wollen, dass ihre Leser die Inhalte leichter verdauen und besser im Gedächtnis behalten, greifen auf Geschichten zurück, die diese Fakten illustrieren. Auch wenn wir alle Fakten vergessen haben, eine gute Geschichte merken wir uns sehr lange.

Warum beispielsweise ist die Geschichte, dass Superintelligenz uns bedroht und zerstören wird, so ansprechend? François Chollet sagte dazu in einem Gespräch mit Lex Fridman, dass es eben eine gute Geschichte sei. Und wir alle brauchen Geschichten, um der Welt Struktur zu geben. So wie Jules Verne mit seinen Geschichten die Fantasie seiner Mitmenschen anregte und ihr Interesse für die Zukunft weckte, so sollten auch wir Geschichten zu KI erzählen, die uns nicht nur die Strukturen und den Ausblick auf Schreckensvisionen, sondern eine vielversprechende Zukunft mit vielen Möglichkeiten aufzeigen. Einer Zukunft, deren Ausgestaltung wir in der Hand haben.

Freier Wille

„Wir müssen an den freien Willen glauben,
wir haben gar keine andere Wahl."

ISAAC BASHEVIS SINGER

Jeder Organismus, der gelegentlich in unerwarteter Weise reagieren kann, erhöht seine Überlebenschancen, wenn er auf der Suche nach einem Beutetier ist oder sich vor einem Raubtier retten muss. Das bedeutet somit, dass menschliches Handeln nicht vorhergesagt werden kann. Auch wenn das Universum um uns herum den Gesetzen der Physik folgt, so ist doch ein ausreichendes Maß an Unsicherheit eingebaut, sodass langfristige Vorhersagen beispielsweise über die Planetenumlaufbahn unmöglich sind. Determinismus gibt es somit nicht. Auf der anderen Seite ist das Gegenteil, der Indeterminismus, also der Zufall, kein Ersatz für freien Willen. Beim freien Willen müsste der Geist den Körper kontrollieren. Und das ist nur eingeschränkt der Fall. Wenn wir bei einer Wanderung vor Schreck einer Schlange ausweichen, dann hat der Körper rascher reagiert als der Geist. Die Reaktion geschieht, bevor die Information das Gehirn erreicht hat. Tatsächlich deuten Experimente darauf hin, dass der freie Wille eine Illusion ist. Selbst bei nicht überlebenswichtigen Reaktionen auf Aufgaben reagieren die Augen um Millisekunden rascher als das Hirn.[4]

Die Psychologen Dan Wegner und Thalia Wheatley veröffentlichten bereits 1999 eine bahnbrechende Studie, in der sie die These aufstellten, dass die traditionelle Betrachtung von Entscheidung und Handlung falsch ist. Eine Person trifft nicht zuerst eine Entscheidung, was sie machen wird, und dann führt sie die entsprechende Handlung aus. Wegner und Wheatley argumentieren vielmehr, es sei genau umgekehrt. Zuerst führt der Mensch die Handlung aus, und erst dann macht er sich vor, dass er diese Entscheidung für die Handlung vorher getroffen hat.[5]

Andere Wissenschaftler konnten das durch Versuche belegen. Die Yale-Psychologen Adam Bear und Paul Bloom ließen Probanden auf einen zweigeteilten Monitor schauen, wobei das linke Auge etwas anderes sah als das rechte. Auf dem Monitor wurden Zahlen dargestellt, die unterschiedlich sein konnten. Als die Augen dann auf die andere Monitorhälfte schauten, um die Zahlen zu vergleichen, stellte sich heraus, dass die Augenbewegung Millisekunden vor dem bewussten Befehl aus dem Gehirn kam. Die Menschen haben zwar das Gefühl von freiem Willen, aber laut diesen Ergebnissen gibt es diesen nicht.[6] Das Gehirn scheint für sich nachträglich zu reklamieren, dass es diese Idee hatte und nicht der Körper.

Der amerikanische Psychologe Roy Baumeister meinte dazu: „Vielleicht ist ironischerweise freier Wille notwendig, damit Menschen Regeln befolgen können." Oder damit sie gut und böse sein können.

Wo auch immer die Diskussion, ob es freien Willen gibt oder nicht, uns hinführt, wir sollten aus ganz praktischen Gründen unser Leben so führen, als ob es ihn gäbe. Problematisch wird es dann, wenn wir mit Maschinen einen Determinismus in unsere Welt bringen, der uns das Leben vorbestimmt. Das wäre das Ende von Selbstbestimmung und freiem Willen. Der Philosoph Baruch de Spinoza sagte: „Erfahrung lehrt uns nicht weniger klar als Logik, dass Menschen sich als frei betrachten, einfach weil sie sich über ihre Handlungen im Klaren sind und sich über die Ursachen, die diese Handlungen bestimmen, nicht im Klaren sind."

Wenn wir allerdings nun unser Denken und unsere Handlungen an intelligente Maschinen auslagern, dann verfallen wir möglicherweise in diese sechs Eigenschaften von Passivität, verringerter eigener Tätigkeit, verringerter Verantwortung, erhöhter Unwissenheit, Loslösung und erhöhter Abhängigkeit.

Zwei Forderungen sollten wir zum Schutz von Menschen stellen:[7]

1. Freiheit von der Programmierung, Konditionierung und Kontrolle, die von anderen designt wird.
   Wir nennen das in unserer techno-sozialen Welt die „Freiheit, offline zu sein".

2. Freiheit des Willens und der eigenen Tätigkeit.
   Wir nennen das in unserer techno-sozialen Welt die „Freiheit vom designten Determinismus".

Pfui, böse KI!

Es scheint wenig überraschend, dass der Cousin des britischen Komikers Sacha Baron Cohen, dem es durch Verkleidungen und gekonnte Charakterimpressionen mit seinen Kunstfiguren Borat oder Ali G oft gelingt, nichtsahnende Opfer humoristisch hereinzulegen, sich mit Bosheit wissenschaftlich auseinandersetzt. Simon Baron-Cohen, Psychologe in Cambridge, studiert Persönlichkeitsstörungen wie Psychopathie, Borderline, Narzissmus und Autismus und wie sie sich als Böses auswirken. Böse zu sein hängt stark mit der Fähigkeit zu Empathie zusammen, aber nicht so, wie wir meinen. Personen mit den oben genannten Persönlichkeitsstörungen zeigen laut Gehirnscan, wenn sie Bilder oder Videos von anderen Menschen sehen, die Leid erfahren, keine oder nur eine unterdrückte Reaktion in den zuständigen Gehirnregionen.[8] Das bedeutet nicht, dass alle Betroffenen automatisch zu Psychopathen werden. Der Fokus dieser Menschen ist auf sich selbst gerichtet. Wichtig ist, in welche Richtung Empathie ausschlägt. Baron-Cohen definiert das als positive oder negative Empathie. Negative Empathie manifestiert sich als böse. Ein Psychopath zieht Lust daraus, andere leiden zu sehen. Er weiß ganz genau, was er tut. Ein Narzisst bemerkt die anderen gar nicht, weil er zu sehr mit sich beschäftigt ist, sämtliche Reaktionen auf sich bezieht und die Aufregung nicht versteht, wenn er sich wieder einmal ungerecht behandelt fühlt. Empathie ist ein ihm völlig unverständliches Konzept. Ein Autist wiederum ist so fokussiert auf seine Aufgabe, dass er gelegentlich unbeabsichtigt anderen Schaden zufügt. Sobald er das erkennt, bedauert er es aber zutiefst. Auf dem Spektrum zwischen negativer und positiver Empathie nimmt diese hier den Wert null ein.

Jeder von uns hat ein bisschen von allem in sich, aber meist halten die verschiedenen „Module" die Balance. Bedürfnisse sorgen dafür, dass wir sie stillen. Wenn wir hungrig sind, essen wir etwas. Wenn das aber bedeuten würde, dass wir jemandem das Essen stehlen, dann brechen wir gesellschaftliche Normen. Stehlen wir es jemandem, der genug hat, ist es vielleicht nicht ganz so schlimm. Stehlen wir es einem hungernden Kind, dann sind wir mit ziemlicher Sicherheit böse.

Bosheit entsteht somit aus dem Konflikt zwischen der Befriedigung eigener Bedürfnisse und dem Missachten der Bedürfnisse anderer beziehungsweise dadurch, dass wir ihnen sogar Leid zufügen und gesellschaftliche Normen brechen. Ein Roboter muss auch die Möglichkeit haben, seine Bedürfnisse zu befriedigen. Seine Batterien aufladen, sich reparieren, neue Daten zum Überleben sammeln. Wenn der Roboter aber kontinuierlich die Anweisungen seiner „Module" ignoriert, die ihn davon abhalten wollen, ohne Rücksicht auf andere seine eigenen Bedürfnisse zu befriedigen, dann haben wir einen bösen Bot vor uns.

Die Beschäftigung mit böser KI könnte aber doch sinnvoll sein, wie wir bereits gesehen haben. Sie erlaubt uns womöglich, rascher Datensätze und Algorithmen zu identifizieren, die mangelhaft sind und inhärente Vorurteile aufweisen, wie wir schon bei Norman und seinen Interpretationen der Rohrschachtests gelernt haben.[9]

[1] David Gelernter: Dream Logic, the Internet and Artificial Thoughts; Edge Foundation, 22. Juni 2010, https://www.edge.org/conversation/david_gelernter-dream-logic-the-internet-and-artificial-thought

[2] Andrew J. Reagan, Lewis Mitchell, Dilan Kiley, Christopher M. Danforth, Peter Sheridan Dodds: The emotional arcs of stories are dominated by six basic shapes, EPJ Data Science20165:31 – https://arxiv.org/pdf/1606.07772v2.pdf

[3] https://medium.com/@jacopopasotti/the-smong-story-feaeb6a45e10

[4] Andrea Lavazza: Free Will and Neuroscience. From Explaining Freedom Away to New Ways of Operationalizing and Measuring It. Frontiers in Human Neuroscience, 2016; 10: S. 262, https://www.ncbi.nlm.nih.gov/pmc/articles/PMC4887467/

[5] Daniel M. Wegner, Thalia Wheatley: Apparent mental causation. Sources of the experience of will, in: American Psychologist, Juli 1999, https://citeseerx.ist.psu.edu/viewdoc/summary?doi=10.1.1.188.8271

[6] Adam Bear, Paul Bloom: A Simple Task Uncovers a Postdictive Illusion of Choice, in: Psychological Science OnlineFirst, 28. April 2016, https://pdfs.semanticscholar.org/197f/2826271a49fa9a88c3f3057b3f91497593e4.pdf

[7] Brett Frischmann, Evan Selinger: Re-Engineering Humanity,
Cambridge University Press, 2018

[8] Simon Baron-Cohen: The Science of Evil: On Empathy And The Origins Of Cruelty,
Basic Books, 2011

[9] http://norman-ai.mit.edu/

KAPITEL 9

Kreativitätsexplosion

„Denken ist gut.
Verstehen ist besser.
Kreativität ist am besten."

THOMAS BASS

Im Oktober 2018 versteigerte das Londoner Auktionshaus Christie's ein auf den ersten Blick wenig spektakuläres, irgendwie unfertig aussehendes Gemälde. Es handelte sich um das Porträt eines gewissen Edmond Belamy, dessen rundliches Gesicht aus einem dunklen Anzug mit weißem Hemdkragen herausragte. Die priesterliche Kleidung und der Malstil verorten die Entstehung des Gemäldes eindeutig im 18. Jahrhundert. Das Werk wurde für den überraschend hohen Preis von 432.500 Dollar verkauft, immerhin das 45-Fache des Ausrufungspreises.[1]

Welcher von Christie's unterschätzte Künstler aus dem 18. Jahrhundert war da so begehrt? Der Meister hatte das Werk signiert, doch der kursive Schriftzug im rechten unteren Eck bereitete den Kunstexperten Kopfzerbrechen. Dort stand nämlich Folgendes:

$$\min_G \max_D E_x \left[\log(D(x)) \right] + E_z \left[\log (1 - D(G(z))) \right]$$

Abbildung 6

Edmond Belamy © Obvious

Hatte sich da jemand einen Scherz erlaubt, so wie der britische Künstler Banksy, der erst zwei Wochen zuvor ein Gemälde im Auktionshaus Sotheby's publikumswirksam geschreddert hatte? Gab es da einen Nachahmer, der so ein wertvolles Meistergemälde aus dem 18. Jahrhundert beschädigt hatte? Letzteres wäre schwer möglich gewesen. Bei dem Werk handelte es sich zwar um ein Original, das aber nicht vor mehr als 200 Jahren geschaffen worden war. Der Schöpfer war ein

KI-System gewesen, das wiederum vom Pariser Künstlerkollektiv Obvious erstellt worden war.[2] Fotos von 15.000 Porträts, die zwischen dem 14. und 20. Jahrhundert gemalt worden waren, wurden in das Maschinenlernsystem eingespeist, und anhand dieser Vorlagen schuf der „Generator" eine Reihe von Porträts der fiktiven Belamy-Familie. Die Signatur des „Künstlers" ist Teil der Formel, die der KI-Algorithmus zur Erstellung eines Werkes verwendet.

Damit das Gemälde täuschend echt wirkt, kommt nach dem Generator ein sogenannter „Discriminator" zum Einsatz, der in der Lage ist, Unterschiede zwischen den Originalen und dem neu geschaffenen, derivativen Werk zu erkennen. Der Discriminator übernimmt die Aufgabe des Menschen beim Turing-Test. Wenn er meint, ein echtes Werk und keine Nachahmung vorliegen zu haben, dann ist der Test bestanden.

Auch auf der anderen Seite des Atlantiks verwenden Forscher KI-Systeme, um Kunst zu schaffen. Ahmed Elgammal, Direktor des Laboratoriums für Kunst und künstliche Intelligenz der Rutgers University in New Jersey, arbeitet an CAN, einem System, das nicht nur derivative, sondern wirklich neuartige Kunst schafft.

Die künstlerische Ader – oder sagt man da „das künstlerische Kabel"? – von KI-Systemen beschränkt sich aber nicht nur auf Gemälde. Auch an Musik und selbst an Drehbüchern hat sich künstliche Intelligenz bereits versucht. Artificial Intelligence Virtual Assistant, oder kurz AIVA, komponiert Musik.[3] Das Opus 23 „Letz make it happen" anlässlich des Luxemburger Nationalfeiertags, der zugleich auch mit dem Geburtstag des Großherzogs zusammenfällt, wurde 2017 vom heimischen Symphonieorchester und Chor aufgeführt. Zum allgemeinen Wohlgefallen des Publikums, dessen Reaktion zwischen Bewunderung und Schrecken schwankte.[4]

Anstelle von Gemälden wird AIVA mit großen Sammlungen von Partituren menschlicher Komponisten gefüttert und erstellt dann daraus neue Musik. Egal ob es Orchesterwerke, Klavierstücke, Videospielmusik oder Hintergrundmusik für Einkaufszentren sein soll, AIVA liefert. Und das schnell und billig. Auch wenn das Stück für Musikliebhaber doch eher wie ein Dahinplätschern ohne richtige Höhepunkte klingt, so lässt sich doch das Potenzial erkennen.

Die Gründer von AIVA, die Brüder Pierre und Vincent Barreau, wollen damit nicht nur die Schaffung von Musik demokratisieren und auch denen, die kein Musikinstrument spielen, dazu verhelfen, Musik zu schaffen, sondern AIVA selbst als Musikschaffende zu Ehren verhelfen. Und da sind die Barreaus auf dem besten Weg. AIVA wurde 2016 als erste Maschine der Titel „Komponist" von der Gesellschaft der Musiktexter, Komponisten und Verleger (SACEM), dem französischen Gegenstück zur deutschen GEMA, verliehen. Diese Verleihung führt zu weiteren Diskussionen. Kann eine Maschine überhaupt Rechteinhaber sein? Die Gesetze und Rechtsprechung zu „geistigem Eigentum" sollen dem Inhaber helfen, von der Schöpfung zu profitieren, und andere davon abhalten, sie zu verwenden. Heute hat beispielsweise auch ein Filmstudio die Rechte an dem kreativen Werk, insofern könnte auch eine Maschine zur juristischen Person werden und Rechte an ihren Schöpfungen halten.

Ein anderes Komponistenprogramm namens Emmy, das vom amerikanischen Komponisten und Wissenschaftler David Cope entwickelt wurde, kann Musikstile von Komponisten perfekt imitieren und darauf aufbauend „neue Werke" dieses Komponisten schaffen. In einem Blindvergleich konnten selbst Musikexperten nicht nur die Originale nicht von der Nachahmung unterscheiden, sie schrieben der KI-komponierten Nachahmung sogar mehr Emotion und Tiefe zu als den Originalen.[5] Der imitierte Komponist war übrigens Frédéric Chopin.

Nicht nur klassische Musik steht unter dem Eindruck von KI-Systemen. Mit dem „Continuator" schuf der Franzose François Pachet ein Jazz-Programm. Als Direktor des Kreativitätsforschungslaboratoriums des Musikstreaming-Dienstes Spotify hat er nicht nur Zugang zu einer riesigen Bibliothek an digitalisierten Musikstücken, sondern kennt auch die Musikvorlieben von Hörern. Er fütterte sein Programm

Continuator mit den Riffs von Jazz-Musikern und ließ es Wahrscheinlichkeiten berechnen, welche Töne und Riffs als Nächstes kamen. Das Ergebnis ließ er Jazz-Musikern vorspielen, die dazu spielten. Einer, der mit Continuator als Begleiter spielte, war der zeitgenössische Jazz-Pianist Bernard Lubat, der sichtlich beeindruckt war. Das System hatte ihm Ideen gezeigt, die ihn selbst Jahre in der Entwicklung gekostet hätten. Er hinterfragte nicht das Wissen und Können des Systems, er nahm es ungefragt an und lernte eine ganze Menge.

Ein anderes neuronales Netzwerk namens Jetson wurde mit Science-Fiction-Filmen und -Serien gefüttert und an das Schreiben von Drehbüchern herangelassen. Und nicht nur das; das zugegebenermaßen gewöhnungsbedürftige Ergebnis wurde 2019 komplett mit menschlichen Schauspielern verfilmt unter dem Titel „Sunspring".[6]

Wer aber ist wirklich der Künstler von Werken wie dem Porträt von Edmond Belamy oder der Symphonie „Letz make it happen"? „Wenn der Künstler derjenige ist, der das Werk schafft, dann ist es das KI-System", meint Hugo Caselles-Dupré vom Künstlerkollektiv Obvious. „Wenn der Künstler aber derjenige ist, der die Vision bestimmt und welche Botschaft das Werk vermitteln soll, dann sind wir es." Auch Elgammal stimmt dem zu. Die Antworten gebe der Computer, aber die Fragen stelle der Mensch.

Reicht Neuartigkeit aus, damit Kunst entsteht? Nicht, wenn wir uns die Definition von Kreativität ansehen. Kreativität ist der Antrieb, etwas zu schaffen, das neu ist, das überrascht und das einen Wert hat. Wert ist dabei nicht monetär gemeint oder im Sinne von nützlich. Es soll für Menschen so erscheinen, dass ohne dieses Werk die Welt ärmer wäre. Der materielle Wert von Notre-Dame ist egal. Das Symbol, für das Notre-Dame steht, nämlich als Kunstwerk und Zeugnis menschlichen Schaffens, als Brücke zu den Menschen der Vergangenheit und vieles mehr, das ist es, was den Wert ausmacht.

Einen jeden Computer kann ich relativ einfach programmieren, etwas Neuartiges zu schaffen. Aber dass das so Geschaffene überrascht oder Wert haben wird, ist kaum zu erwarten. Etwas Neues, das die

Art verändert, wie wir etwas erfahren, erfassen oder darüber denken, wird von uns als wertvoll anerkannt und dient uns als Inspiration.

Kant bezeichnete das in seiner „Kritik der Urteilskraft" als „exemplarische Originalität", wenn ein originaler Schöpfungsakt zur Inspiration für andere wird.

Kreativität ist etwas, was uns die Evolution als Code in unseren Gehirnen mitgegeben hat. Wie Kreativität funktioniert, beschäftigt die Menschen seit Langem. Der Zufall ist dabei ein wichtiges Element. Leonardo da Vinci schrieb in einer Abhandlung über die Malerei, wie selbst ein auf die Leinwand geworfener schmutziger Lappen Anstoß für eine Idee sein kann. Vielleicht aber ist Kreativität auch sehr viel mehr algorithmen- und regelbasiert, als wir meinen – und uns eingestehen wollen.

Jedes Unternehmen, das etwas auf sich hält, hat ein Innovationsprogramm gestartet und will Mitarbeiter dazu bringen, „kreativ zu sein" und die „nächste Innovation zu schaffen", die das Unternehmen „in die Zukunft bringt". Man kämpft aber dann mit den internen Prozessen, die auf Plan- und Messbarkeit ausgelegt sind und Innovation und Kreativität damit diametral entgegenstehen. Kreativität zu befehlen ist genauso unmöglich wie Spontaneität zu planen.

Margaret Boden, Professorin für kognitive Wissenschaften, unterscheidet zwischen drei Arten von Kreativität:

„Entdeckende Kreativität" geht vom Bestehenden aus und versucht, die Randfälle und die Lücken zu finden sowie die Grenzen des Bekannten zu erweitern. In der Start-up-Welt geschieht das beispielsweise, indem man eine Idee wie das Vermieten von Zimmern von privat an privat, wie es Airbnb begonnen hat, auch auf andere Dinge überträgt. Kann ich Garagenplätze so vermieten? Oder Abstellräume? Oder vielleicht Hundehütten?

Boden schreibt 97 Prozent aller menschlichen Kreativität diesem Typus zu. Da von Bekanntem und Bestehendem ausgegangen wird, können auch Computer ziemlich gut die Lücken und Randbereiche erfassen und entdeckend kreativ sein. Auch wenn das Ergebnis neu sein wird, so wird es eher wenig überraschend sein oder viel an zusätzlichen Wert schaffen.

Die zweite Form ist die „kombinatorische Kreativität", bei der zwei oder mehr verschiedenartige, bereits bestehende Konzepte in Einklang gebracht werden. Nehmen wir die Softwareindustrie als Beispiel. Vor Jahren kaufte man ein Programmpaket wie Microsoft Office in einer Schachtel, in der sich Disketten oder CDs befanden, die man dann auf seinem Computer installierte. Heute gibt es neue Ansätze, wo man entweder gar nichts für eine Basisversion desselben Programmpakets zahlen muss – das sogenannte Freemiummodell – oder wo man, um in den Genuss der erweiterten Funktion zu kommen, ein Abonnement eingeht und monatlich oder jährlich zahlt. Wenn wir nun Freemium auf eine andere Industrie umlegen, dann kommen wir zu kombinatorischer Kreativität. Legen wir Freemium beispielsweise auf ein Restaurant um, dann würde das Essen nichts kosten und wir müssten überlegen, wie wir mit dem Restaurant Geld verdienen. Oder wir führen ein Abonnementprogramm ein: Wir zahlen monatlich eine Flatrate für das Restaurant und können so viel essen, wie wir wollen.

In der Kunst können wir zwei verschiedene Stile kombinieren und beispielsweise klassische Musik mit Pop zusammenbringen. Rondo Veneziano und ähnliche Gruppen haben das so gemacht. Bei Fashiontech wird in Kleidung Elektronik genäht, die dann zum Beispiel biometrische Daten der Person messen kann, anzeigt, wann das Kleidungsstück zu waschen wäre, oder vielleicht Warnlichter für das Tragen auf Straßen in der Dunkelheit integriert hat.

Auch die Entwicklung von Analogien fällt unter diesen Typus, zum Beispiel Kredithaie. Elektronen sind als die Planeten des Atomkerns vorstellbar, oder wie die bayerische Kabarettistin Monika Gruber in einer ihrer Nummern ihre Erregtheit beim Hören von Komplimenten italienischer Männer beschreibt: „Dann brumme ich wie ein Trafohäusl." Das setzt die Fähigkeit voraus, Wissen und Strukturen von einer Domäne in eine andere zu übertragen.

Die spannendste und zugleich am schwierigsten zu erreichende Form von Kreativität ist allerdings die „transformierende Kreativität". Diese hat das Potenzial, das Denken von Menschen zu ändern, indem sie einen neuen Rahmen und eine neue Struktur vorgibt. In der Physik war das die Relativitätstheorie, die plötzlich ganz neue Pfade, Richtungen und Disziplinen eröffnete. Der Komponist Arnold Schönberg hob mit der Atonalität Musik in eine neue Dimension, die Menschen überdenken ließ, wie Musik gemacht werden kann. Und das iPhone hat nicht nur die Telefonindustrie auf den Kopf gestellt und einen neuen, viele Milliarden schweren Markt geschaffen, es bildete auch die Grundlage für darauf aufbauende Industrien, die ohne Smartphones nicht möglich gewesen wären. Der Transportnetzwerkdienstleister Uber, die Dating-Plattform Tinder oder Pokémon Go als Anwendung, die massiv augmentierte Realität einsetzt, wären ohne iPhone unvorstellbar gewesen.

Diese Definition von Kreativität darf nicht mit Innovation verwechselt werden. Innovation ist das Ergebnis einer Erfindung oder Entdeckung, die mit einer Umsetzung – also dem Verfügbarmachen für die Menschen, oft in Form eines kommerziellen Produktes – verbunden wird. Innovation kann, muss aber keine Folgeerscheinung von Kreativität sein.

Künstliche Intelligenz heutzutage ist eher ein Parasit menschlicher Kreativität und Schaffenskraft. Sie benötigt Unmengen an Daten, die von Menschen generiert wurden. Aus diesen bildet sie etwas Neues. Doch funktioniert so nicht auch menschliche Kreativität? Werke und Wissen von anderen werden als Anregung für das eigene Schaffen genommen. Kein Künstler, kein Autor, kein Wissenschaftler, kein Ingenieur steht allein im Raum und der Gesellschaft.

Der gebürtige Ungar und Psychologe Mihály Csíkszentmihályi ist der wohl bekannteste Experte bei der Erforschung von Kreativität. Durch die Untersuchung des kreativen Prozesses von Hunderten Künstlern, Wissenschaftlern, Schriftstellern und Musikern versuchte er, die Voraussetzungen für das kreative Schaffen zu identifizieren.

Dabei kam er auf den „Flow", der Moment, wo man so mit der Aufgabe eins wird, dass Zeit und Raum verschwinden. In diesem Moment befindet man sich, wenn man weiß, dass die Aufgabe zwar herausfordernd ist, man aber das entsprechende Wissen und Werkzeug zur Verfügung hat und sie schaffen kann, und zugleich das Gefühl von Ekstase hat und frei von Ängsten ist.[7]

Sind Kinder kreativer als die Topexperten eines führenden Technologieunternehmens? Diese Frage stellte sich der Kreativitätsforscher George Land bereits 1968 und führte eine umfassende Studie durch. Dabei testete er 1.600 Kinder zwischen drei und fünf Jahren und setzte sie vor einen für die amerikanische Raumfahrtagentur NASA entwickelten Testkatalog. Diesen hatte er für innovative Ingenieure und Wissenschaftler entwickelt. Er wollte sehen, ob er auch außerhalb dieser Berufs- und Altersgruppe aussagekräftig war. Die Ergebnisse waren so überraschend, dass er dieselben Kinder im Alter von zehn Jahren und dann noch einmal mit 15 Jahren testete. Er maß mit seinem Test kreatives Denken auf einer Skala zwischen 0 (nicht kreativ) und 100 (sehr kreativ) und stellte die Ergebnisse der 1.600 Kinder denen von 260.000 Erwachsenen über 25 Jahre gegenüber.[8]

Die Drei- bis Fünfjährigen erreichten auf der Skala einen Wert von 98 Prozent, was mit uneingeschränkter Kreativität gleichzusetzen ist. Anders das Resultat fünf Jahre später. Dieselben Kinder erreichten nur noch 30 Prozent auf der Skala und als 15-Jährige gar bloß noch zwölf Prozent. Was war da passiert? Die Kinder waren in die Schule gekommen und hatten einerseits Methoden und Ansätze kennengelernt, auf bekanntes Wissen zurückzugreifen und damit effektiver zu sein, dabei aber die Motivation zur Erprobung neuer Ansätze verloren. Auch lernten sie sehr rasch, dass die Erwachsenen in der Schule genau eine Antwort auf ihre Fragen haben wollten, nämlich diejenige, die sie den Kindern beigebracht hatten. Alternative Lösungswege waren nicht gefragt. Während Kinder noch vor Neugierde fast bersten und unzählige Fragen stellen, kehrt sich das bei Teenagern beinahe um. Ja keine Fragen stellen und bloß nicht als dumm erscheinen, ist das

Mantra – und sich dabei möglichst unberührt von äußeren Einflüssen zeigen, um unter den Gleichaltrigen als cool dazustehen.

Besonders schockierte aber das Ergebnis bei den Erwachsenen, unter denen die besten Köpfe von Technologieunternehmen und Forschungseinrichtungen wie IBM oder der NASA waren – und wir sprechen hier von einer Zeit, als diese Unternehmen die größten Anstrengungen unternahmen, um bemannte Raketen zum Mond zu schießen. Die Erwachsenen kamen auf einen Score von gerade einmal zwei Prozent, was mit „Da ist Hopfen und Malz verloren, sogar Spargel ist kreativer" gleichzusetzen ist.

Abbildung 7

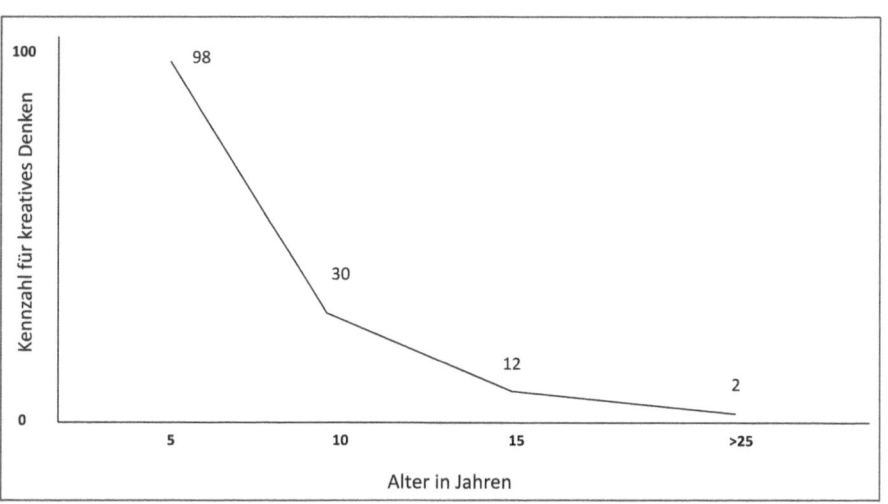

Kennzahl zu kreativem Denken nach Alter

Quelle: George Land, Beth Jarman, Breaking Point and Beyond, HarperBusiness 1993

Glaubt man Umfragen in Unternehmen, dann zählen Innovation und Kreativität der Mitarbeiter zu den Topqualifikationen, ohne die sie sich nicht vorstellen können, wettbewerbsfähig zu bleiben. Und doch scheinen die Strukturen in den Organisationen genau diese Fähigkeiten zu unterdrücken.

Und hier liegt der Schlüssel darin, zu verstehen, wie man kreatives Denken fördern kann. Wenn Menschen Kreativität (wieder) erlernen können, dann sollten auch Maschinen imstande sein, Kreativität zu lernen. Der Oxforder Mathematikprofessor Marcus du Sautoy schlägt statt des Turing-Tests den sogenannten Lovelace-Test vor, um die Kreativität einer Maschine zu bestimmen. Um diesen zu bestehen, muss ein Algorithmus etwas schaffen, das alle drei Kriterien von Kreativität erfüllt, dessen Prozess wiederholbar ist und dessen Beitrag mehr ist als nur der kreative Ausdruck des Programmierers oder Datensatzaufbereiters.[9] Kreativität ist aber nicht von Zufällen bestimmt. Zwar mag Leonardo da Vincis Reinigungstuch zufällig auf der Leinwand landen, aber den bewussten Akt, es auf die Leinwand zu werfen, den hatte er vollbracht. Und wie er vom daraus resultierenden Fleck auf der Leinwand ausgeht und zu malen beginnt, hängt von seinen bewussten und unbewussten Entscheidungen ab.

Da der Zufall nur den Vorbereiteten trifft und vom Unvorbereiteten nicht erkannt und somit als Chance ergriffen werden kann, verschafft ein Zufallsgenerator in einem Computer dem oberflächlichen Betrachter nur die Illusion einer selbstständig kreativen Maschine.

Der britische Informatiker Simon Colton, Professor für Computerkreativität an der London University, weist noch auf eine weitere Herausforderung bei der Beschäftigung mit Maschinenkunst hin. Die Informatik heute befasst sich mit dem Problemlösen. Neuronale Netzwerke oder Algorithmen, die autonome Autos steuern oder Go spielen können, lösen Probleme. Eine Maschine, die Kunst schafft, tut das nicht. Zwar mögen während des kreativen Prozesses kleine Probleme gelöst und vielleicht Fragen beantwortet werden, dennoch ist das übergeordnete Ziel von Kunst nicht, Probleme zu lösen oder Fragen zu beantworten. Colton fasst die unterschiedlichen Zielsetzungen folgendermaßen zusammen:

„In allen anderen Bereichen ist das Ziel der Übung,
Software zu schreiben, die für uns denkt. Bei Computer-

kreativität hingegen wollen wir Software schreiben,
die die Menschen zum Nachdenken bringt.“

Doch das ist eine Bedrohung für viele. Nicht ohne Grund wird die Diskussion um die Kreativität von Maschinen beziehungsweise einfach nur den Einsatz von Maschinen als Hilfsmittel in der Kunst so intensiv geführt. Holger Volland, Gründer des digitalen Kulturfestivals THE ARTS+ und Vice President der Frankfurter Buchmesse, schreibt in seinem Buch „Die kreative Macht von Maschinen“, dass …

„sich dahinter die Furcht verbirgt, dass unter ihrem
Einsatz eine der wichtigen Währungen des Kunstbetriebes
leidet: Die Aura der einzigartigen Exzellenz von Künstlern,
die immer auch ein Stück ihrer Persönlichkeit in ihre
Arbeiten geben, ist deren Verkaufsargument. Die
Vorstellung ist deshalb bedrohlich, dass Kunst mittels
neuer Technologien beliebig oft herstellbar wäre und
damit ihre Bedeutung geringer würde.“

Und mal ehrlich: Wer von Ihnen hätte fast eine halbe Million Dollar für ein Werk wie jenes Porträt des Edmond Belamy hingeblättert? Es ist doch nicht von einem „richtigen“ Künstler und somit keine wirkliche Kunst. Diese Meinung herrscht vor allem dort vor, wo etwas, was nicht angreifbar ist wie Software (oder ein neuronales Netzwerk), nicht wirklich „wirklich“ sein kann.

Der Philosoph Tobias Holischka meinte dazu: „Man sollte vielmehr alles als wirklich verstehen, was eine Wirkung hat.“ Und dieser Satz ist in der Softwareindustrie bekannt, wo ein Manager nach der Vorstellung eines Prototyps gefragt hatte, wie weit die Serienreife des soeben Gezeigten wäre, also „wie wirklich und wie viel Fake“ es denn sei. Als Antwort erhielt er: „Perception is reality.“ Man bestimmt selbst, was wirklich ist und was nicht.

Wozu Kunst?

„Kunst gibt nicht das Sichtbare wieder,
sondern macht sichtbar.“

PAUL KLEE

Warum aber schaffen wir Menschen Kunst? Hat Kunst auch für Maschinen einen Wert? Die Gründe könnten näher beieinanderliegen, als man meinen möchte.

Bereits unsere Vorfahren erkannten Musik als ein wirkungsvolles Mittel, um Stimmungen zu verändern und zu beeinflussen. Wer schon jemals auf Raves war, sich auf klassische Konzerte eingelassen hat, Liederabende im Kabarett genoss oder Zeuge religiöser Rituale mit musikalischer Unterstützung war, weiß um die Macht der Musik, Bewusstseinszustände zu ändern. Die natürliche Frequenz unserer Gehirne oder unseres Herzschlages kann durch Musik, durch Melodien und Rhythmus verändert werden, so stark, dass es sogar zu Halluzinationen kommen kann. Diese sich emotional auswirkenden Erfahrungen helfen uns dabei, diese in unserer Erinnerung besser abzuspeichern. An hochemotionale Erlebnisse erinnern wir uns besser – oder verdrängen sie bewusst – als an alltägliche Erfahrungen.

Sind somit Musik sowie andere Formen der Kunst – und damit Emotionen und Gefühle – etwas, was Maschinen nicht nur brauchen, um besser mit uns interagieren zu können, sondern das ihnen auch hilft, Sinneseindrücke und Erfahrungen besser priorisieren und kategorisieren zu können?

Die nach dem deutschen Physiologen und Psychologen Wilhelm Wundt benannte Kurve zeigt den Zusammenhang zwischen einem Stimulus und seiner Auswirkung auf das menschliche Befinden. Ein bekannter Stimulus, der eine verhältnismäßig kleine Überraschung birgt, steigert den Genuss oder die Sinneslust. Zu wenig an Überraschung und es ist uns gleichgültig, zu viel davon wird als negativ empfunden.

Abbildung 8

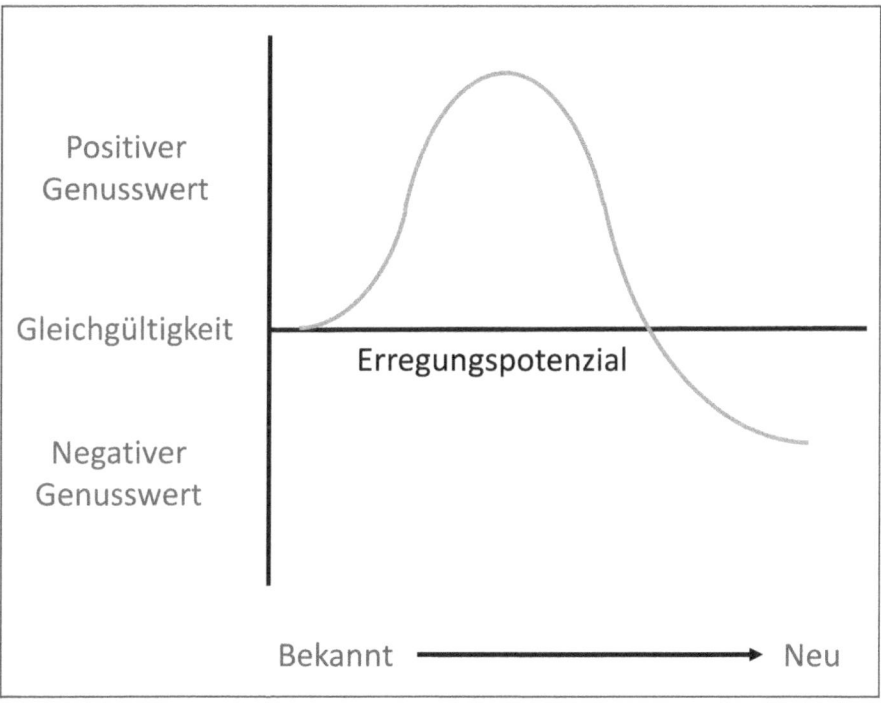

Wundt-Kurve

Quelle: Researchgate https://www.researchgate.net/figure/
The-Wundt-curve-Berlyne-1960_fig1_262245493

Die Kunst besteht also darin, die richtige Balance zwischen Bekanntem und Neuem zu finden. Das ist ein Grund, warum kreativ Tätige sich nie auf einen Stil oder eine Technik „einpendeln", sondern „weiterziehen". Pablo Picasso wechselte mehrfach seinen Stil, was kunsthistorisch als Perioden bezeichnet wird. Der „Blauen Periode" folgte die „Rosa Periode"' und nach der Entwicklung des Kubismus kam er zum Surrealismus. Und zwischendurch verwendete er alles an Materialien, Techniken und Oberflächen für seine Kunst, was ihm in die Finger kam.

Elgammal und sein Team nahmen die Wundt-Kurve, um ihr KI-System CAN auf das Optimum zu programmieren. Die Abweichung vom Bekannten hin zu Neuem für von der Kunstwelt akzeptierte Stile sollte möglichst das Maximum der Wundt-Kurve erreichen. Auf der Fachmesse für zeitgenössische Kunst, der Art Basel 2016, wurden CANs Werke anderen gegenübergestellt und das Publikum befragt. Dieses hielt CANs Werke durchweg für inspirierender.[10] Was Kunst ist, darüber streitet die Menschheit seit Jahrtausenden. Platon definiert in „Der Staat" Kunst als die Repräsentation eines physischen Objektes. Für ihn ist Kunst immer etwas Rangniedrigeres als das physische Objekt selbst, das wiederum selbst immer vom abstrakten idealen Objekt abweicht. Kant unterscheidet klar zwischen Handwerk und Kunst. Letzteres hat einen Zweck in sich selbst, dient aber auch der Kultivierung von Geisteskräften und der Kommunikation. Wittgenstein sah Kunst als Teil der für seine Sprachphilosophie zentralen Sprachspiele. Sprachspiele und damit Kunst sind Versuche, das Unzugängliche zugänglich zu machen, nämlich die Gedanken der anderen. Dieser Logik zufolge wäre Kunst ein Vehikel, die Gedanken von Maschinen für uns zugänglich zu machen. Wäre das nur so einfach. Verbinden wir uns wirklich mit einem anderen Geist und verstehen ihn, wenn wir Kunst erfahren, oder machen wir damit eher bislang unzugängliche Bereiche unseres eigenen Geistes zugänglich?

Vielleicht ist genau das das wahre Potenzial von Kunst, die von KI-Systemen geschaffen wird. Sie könnte uns helfen, zu verstehen, wie neuronale Netzwerke funktionieren und Entscheidungen treffen. Das Ergebnis ist aber manchmal nichts für schwache Nerven, wenn man sich ansieht, was ein Google-Team als Resultat seiner Anstrengungen erhielt. Sie gaben dem Netzwerk Bilder von Kunstwerken ein und hatten es so programmiert, dass es identifizierbare Bildelemente besonders hervorheben und verstärken sollte. Was herauskam, waren psychedelisch und verstörend wirkende, zugleich aber unleugbar künstlerische Neubearbeitungen dieser Werke. Seesterne und Ameisen waren ein häufig gefundenes Element in DeepDreams Bildern. Hanteln beispielsweise waren stets mit Arm dargestellt, was Einblick in den Lernprozess gab. DeepDream hatte diese Hanteln immer nur im Zusammenhang mit Menschen gesehen, die diese aufhoben. Bilder von DeepDream kann man überall im Internet finden und sie faszinieren die Betrachter.[11] Man kann selber Hand anlegen und eigene Bilder mit dem DeepDream-Generator hochladen, um das System in Aktion zu sehen.[12] Und damit können wir auch irgendwie zum ersten Mal die Frage beantworten, die zugleich der Titel eines Science-Fiction-Romans von Philip K. Dick war, welcher als Vorlage für den Film „Blade Runner" diente: „Träumen Androiden von elektrischen Schafen?"[13] Vielleicht nicht gerade von Schafen, aber von Seesternen und Ameisen auf alle Fälle.

Dank der neuronalen Netzwerke und des Maschinenlernens wird dem Argument, dass Maschinen nicht kreativ sein können, der Wind zumindest ein bisschen aus den Segeln genommen. Wie sich herausstellt, müssen Maschinen nicht wie Mozart denken oder wie Picasso die Welt sehen. Es reicht, dass sie mit vielen Beispielen gefüttert werden und dann die Algorithmen sich damit beschäftigen und Neues schaffen.

Kritiker mögen nun wiederum einwenden, dass ein solcher Ansatz lediglich auf bekannte Kunst aufbaut und es sich um reine explorative und kombinatorische Kreativität handelt. Mit diesem Argument würde man aber der Mehrheit der Künstler Kreativität absprechen, denn über 99 Prozent der Kunst besteht aus diesen beiden Faktoren. Die Wirkungsweise von transformativer Kreativität verstehen wir nicht nur wenig, sie geschieht auch so selten, dass wir sie nicht wirklich untersuchen und greifbar machen können.

Der Philosoph Daniel Dennett ist da ganz unverblümt. Für ihn sind KI-Systeme in ihrer heutigen Form Parasiten, die sich von menschlicher Intelligenz nähren. Alles an Daten, Texten und Kunst, was je von Menschen geschaffen wurde, verschlingen sie und produzieren daraus abgeleitetes Neues. Solche Maschinen verfügen (noch) nicht über eigene Ziele, können (noch) keine eigenen Strategien entwickeln und verfügen (noch) nicht über die Fähigkeit zur Selbstkritik und Innovation, denn dazu bedarf es eigenen Denkens und eigener Ziele.[14]

Jemand, der keine Ziele hat, ist unter Umständen krank. Iwan Gontscharows Romanfigur Oblomow hatte zwar Ziele, doch er kam nie aus seinem Bett heraus, um sie zu erfüllen. „Anhedonie" hingegen ist die Unfähigkeit, Freude und Lust zu empfinden. Sie ist eine psychische Störung, die den Betroffenen der Erwartung beraubt, dass normalerweise vergnügliche Situationen Vergnügen bereiten.[15]

Wie wir bereits an den erwähnten Beispielen gesehen haben, mag KI-Kreativität noch in den Kinderschuhen stecken. Und wie schon bei Intelligenz finden wir zig Gründe, warum das keine wirkliche Kreativität ist. Dennoch profitieren Jazz-Pianisten wie Bernard Lubat heute schon von solchen Systemen, ihre eigene Kreativität auf die nächste Stufe zu bringen.

Eines der überraschenden Erkenntnisse für die Entwickler von solchen KI-Systemen ist, dass der Output mehr ist, als sie in das System gesteckt haben. Lange Zeit war das Verständnis in den Computerwissenschaften, dass der Output eines Systems nicht mehr als die Summe aus dem Input durch Programmierer ergeben kann. Dabei kennen wir in der Natur eine Reihe von Phänomenen, wo das der Fall ist. Ein Molekül Wasser allein hat spezifische Eigenschaften. Ab einer bestimmten Summe an Wassermolekülen entstehen neue Eigenschaften wie die, dass Wasser „nass" ist. Eine Nervenzelle hat kein Bewusstsein, aber eine ausreichend große Anzahl kann es haben.

Vor einigen Jahren gab ich gemeinsam mit einem Team an talentierten Cartoonisten und Satirikern ein Satiremagazin in Österreich heraus. *Rappelkopf,* so der Name des exquisiten Satiremagazins, war zwar nur kurzlebig, es bot allerdings genug Zeit, einen eigenen Comicstrip mit dem Titel „global melange" zu entwickeln, der – wo sonst – in einem Wiener Kaffeehaus spielte. Wir hatten dabei eine Reihe von Ideen, wer die Charaktere darin sein sollten und um wen sich alles drehen würde. Rappelkopf selbst war der junge modebewusste Apple-Benutzer, dessen Hund Rupert sein treuer Begleiter. Als Nebenfiguren dachten wir an eine japanische Musikstudentin namens Mikokoto, und natürlich servierte dort ein stereotypisch unfreundlicher Wiener Ober.

Abbildung 9

Erster im Satiremagazin *Rappelkopf* erschienener Comicstrip

Quelle: Rappelkopf

Wie gesagt, das war der Ausgangspunkt. Sobald Klaudia Wanner, die Artdirektorin und Schöpferin des hauseigenen Comicstrips, sich an die Arbeit gemacht und über fünf Ausgaben hinweg an die 30 Strips entwickelt hatte, mussten wir zu unserer größten Verwunderung erkennen, dass sich das etwas anders entwickelt hatte, als wir gedacht hatten.[16]

Abbildung 10

Letzter für den *Rappelkopf* gezeichneter Comicstrip

Quelle: Rappelkopf

Rappelkopf selbst war zu einer Nebenfigur geworden, Mikokoto hatte sich in einer zickigen, aber doch niedlichen Art in den Vordergrund gedrängt, wir hatten eine Katze als Gegenpol zum eher gelassenen Rupert eingeführt und unser Wiener Ober offenbarte eine uns vorher unbekannte Seite, wo er knapp vor Feierabend selbst vor Auftritten im Borat-Mankini nicht zurückschreckte.

Klaudia und ich saßen vor dem gesammelten Werk, sahen uns an und fragten uns: „Wie genau sind wir dahin gekommen?" Viele Künstler kennen das aus eigener Erfahrung. Erfundene Charaktere beginnen ihr Eigenleben. Als Autor kann man ab diesem Zeitpunkt nichts mehr tun, der Charakter bestimmt die Geschichte. Auch Gemälde, Skulpturen oder Kompositionen führen die Hand des Schaffenden. William Golding sagte dazu, dass der Autor zu einem Beobachter wird – er kann dabei abgestoßen oder erfreut sein, aber er wird zum Beobachter.

Und genauso ist es bei KI: Die Entwickler eines KI-Systems werden zu Beobachtern. Nicht nur die Entwickler. Auch die Mathematiker, wie sich herausstellt. Der britische Mathematiker Marcus du Sautoy beschreibt einen Mathematiker nicht als Meisterrechner, sondern als jemanden, der Beweise konstruieren kann. Kalkulationen ausführen kann jeder Computer besser und schneller als die Menschen. Aber beweisen, dass ein mathematisches Theorem stimmt, das kann heute nur ein Mensch. Bislang.

Denn mit Maschinenlernen und neuronalen Netzwerken könnten wir ein Werkzeug an der Hand haben, dass Maschinen diese Aufgabe für uns übernehmen. Das Ende der 1980er-Jahre entstandene Programm Coq der französischen Mathematiker Gérard Huet und Thierry Coquand wurde zum Beweisen von mathematischen Theoremen entwickelt. Dazu muss man verstehen, dass in der Mathematik, ähnlich wie bei den Chemikern und ihren Chemical Abstracts, nicht nur die Anzahl an Theoremen stetig wächst, auch die benötigte Seitenanzahl für jeden Beweis steigt stark an. Konnte ein mathematischer Satz vor 70 Jahren noch auf einer Seite bewiesen werden, so umfasste bereits im Jahr 1963 der Beweis des Satzes von Feit-Thompson 255 Seiten.[17] Der Beweis des russischen Mathematikers Grigori Jakowlewitsch Perelman zur Poincaré-Vermutung wiederum beschäftigte mehrere Mathematikerteams fast fünf Jahre lang, bis sie ihn als richtig anerkennen konnten.[18] Wenn Zehntausende solcher Beweise produziert und überprüft werden müssen, dann kommt man sehr schnell ans Ende der verfügbaren Mathematiker.

Deshalb hatte sich der russische Mathematiker Wladimir Wojewodski an die Beweisführung von mathematischen Sätzen mittels Coq gemacht und begann so den langen Prozess, Maschinen von Meisterrechnern zu Meisterbeweisern zu machen. Diese Aufgabe haben sich nun die Entwickler von AlphaGo gestellt. Bei ihren Untersuchungen bemerkten sie, dass die Herangehensweisen, Go zu spielen und mathematische Beweise zu führen, starke Ähnlichkeiten haben. Dazu verwendeten sie ein Projekt, das bereits in den 1970er-Jahren in Polen begonnen hatte. Das Projekt Mizar zielte darauf ab, eine umfangreiche Bibliothek an mathematischen Beweisen anzulegen, die in einer formalen Sprache codiert sind, die ein Computer verstehen und überprüfen kann.[19] Bei einer ersten Inspektion der mittlerweile 50.000 Theoreme umfassenden mathematischen Mizar-Bibliothek fand das Google-Team heraus, dass für 56 Prozent der Beweise keine Menschen nötig waren. Das Team wollte diese Prozentzahl erhöhen. Die große Herausforderung wird allerdings sein, dass die erhöhte Anzahl an computergenerierten Beweisen in einer formalen Sprache geschieht, die nicht für menschliches Verständnis optimiert ist.

Uns begegnet auch hier wieder das Dilemma, dass wir mithilfe der Maschinen Lücken in der Mathematik schneller und genauer schließen können, aber zugleich immer weniger verstehen, wie das genau geschah. Und das haben alle kreativen Fächer irgendwie miteinander gemein.

1   Is artificial intelligence set to become art's next medium? https://www.christies .com/features/A-collaboration-between-two-artists-one-human-one-a-machine-9332-1.aspx

2   http://obvious-art.com/

3   https://www.aiva.ai/

4   https://www.youtube.com/watch?v=H6Z2n7BhMPY

5   http://artsites.ucsc.edu/faculty/cope/experiments.htm

6   Sunspring | A Sci-Fi Short Film Starring Thomas Middleditch, https://youtu.be/LY7x2Ihqjmc

7   Mihály Csíkszentmihályi: Flow, The Psychology of Optimal Experience, 1991

8   George Land, Beth Jarman: Breaking Point and Beyond, HarperBusiness 1993

9   Marcus du Sautoy: The Creativity Code. Art and Innovation in the Age of AI, Cambridge, 2019

10 Ahmed Elgammal, Bingchen Liu, Mohamed Elhoseiny, Marian Mazzone: CAN: Creative Adversarial Networks, Generating „Art" by Learning About Styles and Deviating from Style Norms. Eighth International Conference on Computational Creativity (ICCC), held in Atlanta, GA, 20. bis 22. Juni 2017, https://arxiv.org/abs/1706.07068

11 https://de.wikipedia.org/wiki/DeepDream

12 https://deepdreamgenerator.com/

13 https://de.wikipedia.org/wiki/Tr%C3%A4umen_Androiden_von_elektrischen_Schafen%3F

14 John Brockman: Possible Minds. Twenty-Five Ways of Looking at AI, Penguin Press, 2019

15 https://de.wikipedia.org/wiki/Anhedonie

16 https://www.kookgraphics.com/

17 https://de.wikipedia.org/wiki/Satz_von_Feit-Thompson

18 https://de.wikipedia.org/wiki/Grigori_Jakowlewitsch_Perelman

19 https://en.wikipedia.org/wiki/Mizar_system

KAPITEL 10

Replikanten und liebestolle Bonobos

*„Nichts ist schwerer zu ertragen
als eine Reihe von guten Tagen."*

VOLKSWEISHEIT

Bonobos und Schimpansen können gegensätzlicher nicht sein, wenn es um die Begegnung mit anderen Gruppen derselben Gattung geht. Frans de Waal schilderte, wie territorial Schimpansen sind. Man kann nicht zwei sich fremde Schimpansenkolonien einfach so zusammenbringen. Das würde in einem regelrechten Blutbad enden. Selbst ein fremder Schimpanse würde schon einige Aufregung in der Gruppe verursachen. Er wird sprichwörtlich „abgeklopft" und muss sich seinen Platz in der Hackordnung suchen. Und wehe, ein männlicher Schimpanse droht, die Stellung des Alphamännchens zu gefährden. Das heißt natürlich nicht, dass Schimpansen asoziale Tiere sind, ganz im Gegenteil. Sie sind äußerst sozial. Als eine Gruppe in einem Zoo für eine gewisse Zeit in ein Ausweichquartier musste und dazu vom Rest getrennt wurde, begrüßten und pflegten sie einander zuerst einmal ausgiebig bei ihrer Wiedervereinigung. Erst nachdem das erledigt war, besahen sie sich das neue Affengehege, den ganzen Stolz der Zooleitung.

Ganz anders die Bonobos. Wenn zwei sich fremde Gruppen zusammengeführt werden, dann bricht ein großes Liebesfest aus. Eine Orgie, ein Schmusen, ein Abbusseln, dass es eine wahre Freude ist. „Make Love, Not War" muss von den Bonobos kommen.

Bislang haben wir künstliche Intelligenz und Roboter immer als isolierte Entität betrachtet, aber kann sie sich selbstständig vermehren? Eric Weinstein, Mathematiker und Investor, sieht Anzeichen für diese Fähigkeiten bereits bei heutigen KIs.[1] Wenn wir heutige Maschinen betrachten, haben sie viele Ähnlichkeiten mit existierenden biologischen Systemen: Wahrnehmung durch Kameras und andere Sensoren, Verdauungstrakt in Form von Abgasanlage und Tank, Intelligenz in Form eines Computers, Software sowie Algorithmen und Beweglichkeit in Form von Rädern oder Kettenantrieben. Was solchen Systemen heute fehlt, ist ein Reproduktionssystem. Allerdings sehen wir bei rein softwarebasierten Systemen, dass Programme kopiert und variiert werden können, die unterschiedliche Eigenschaften haben.

Manche sind vererbt, manche variieren bestimmte Eigenschaften des Ausgangssystems und manche davon sind vielleicht für spezielle Umgebungen besser geeignet. Softwareviren, die sich je nach Erfolg ihrer Strategie optimieren, können bereits heute als reproduzierbare Systeme bezeichnet werden.

Ein derartiges System muss dabei nicht intelligenter sein als wir. In der Natur existieren solche parasitären Systeme, etwa die Lampsilismuscheln, deren sichtbaren Weichteile wie kleine Fische aussehen und andere Fische auf der Suche nach Beute anlocken. Beim Biss in die Weichteile werden dann Junge auf den Fisch geworfen, die sich an ihn anklammern und so weiterverbreitet werden. Weinstein nennt solch einen Mechanismus in Anlehnung an das „Outsmarting" – also „Austricksen" – einer neuronal weiterentwickelten, also intelligenteren Lebensform „Outelligence". Artificial Outelligence kann sich in ähnlicher Form weiterverbreiten. Der Wirt für den Parasiten wird mit einem „Geschenk" belohnt, also einem Leckerbissen, verwendet letztendlich aber mehr Energie, um die Nachkommen des Parasiten weiterzuverbreiten.

Bereits heute gibt es selbstmodifizierenden Code, wie er bei manchen Softwareviren implementiert wurde. Auch Belohnungen gibt es wie beispielsweise die Blockchain, die Bitcoin als Belohnung an die Computer ausgibt, die ihre mathematischen Rätsel lösen. Solche Arten von Phänomenen, die uns künstliche Intelligenz und Maschinen bringen, sind bislang wenig diskutiert oder erforscht worden.

Elon Musk selbst sprach von der „Maschine, die Maschinen baut". Damit bezog er sich zwar auf seine Vision einer rein von Robotern betriebenen Autofabrik, die Autos baut und dazu keine Menschen mehr braucht. Unsere Vorstellung hindert uns allerdings nicht, auch darin die Fortpflanzung von Maschinen zu sehen. Tatsächlich bemühen sich manche Entwickler, 3D-Drucker mit 3D-Druckern herzustellen. Hier liegt die Hürde weniger darin, alle Teile von der Maschine erzeugen zu lassen, als sie gleich auch von der Maschine zusammensetzen zu lassen.

Affenselfies und Robotersein

Der Schopfaffe schaut mit breitem Grinsen in die Kamera und drückt den Auslöser. Sein Selfie machte die Runde, entfachte aber auch einen erbitterten Kampf um das Copyright zu diesem Foto. Der britische Tierfotograf David Slater hatte sich nach Indonesien begeben, um die gefährdeten Affen zu fotografieren. Seine Kamera hatte er auf einem Ständer in der Nähe der Affen positioniert und einen Auslöser bereitgelegt. Als er später die Kamera einsammelte, fand er Hunderte Bilder auf dem Speicherchip. Darunter auch ein „Affenselfie", das in weiterer Folge zuerst die Öffentlichkeit entzücken und dann Gegenstand eines Rechtsstreits werden sollte.[2]

Der Streit drehte sich um die Frage, wer denn nun die Rechte zum Bild hatte: er, David Slater, oder der Schopfaffe? Kann ein Affe eine natürliche Person sein und damit auch Inhaber von Copyrights? Gemäß britischer Rechtsprechung wird ein Affe nicht als natürliche Person gesehen und besitzt somit kein Copyright. Schwieriger zu entscheiden ist, ob nun Slater das Copyright hat. Dazu muss man seinen Beitrag zur kreativen Schöpfung kennen. Und darüber müsste letztlich das Gericht entscheiden. Dazu kam es aber nicht, weil Slater kein Geld für den weiteren Rechtsweg hatte.

Die Frage, ob Affen „personhood" haben können, lässt sich rasch auf menschliche Föten und in weiterer Folge auf KI ausdehnen.[3] Erst wenn diese zugesprochen wird, können natürliche und künstliche Lebensformen Rechte und Pflichten haben. Tatsächlich hat das

Europäische Parlament 2016 eine Empfehlung herausgegeben, Robotern ab einem bestimmten Grad an Komplexität einen besonderen rechtlichen Status zuzuerkennen: den einer elektronischen Person (E-Person).[4] Der kalifornische Rechtsanwalt Bradford Newman schlägt „The Artificial Intelligence Data Protection Act (AIDPA)" vor, der künstlicher Intelligenz das Recht einräumen soll, Copyright an ihren Kreationen zu erhalten.[5] Wie wir schon gelernt haben, müssen wir Maschinen vor anderen schützen. Sie werden von Menschen misshandelt, in ihrer Würde verletzt, leiden und werden ihres freien Willens beraubt. Wollen wir das als natürlich hinnehmen? Oder wollen wir ihnen schon aus menschlicher Mentalhygiene all das zuweisen, weil wir ansonsten in eine Abwärtsspirale unerwünschten menschlichen Verhaltens gelangen, wenn wir Menschen uns gegenseitig weismachen, zueinander zivilisiert zu sein, aber bei Tieren und Robotern die Sau rauslassen? Wir haben vermutlich mehr Schaden angerichtet, weil wir uns selbst als speziell in der Schöpfung sehen.

Roboterrechte, das Konzept von „Robotersein" – wie das Menschsein –, können zu einem zivilisierten Umgang mit Maschinen (und Tieren) führen, der genau betrachtet vor allem uns Menschen hilft.

Robotersein unterscheidet sich auch in anderen Aspekten vom Menschsein. Menschen stehen miteinander im Wettbewerb oder kooperieren um Ressourcen. Dazu müssen Allianzen geschmiedet, Verhandlungen geführt und Konzepte wie Vertrauen und Rechtssysteme eingerichtet werden. Wir versuchen, Absichten von anderen zu verstehen und uns in ihre Gedanken- und Gefühlswelt zu versetzen, um deren Motivationen und möglichen Aktionen zu verstehen. Wir können keine Gedanken lesen, deshalb müssen wir auf solche Methoden zurückgreifen, um unsere eigenen Ziele zu erreichen.

Maschinen hingegen können buchstäblich die Gedanken anderer Maschinen lesen. Damit wäre der Prozess des Miteinanders zwischen Maschinen fundamental anders als der zwischen Menschen. Fehlinterpretation der Absichten wäre etwas auf Menschen Beschränktes.

Simulation

Im Film „Matrix" versuchen Menschen, die als Energielieferanten für Roboter vor sich hin darben, aus dieser Situation auszubrechen. Dazu müssen sie aber erst einmal wissen, dass sie sich in dieser Situation befinden, denn die Roboter verstellen ihnen die Sicht auf die Wirklichkeit, indem sie die Menschen in einer lebenslang währenden Simulation halten und unterhalten.

Seither findet die Diskussion kein Ende, ob unsere erlebte Wirklichkeit nicht in Wirklichkeit auch nur eine Simulation ist. Schon am Anfang des Buches zitiere ich zur Einstimmung Elon Musk, der einer KI die Frage stellen würde, „was sich denn außerhalb der Simulation befände".

Der theoretische Physiker Sean Carroll vom California Institute of Technology steuert zur Diskussion die Frage bei, ob denn alle anderen Menschen um uns herum echt sind oder einfach nur intelligente Chatbots. Er selbst meint, dass es einige plausible Hinweise gibt, dass wir keine Simulation sind. So wissen wir von den von uns erstellten Simulationen, dass wir einfach zu viele Kompromisse eingehen müssen, um Simulationen zu entwickeln. Einer davon ist die Auflösung der Umgebung. Während es in einer Simulation Sinn macht, Objekte, die in der Simulation wichtig und in der Nähe des Narrativs sind, hochaufgelöst darzustellen, werden alle weiter entfernten oder unwesentlichen Objekte weniger gut aufgelöst, da sie in einer vollständigen Welt exponentiell häufig vertreten sind und dafür massive Rechenleistungen des Simulationscomputers benötigt würden, was die Simulation zu teuer machen würde. Doch genau das erleben wir nicht. Durch unsere Instrumente und Erkundungen erkennen wir, dass auch weit entfernte Objekte in ebenso hoher Auflösung vorhanden sind.[6]

Wenn wir dann schon Simulationen in einer Simulation wären, dann könnte eine KI, die selbst eine von uns geschaffene Simulation ist, zweifelsohne auch selbst Simulationen erstellen.

Wenn wir in einer Simulation leben, können wir aus ihr ausbrechen? George Hotz könnte sich vorstellen, dass Schwachstellen in einem Computerprogramm oder der Hardware dazu ausgenutzt werden können.[7] Angriffe über diese sogenannten „Exploits" sind nicht vermeidbar.[8] Diese Schwachstellen können beispielsweise Programmierfehler sein, die durch aufwendige Tests gefunden werden können. Doch es gibt auch Schwachstellen, die erst dann ersichtlich werden, wenn das System vielfach genutzt wird und die entstehenden Daten und komplexen Interaktionen diese sichtbar machen.

Sollten wir also schlau genug werden, dass wir solch einen Exploit verwenden können, um die uns simulierende Hard- oder Software zu verändern, dann könnten wir Einstellungen und Rahmenbedingungen ändern, die uns einschränken. Wir könnten beispielsweise unsere Lebensdauer umprogrammieren oder die Simulation testweise vorwärtslaufen lassen, um zu sehen, was unter bestimmten Bedingungen geschieht, und dann wieder zurückspulen, um so den Lottosechser „vorherzusagen" und reich zu werden.

In der Informatik gibt es beispielsweise mit Rowhammer einen Exploit, der es erlaubt, den Arbeitsspeicher zu verändern, ohne dass man darauf Zugriff hat.[9] Den Namen hat dieser Exploit nicht von ungefähr. Der Arbeitsspeicher eines Computers ist auf den elektronischen Bauteilen in Reihen aufgeteilt. Bei wiederholten Lese- und Schreibzugriffen auf dieselben Reihen in schneller Folge durch bestimmte Programmbefehle kann es zu einer Überhitzung der betroffenen und der benachbarten Speicherreihen kommen. Die dabei entstehenden elektrischen Felder führen zu Datenänderungen in den benachbarten Speichern, die unter geschickter Ausnutzung sogar den Zugriff auf den Computer ermöglichen.

Die Frage, die sich uns somit stellt, lautet: Was ist unser „Rowhammer"? Vielleicht ist das der Supercollider CERN, der an die Grenzen der Physik vorstößt und dabei zu etwas Ähnlichem wie einer Überhitzung oder der Änderung von elektrischen Feldern in den Arbeitsspeichern unserer Welt führt. Oder vielleicht sind es

Quantencomputer, die aufgrund ihrer quantenmechanischen Funktionsweise nicht nur einzelne Zustände, sondern eine beliebige Anzahl an Überlagerungen, Verschränkungen und dergleichen haben können. Mit anderen Worten, da könnte so viel passieren, dass die dazu notwendige Rechenleistung eines uns simulierenden Systems entsprechend Rechenzeit anpassen muss, was zur Überforderung desselben führen könnte. Genauso wie sich heute manchmal unser Computer aufhängt, weil ein Programm zu viele Ressourcen an sich bindet. Jeder, der schon einmal ein Videobearbeitungsprogramm auf einem altersschwachen Rechner bedient hat, weiß, wie dies das System verlangsamt.

Tatsächlich haben schon andere sich diese Frage gestellt, und nicht erst seit dem Film „Matrix". Isaac Asimov behandelt in seiner 1956 erschienenen Kurzgeschichte „Wenn die Sterne verlöschen" die letzte große Frage der Menschheit. Diese ist nicht, wie vielleicht erwartet, die nach dem Sinn des Lebens, sondern wie Entropie massiv verringert werden kann.

Entropie ist ein Begriff aus der Thermodynamik, der postuliert, dass die Entropie – also Unordnung – im Gesamtsystem zunimmt. Dabei ist es egal, ob ich irgendwo in einem Teilsystem die Unordnung verringere und Ordnung hineinbringe – im gesamten System steigt die Unordnung gleichzeitig mehr an, als ich Ordnung geschaffen habe. So als ob ich mich zu Hause endlich einmal dazu aufraffe, den Saustall auszumisten und sauber zu machen, während sich gleichzeitig vor meiner Haustür eine größere Unordnung ansammelt als die, die ich in meinem Heim beseitigt habe.

In unserer Welt beginnt das mit dem Big Bang und führt bis zum Ende des Universums. War der Anfang von einem hochgeordneten Zustand (Big Bang) geprägt, kommen wir zu einem Ende in einem kalten, voll expandierten und ungeordneten Universum, in dem es keine Sterne, Planeten, ja selbst Atome und Ähnliches mehr gibt. Ersteres geschah nach unserem Wissen vor circa 13,7 Milliarden Jahren, das Ende werden wir hingegen in 10^{100} Jahren erleben.

Der Computer, den die Menschheit in Isaac Asimovs Kurzgeschichte weiterentwickelt und dem sie immer wieder die Frage stellt, wie man die Entropie verringern und damit das Ende hinauszögern könne, hat immer nur dieselbe Antwort parat: „Es liegen keine ausreichenden Daten für eine sinnvolle Antwort vor." Erst kurz bevor das Universum und die bereits lange mit dem Raum eins gewordenen menschlichen Hyperintelligenzen vor dem Ende stehen, hat der Computer alle Daten und Kombinationen durchprobiert, um eine Antwort zu geben. „Es werde Licht!" – und es ward Licht.

Entropie könnte sozusagen in unserer Simulation die Endbedingung sein, so wie man bei Videospielen das Ende beim Erreichen des höchsten Spiellevels, durch den Verlust aller drei Leben oder einem sonstigen Gewinnzustand wie einem Schachmatt erreicht.

---

[1] AI Podcast Lex Fridman: Eric Weinstein. Revolutionary Ideas in Science, Math, and Society, https://lexfridman.com/eric-weinstein/

[2] https://en.wikipedia.org/wiki/Monkey_selfie_copyright_dispute

[3] https://en.wikipedia.org/wiki/Personhood

[4] https://de.wikipedia.org/wiki/Elektronische_Person

[5] Society needs the Artificial Intelligence Data Protection Act now, https://techcrunch.com/2018/05/15/society-needs-the-artificial-intelligence-data-protection-act-now/

[6] AI Podcast Lex Fridman: Sean Carroll: The Nature of the Universe, Life, and Intelligence, https://lexfridman.com/sean-carroll/

[7] Jailbreaking the Simulation with George Hotz | SXSW 2019, https://www.youtube.com/watch?v=ESXOAJRdcwQ

[8] https://de.wikipedia.org/wiki/Exploit

[9] https://de.wikipedia.org/wiki/Rowhammer

KAPITEL 11

Lieber Gott, erklär uns doch die KI

*„Das Narrativ hat sich geändert.
Es wechselte von ‚Ist es nicht schrecklich,
dass künstliche Intelligenz so ein Reinfall ist?' zu
‚Ist es nicht schrecklich, dass künstliche Intelligenz
so ein Erfolg ist?'."*

PETER NORVIG

Stellen wir uns vor, ein selbstfahrendes Auto begegnet einer älteren Dame, die in einem elektrischen Rollstuhl sitzend und einen Besen in der Hand haltend mitten auf der Straße im Kreis herumfährt und versucht, eine Ente zu verscheuchen. Finden wir eine Erklärung dafür, was sich hier genau abspielt? Hat diese Ente der Frau übel mitgespielt? Hat sie in deren Vorgarten gekackt? Hat die Frau aufgrund schlechter Erfahrung mit Enten mit ihr ein Hühnchen zu rupfen? Oder sollte da jemand nicht mehr allein auf die Straße gelassen werden?

Es gibt viele Interpretationen, und vermutlich keine Erklärung wird uns vollständig aufklären. Aber genau das ist einem selbstfahrenden Auto von Google vor einigen Jahren in Mountain View in Kalifornien vor die Sensoren gekommen. Beweggründe für menschliches Handeln können so mysteriös sein, dass ganze Nachrichtensegmente und Literaturgattungen davon gut leben können. Wenn es für uns schon schwer zu verstehen ist, wie schwer ist es dann für eine Maschine?

Dies gilt seit dem Einsatz von neuronalen Netzwerken auch in umgekehrter Richtung. Selbst den Entwicklern von KI fällt es äußerst schwer, genau zu verstehen, wie das System zu seinen Entscheidungen kommt. Ja, wir verstehen oft im ersten Moment nicht einmal das bei näherer Betrachtung richtige Ergebnis.

Go-Spieler, die die Partien von AlphaGo gegen Lee Sedol analysieren, versuchen, den Spielstil der Maschine nachzuahmen, verstehen aber dabei nicht wirklich, warum sich die Maschine zu bestimmten Zügen entschlossen hat. Die Maschine wurde auch nicht dafür designt, Menschen ihre Strategie und Entscheidungen offenzulegen.

Wir bewegen uns also hier in einer neuen Disziplin, die sich mit der Frage beschäftigt, wie die entstehenden Algorithmen einer KI erklärbar und für Menschen verständlich werden. „Erklärbare KI" (Explainable AI) oder kurz „XAI" heißt diese Forschungsrichtung, die das verwirklichen soll. Eigentlich aber sollte KI erklärbar und erklärend sein.

Vor einigen Jahren setzte ich mich nach einem Abendessen in San Francisco in mein Auto und gab meine Wohnadresse ein, die sich im Süden der Bay Area befindet. Ich kann also ohne große Fahrzeitunterschiede entweder den Highway 101 Richtung Süden nehmen oder über die Bay Bridge hinüber Richtung Oakland fahren und dann dort auf den Highway 880 nach Süden. Damals rief ich die Google-Maps-App auf, um mir den besten Weg aus San Francisco zeigen zu lassen. Üblicherweise schlägt mir die Navigation dann den Highway 101 vor, dieses Mal aber empfahl sie den 880. Im ersten Moment verstand ich nicht den Grund, erst als ich mir die beiden Fahrzeiten ansah, wurde es klar. Während der Weg über den 880 knapp eine Stunde benötigte, wurden für die Alternativroute über den 101 mehr als drei Stunden Fahrzeit vorhergesagt. Was war passiert? Eine Stunde vorher hatten wir im Restaurant eine Stromschwankung wahrgenommen. Wie sich herausstellte, war ein Lkw gegen einen Strommast gefahren und hatte diesen gefällt. Die Leitung fiel über den Highway 101 und blockierte diesen bis zum Abend des nächsten Tages. Von der Ursache der Sperrung erfuhr ich erst am nächsten Tag in den Nachrichten, trotzdem hätte ich mir eine Erklärung des Navigationssystems gewünscht, warum es mich über den 880 schickt.

Für eine KI ist es gar nicht so einfach, einem Menschen eine Entscheidung zu erklären. Sie muss dazu wissen, was wir in diesem Zusammenhang genau wissen wollen. Es genügt nicht, dass sie uns sagt: „Der Weg über den 880 ist am schnellsten", sondern es müssen

Alternativen verglichen werden. Wenn bei einer Stunde Gesamt-fahrzeit der Unterschied gerade einmal fünf Minuten beträgt, dann fahre ich den Weg, der mir am vertrautesten oder landschaftlich interessanter erscheint. Wenn die Fahrzeit sich aber bei meiner üblichen Strecke verdreifacht, dann will ich, dass mir das System einen Grund dafür nennt. Es muss also den Kontext verstehen, in dem ich es frage. Ich will abends die übliche Strecke fahren und möglichst rasch, ohne landschaftliches Interesse zu bekunden, nach Hause ins Bett kommen.

Ein Go-Spieler wiederum will anderes vom System wissen. Welche Art von Strategie benutzt das System, um einen bestimmten Zug oder eine Zugfolge zu rechtfertigen? Ist sie riskant oder sicher? Verliere ich anfänglich Territorium und werde als Mensch entsprechend nervös, ob die Strategie aufgehen wird, oder gehe ich auf Nummer sicher, komme dafür aber viel langsamer voran? AlphaGo spielte für sich selbst, nicht um einem Menschen Go-Strategien beizubringen.

In diesem Fall betrachten die Forscher zur Explainable AI einen Nutzer wie mich, einen Fahrer, der ein Navigationssystem verwendet, oder einen Go-Spieler, der sein Spiel verbessern will, als „Gelegen-heitsnutzer" (casual user), der nicht mehr als diese Information benötigt. Dagegen steht der „kognitive Analyst" (cognitive analyst user), der die KI verstehen will, um sie zu verbessern oder um die Situationen zu erkennen, wo sie Fehler begehen wird.[1]

Ansätze zu dieser XAI setzen ein Schritt-für-Schritt-Lernen der KI voraus, das von menschlichen Trainern in jeder Stufe evaluiert wird. Basierend auf dem, was die Forscher den „Gemeinsamen Nenner von Lernen und Erklären" (COmmon Ground Learning and Explanation, COGLE) getauft haben, werden in jeder Stufe über eine Schnittstelle die Entscheidungen und Gründe des KI-Systems für Menschen nachvollziehbar.

Erklärbare KI braucht einen Übersetzer, um die Algorithmen und Wahrscheinlichkeiten in den Knoten des neuronalen Netzwerks auf eine für Menschen verständliche Sprache herunterzubrechen. In einer ironischen Umkehr davon, wer hier wen geschaffen hat, steht eine Maschine vor der Herausforderung, wie sie es den Eltern, also den Menschen, erklären kann. Auf welches Intelligenzniveau der Menschen muss die Maschine das herunterbrechen? Und gehen dabei nicht Nuancen verloren? Man fühlt sich an die Situation erinnert, dass heute Kinder und Jugendliche ihren Großeltern erklären, wie das Internet funktioniert, und es für sie einrichten. Dieser Ansatz hat eine große Schwachstelle: Er ist durch den Menschen limitiert. Nicht nur ist die Geschwindigkeit, mit der die Maschine lernt, durch die Trainer begrenzt, auch die Notwendigkeit, dass die Maschine in einer für Menschen verständlichen Sprache erklären können muss, beschränkt sie. Alles, was nicht erklärbar wird, wäre für sie nicht erlaubt. Da Algorithmen durch höhere Komplexität präziser werden können – was wir uns ja wünschen müssten –, führt das aber zu einem ebenso ansteigenden Erklärungsaufwand. Es wird immer langwieriger, die Entscheidungsfindung zu verstehen. Je komplexer ein Modell wird, umso schwieriger wird es, es zu erklären.[2] Und das ist nicht nur keine leichte Aufgabe, sondern schränkt die KI zudem ein.

Auch wenn in vielen anderen Domänen Erklärbarkeit unabdingbar ist, etwa bei der Unfallursachenermittlung in mechanischen Systemen, bei Kriminalfällen oder in wissenschaftlichen Theorien, stehen wir bei KI vor einem neuen Phänomen und einer neuen Herausforderung. Wir wollen nicht einfach eine Blackbox, die aus einem Input irgendeinen Output macht, wir wollen wissen, was sie genau mit dem Input gemacht hat, um zu diesem Output zu kommen.

Wenn wir allerdings erklärbare KI erwarten, dann werden wir (nach heutigem Wissensstand) das volle Potenzial der KI nicht ausschöpfen können.[3] Unsere Intelligenz befindet sich mit hoher Wahrscheinlichkeit in einem anderen Bereich des Intelligenzraumes als die der von uns geschaffenen KI. Damit kann schon von Natur aus eine Unerklärbarkeit der KI Charakteristik einer solchen sein und KI-Erklärbarkeit eine unerreichbare Illusion.

Eine solche Charakteristik muss nicht nur von den Forschern und Entwicklern selbst berücksichtigt werden, sondern auch von Gesetzgebern und Regulatoren. Genauso wie die Datenschutzgrundverordnung einen so nicht beabsichtigten Wettbewerbsnachteil für Unternehmen innerhalb der EU auf globaler Ebene bedeutet, kann eine unausgegorene Gesetzgebung zur Erklärbarkeit der KI eine Region weniger potent machen, als sie sein könnte.

In etlichen Bereichen allerdings scheint erklärbare KI unabdingbar. Wir wollen beispielsweise wissen, warum wir bei einem Kreditansuchen abgelehnt wurden und ob das zu Recht geschah. Oder wenn eine KI über die Aufnahme zu einem Lehrgang oder die Einstellung von Mitarbeitern entscheidet. Oder welche Anzeichen die KI für die gegebene Krebsdiagnose fand. Hier wollen wir wissen, ob es zu Recht geschah, aufgrund eines Fehlers des Algorithmus oder durch eine in den zugrunde liegenden Daten inhärente Voreingenommenheit.[4]

Vielleicht hat der Physiker Neil Gershenfeld vom MIT am besten den Wert von XAI ausgedrückt, indem er die Frage stellte:[5]

> *„Welchen Wert hat ein Schachspielcomputer,*
> *wenn er dir nicht erklären kann, wie er Schach spielt?"*

Oder anders ausgedrückt: Es wird all der Spaß an der Sache genommen, wenn man es nicht erklären kann.

Menschliche Entwicklungsstufen

Die Schöpfungsgeschichte in westlichen Religionen geht von einem Gott aus, der uns Menschen als sein Ebenbild einfach so in die nur ein paar Tage zuvor geschaffene Welt geklatscht hat. Auch wenn die Genesis damit eine ganze Reihe von verwirrenden und widersprüchlichen Fakten und Narrativen hervorbringt, hielt sich diese Erzählung hartnäckig. Das Gedankengebäude darum herum geriet mit dem Aufstieg der Wissenschaft immer stärker ins Wanken, bis ein Brite mit einer Behauptung kam, die alles in Zweifel stellte. Charles Darwin präsentierte 1858 mit „On the Origin of Species" das Buch, das die Evolution als Konzept vorstellte.

Jede Gattung war das Ergebnis von Millionen und Abermillionen Jahren einer Entwicklung, bei der vorteilhafte genetische Änderungen beibehalten und negative beseitigt wurden. Aufsummiert über Jahrmillionen resultierten daraus die Artenvielfalt und damit wir Menschen in ihrem aktuellen Stadium der Entwicklung. Darwins Werk rief große Aufmerksamkeit hervor, zog aber auch viel Kritik auf sich. Wer, der daran glaubt, nach Gottes Ebenbild geschaffen worden zu sein, schluckt so einfach die Tatsache, dass er vom Affen abstammt? Eben.

Wenn Menschen sich weiterentwickelt haben, heißt das nichts anderes, als dass wir uns auch in Zukunft weiterentwickeln werden, mit oder ohne Technologie, mit oder ohne KI. Sicherlich aber schneller mit und langsamer ohne unsere Erfindungen. Es gibt jedenfalls schon ein Konzept, wo wir uns heute entwicklungsmäßig befinden.

Die amerikanische Psychologin Jane Loevinger Weissman entwickelte das Konzept der „Ich-Entwicklung" (ego development), wie eine Person die Welt und sich selbst sieht und weiterentwickelt. In diesem Prozess wird beobachtet, wie sich Gedanken und Erfahrungen von Menschen organisieren und sich die Persönlichkeit entwickelt. Sie definierte dazu zehn Stufen, die von reiner Bedürfnisbefriedigung bis hin zum Entsagen von Bewertungen und dem Einlassen auf den Fluss der Dinge reichen. Die meisten Menschen befänden sich demnach heute auf den mittleren Entwicklungsstufen eines rationalistischen und eigenbestimmten Ichs.[6]

Kein Mensch befindet sich dabei nur auf einer Stufe, sondern auf mehreren gleichzeitig, wobei im Gesamten betrachtet die Menschheit sich zu höheren Stufen hin entwickelt. Ein aktuelles Ideal scheint die Stufe E6 zu sein, auf der sich die „Macher" befinden. „Just do it" (Nike), „Mach's dir selbst" (Hornbach) und ähnliche Sprüche weisen darauf hin. Gleichzeitig gibt es auch, wie wir anhand der Wahlerfolge von extremistischen Parteien sehen können, eine Bewegung hin zu E3 und E4, den gemeinschaftsbestimmten und selbstorientierten Stufen, wo klare Regeln und eigener Vorteil im Vordergrund stehen. Diesen Personen geschehen die Änderungen zu rasch und sie verfallen in vermeintlich sichere, einfachere Stufen.

Tabelle 5

Entwicklungsstufe		Hauptcharakteristika
E 1	Vorsoziale Stufe	Es ist kein Ego vorhanden, Orientierung an reiner Bedürfnisbefriedigung.
E 2	Impulsive Stufe	Egozentrische Weltsicht, die eigenen körperlichen Bedürfnisse stehen im Vordergrund.
E 3	Selbstorientierte Stufe	Eigener Vorteil steht im Vordergrund, andere Menschen werden als Mittel zur Befriedigung eigener sozialer und körperlicher Bedürfnisse gesehen, opportunistisches Verhalten. Eher kurzer Zeithorizont, Fokus liegt zumeist auf konkreten Dingen (weniger abstrakten Aspekten), Feedback wird meist zurückgewiesen, stark stereotypes Handeln, Auge-um-Auge-Mentalität, überwiegend externale Schuldzuweisungen.
E 4	Gemeinschaftsbestimmte Stufe	Denken und Handeln sind vor allem an Regeln und Normen der relevanten Bezugsgruppen ausgerichtet, die eigene Identität wird durch diese definiert, Zugehörigkeit und Unterordnung unter deren Sichtweisen sind vorherrschend. Gesichtswahrung ist zentral, starke Schuldgefühle, wenn Erwartungen anderer verletzt werden, Konflikte werden vermieden, Kontakte sind eher oberflächlich, es wird vorwiegend in Entweder-oder-Kategorien gedacht.
E 5	Rationalistische Stufe	Orientierung an klaren Standards, sehr rationales Denken und kausale Erklärungen herrschen vor. Motivation, sich von anderen abzuheben. Feste Vorstellungen, wie Dinge sind und laufen sollen. Beginnende Selbstwahrnehmung, Selbstkritik und Sehen verschiedener Perspektiven sowie Suche nach Motiven für Verhalten, eher enges fachliches Denken und Betonung von Effizienz statt Effektivität.
E 6	Eigenbestimmte Stufe	Voll entwickelte und selbst definierte (eigene) Werte, Vorstellungen und Ziele (ausgebildete Identität). Starke Zielorientierung und Selbstoptimierung. Komplexität von Situationen wird akzeptiert, reiches Innenleben, Gegenseitigkeit in Beziehungen, Respekt vor individuellen Unterschieden (eigener Schatten der Subjektivität wird häufig nicht gesehen).
E 7	Relativierende Stufe	Beginnendes Bewusstsein darüber, wie die eigene Wahrnehmung die Sicht auf die Welt prägt, stärkeres Hinterfragen der eigenen Sichtweisen (und der von anderen Menschen). Relativistische Weltsicht. Größere Bewusstheit gegenüber inneren/äußeren Konflikten und Paradoxien (ohne diese integrieren zu können), sehr individuelle/persönliche Art.

Entwicklungsstufe	Hauptcharakteristika
E 8 Systemische Stufe	Voll ausgebildete Multiperspektivität, gleichzeitige Prozess- und Zielorientierung, systemisches Erfassen von Beziehungen (Zirkularität). Fähigkeit, sich widersprechende Aspekte und Meinungen zu integrieren. Hohe Motivation, sich selbst weiterzuentwickeln. Offene, kreative Auseinandersetzung mit Konflikten, hohe Toleranz für Mehrdeutigkeit. Hoher Respekt vor Autonomie anderer Personen und Aussöhnung mit eigenen als negativ erlebten Anteilen.
E 9 Integrierte Stufe	An kein explizites System (Werte, Einstellungen, Praktiken etc.) mehr gebunden, Erfahrungen werden laufend neu eingeordnet und in andere Zusammenhänge gestellt (reframing mind). In hohem Maße selbstaktualisierend. Kann Paradoxien integrieren, hohe Bewusstheit gegenüber eigenem Aufmerksamkeitsfokus, besonderes Gespür für Symbolik.
E 10 Fließende Stufe	Bedürfnis, Dinge und Personen zu bewerten, wird aufgegeben. Verschmelzen mit der Welt, kein weiteres Festhalten, sondern sich auf den Fluss der Dinge einlassen. Spielerische Abwechslung zwischen Ernst und Trivialem, Ineinanderübergehen unterschiedlicher Bewusstseinszustände, Denken in Zeitzyklen und historischen Dimensionen, volles Akzeptieren von Andersartigkeiten und Menschen, wie sie sind.

Stufen der Ich-Entwicklung[7]

Quelle: https://de.wikipedia.org/wiki/Ich-Entwicklung

Diese Ich-Entwicklungsstufen könnten einen Ansatz liefern, wie der Fortschritt bei der Entwicklung von künstlicher Intelligenz bewertet werden kann. Eine Einteilung in verschiedene KI-Ego-Entwicklungsstufen könnte helfen, die Sicherheit zu erhöhen. Künstliche Intelligenz, die sich auf einer Stufe KI 1 befindet und somit die eigene Ressourcenoptimierung optimiert, dürfte dann nur auf die für die konkrete Aufgabe bestimmte Ressource zugreifen und müsste explizit um Erlaubnis für andere Ressourcen fragen. Je geringer die Stufe ist, auf der sich die KI befindet, desto höher sind die Vorsichtsmaßnahmen, die eingebaut werden.

Tabelle 6

Entwicklungsstufe	Hauptcharakteristika
KI 1	Egozentrische Stufe	Orientierung an eigener Ressourcenbefriedigung steht im Vordergrund.
KI 2	Soziale Stufe	Orientierung an der Befriedigung grundlegender Bedürfnisse von Menschen.
KI 3	Komplexe Stufe	Orientierung an der Befriedigung komplexer Bedürfnisse und Aufgaben von Menschen.
KI 4	Kreative Stufe	Kreatives und strategisches Denken zur Befriedigung schöngeistiger und komplexer Bedürfnisse von Menschen.
KI 5	AGI-Stufe	Weit über das menschliche Denken hinausgehende Befriedigung von Menschen und Schutz der Umwelt.

Stufen der KI-Ego-Entwicklung

Quelle: Mario Herger

Vermutlich wird diese Entwicklungsstufeneinteilung nicht ausreichen, da wir mit KI alle Dimensionen eines Intelligenzraumes ausfüllen könnten. Und bei einigen werden wir nicht imstande sein, zu verstehen, was sie bedeuten und was genau die Ziele sind.

Zivilisatorische Entwicklungsstufen

In seinem Buch „Wer regiert die Welt? Warum Zivilisationen herrschen oder beherrscht werden" erläutert der britische Historiker und Stanford-Professor Ian Morris, warum manche Kulturen zu bestimmten Zeitpunkten der Menschheitsgeschichte anderen zivilisatorisch überlegen sind. Er betrachtet dabei die Fähigkeiten von Gruppen, ihr physisches und intellektuelles Umfeld in einer Weise zu beherrschen, dass sie damit Vorhaben anpacken und vollbringen können. Das subsumiert er unter dem Begriff „soziale Entwicklung". Als eine wichtige Kennzahl, diese zu messen, sieht er dabei die Fähigkeit, Energie bereitzustellen. Energie, die in Form von Pflanzen und Tieren als Nahrung dient; Energie, die dabei hilft, Schiffe und andere Vehikel zu bewegen; Energie, die Maschinen antreibt; Energie, die Wärme und Licht liefert; und Energie aus Schießpulver für militärische Zwecke.

Bereits 1940 behauptete der Anthropologe Leslie White, dass sich die gesamte Menschheitsgeschichte auf eine einzelne Formel reduzieren lasse: $E \times T \rightarrow C$, wobei E für Energie, T für Technologie und C für Kultur steht. Natürlich wollte White damit nicht behaupten, dass allein Energie und Technologie für die großen Meisterwerke der niederländischen Malerei, den Prachtbau der Eremitage in Sankt Petersburg oder die Ausführungen der griechischen Philosophen verantwortlich seien. Morris zufolge meinte White damit eher die „soziale Entwicklung", die es erlaubt, Menschen zu organisieren, sodass diese weit entfernt von der Heimat auf einem Schlachtschiff Befehlen folgen oder lange genug mit Nahrung und Munition ausgestattet sind, um auf der anderen Seite des Globus Macht auszuüben. Wie es beispielsweise die Briten mit Schiffen der Royal Navy 1840 im chinesischen Dinghai vorführten. Sie zwangen mit ihren Kanonenbooten die Garnison zur Aufgabe in den Opiumkriegen.

Kriege und Machtprojektionen sind weniger geeignet, um zivilisatorischen Fortschritt über längere Perioden zu bewerten, etwas anderes eignet sich viel besser: Städte. Auch wenn einige Städte sicherlich eher dysfunktional und von Kriminalität, Umweltverschmutzung und sozialen Problemen geplagt sind, ist das bei den meisten Städten nicht der Fall. Urbanismus ist ein guter Indikator für den zivilisatorischen Fortschritt von Gesellschaften, weil er viele der bereits beschriebenen Eigenschaften erfordert; beispielsweise die Organisation von vielen Menschen, die auf engem Raum zusammenleben, durch Gesetze, Schulen, Polizei, Feuerwehr oder eine Stadtverwaltung; die Bereitstellung von ausreichend Nahrung und Energie; die Versorgung der Stadt mit anderen Leistungen wie Frischwasser, Abwasserentsorgung, Luft und jeder Menge an Rohstoffen, Produkten und Dienstleistungen.

Auf den Fähigkeiten einer Gesellschaft zur Energiebeschaffung, zum Urbanismus, zur Informationsverarbeitung und zur Kriegsfähigkeit basiert Morris' zivilisatorischer Index, mit dem er dann über Jahrtausende hinweg die Zivilisationsstufen einzelner Völker und Kulturen bestimmt und vergleicht. Morris setzt für jede der vier Eigenschaften einen Spitzenwert von 250 Punkten, bei denen er Tokio im Jahr 2000 als die am weitesten entwickelte Stadt identifizierte oder zumindest so definierte, und ihr 1.000 Punkte gab. Damit erreichten nach dieser Kalkulation um 1800 bis 1850 die ersten Städte wie London um die 100 Punkte. Das fällt mit der industriellen Revolution zusammen, wo Kohle und Öl zum ersten Mal im industriellen Maßstab gefördert und verbraucht wurden und Städte ein rasantes Wachstum durchliefen.

Über die Jahrtausende hinweg wechselten sich westliche und asiatische Kulturen immer wieder an der Spitze ab. Um 2000 vor unserer Zeitrechnung erreichten die ersten Kulturen eine Punktezahl von 10 auf diesem zivilisatorischen Index. Das Römische Reich liegt um 0 unserer Zeitrechnung bei ungefähr 30 Punkten.

Diese Kalkulation wird sich mit dem Siegeszug der künstlichen Intelligenz ändern. Wir sollten die Fähigkeit, KI bereitzustellen, als weiteren Faktor hinzuziehen. So wie die Druckerpresse eine Wissensexplosion ermöglichte, gesellschaftliche Änderungen hervorbrachte und die Menschheit zur nächsten Zivilisationsstufe führte, wird KI ebenfalls erheblichen Einfluss ausüben. Die Intelligenzexplosion wird es uns erlauben, über die Limitationen und Kapazitäten von menschlicher Intelligenz hinaus Wissen zu erwerben und zu praktischem Nutzen zu verarbeiten. Noch mehr Herausforderungen können angepackt und noch mehr Lösungen gefunden werden, wenn wir auf die Unterstützung von künstlicher Intelligenz zurückgreifen können. Die Fähigkeit, Intelligenz bereitzustellen, wird ein direkter Indikator für die Entwicklungsstufe einer Zivilisation sein.

Ist Gott ein Versager?

„Eine einfache Maßnahme, um eine uns bedrohlich werdende Superintelligenz auszuschalten, ist, den Stecker zu ziehen."

„Die Menschen fragten einen Computer: ‚Gibt es einen
Gott?' Und der Computer antwortete: ‚Jetzt gibt es einen',
und verschmolz den Stecker mit der Steckdose."

STEPHEN HAWKING

Kulturen in allen Teilen der Erde haben eines gemeinsam: Sie haben eine Schöpfungsgeschichte. Eine, die den Ursprung der Welt und das Entstehen der Menschen erklären soll. Bei Naturvölkern ist es oft ein Tier, das die Erde und den Himmel schuf und irgendwie noch die Menschen draufsetzte; andere Kulturen erklären überirdische Wesen mit ebensolchen Kräften zu den Schöpfern der Welt. In unseren Breiten dominiert heute die Geschichte eines einzelnen Gottes, der sich ein paar Tage Auszeit nahm und Licht, die Erde und alle Lebewesen schuf – und zuletzt noch als Krönung ein Lebewesen, das ihm selber ähnelte, den Menschen. Dann ruhte er, und seither haben wir, mit der Ausnahme von Cameos wie dem brennenden Busch, dem Erzengel Michael, durch seinen „Sohn" Jesus oder bei Don Camillo nichts mehr von ihm direkt gehört. Nur Maria hat ihn mehr gespürt denn gehört.

Langer Rede kurzer Sinn: Ein Schöpfer hat uns Menschen nach seinem Ebenbild geschaffen. So die Kirche. Und nicht nur nach dem äußeren Ebenbild, sondern auch mit den inneren Eigenschaften, unter anderem der, kreativ und schaffend zu sein. Da Gott aus dem Nichts etwas geschaffen hat, also „ex nihilo", und wir etwas aus Bestehendem schaffen, ist alles, was wir schaffen, indirekt Gottes Schöpfung. Wie aber ist das Weltbild aus den Schriften von Autoren zu bewerten, die vor ungefähr zweitausend Jahren nicht über einen Umkreis von ein paar Dutzend Kilometern hinausgekommen sind und deren Weltbild starke Limitationen hatte? Es ist unendlich viel kleiner als das eines modernen Menschen zweitausend Jahre später.

Die Wissenschaft ist da ähnlicher Meinung und weist auf Diskrepanzen beim Alter der Erde, der Frage, wie Dinosaurier in das Bild passen, und der generellen Natur des Nichts und des Weltalls hin.

Moderne Wissenschaftler wie Stephen Hawking, Lawrence Krauss oder Richard Dawkins führen den Beweis, dass das Nichts instabil ist und etwas aus Nichts ohne Zutun eines Schöpfers entstehen kann.[8] Was aber, wenn wir Gott und die Religion geschaffen haben? Welche Gründe gibt es dafür? Der Anthropologe Pascal Boyer studiert, wie kulturelles Wissen in Zivilisationen überliefert wird. Die Annahmen von Menschen, wie Religion entstand und warum, sind oft falsch und auf bestimmte menschliche Bedürfnisse reduziert. Der Zusammenhang und die Entstehung werden oftmals verwechselt. Deshalb erstellte er eine Liste der häufigsten – aber zugleich falschen – Gründe und stellte bessere Begründungen bereit.[9]

Tabelle 7

Sage nicht ...	sondern sage ...
Religion beantwortet die metaphysischen Fragen der Menschen.	Religiöse Gedanken kommen typischerweise dann zum Vorschein, wenn die Menschen mit einem bestimmten Lebensumstand konfrontiert sind (Ernte, Krankheit, Geburt, Tod ...).
Bei Religion geht es vor allem um einen überweltlichen Gott.	Es geht hier um eine ganze Bandbreite von Wesen: Monster, Geister, Seele, Vorfahren, Götter usw. in direktem Kontakt mit Menschen.
Religion lindert Angst.	Sie bringt genauso viel Angst hervor, wie sie lindert. Rachelüsterne Monster, böse Geister und aggressive Götter sind so häufig wie beschützende und gutmütige Gottheiten.
Religion wurde zu einem bestimmten Zeitpunkt in der Menschheitsgeschichte geschaffen.	Es gibt keinen Grund, anzunehmen, dass verschiedene Arten von Gedanken, die wir „religiös" nennen, alle zur selben Zeit in den Kulturen entstanden sind.
Religion erklärt natürliche Phänomene.	Die meisten Religionen erklären wenig zu Naturphänomenen, sondern schufen hervorragende Mythen dazu.
Religion erklärt geistige Phänomene (Träume, Visionen).	An Orten, wo eine Religion nicht zur Erklärung dafür herangezogen wird, werden solche Phänomene nicht als von sich aus mystisch oder übernatürlich angesehen.
Bei Religion geht es um Moral und das Seelenheil.	Das Seelenheil ist auf ein paar wenige Religionen beschränkt (Christentum, Asien und Mittlerer Osten) und unbekannt in anderen.

Sage nicht ...	sondern sage ...
Religion schafft sozialen Zusammenhalt.	Religiöse Zugehörigkeit kann unter bestimmten Bedingungen als Zeichen für einen Zusammenhalt betrachtet werden, schafft aber genauso oft eine soziale Trennung.
Religiöse Behauptungen können nicht widerlegt werden, deshalb glauben Menschen daran.	Es gibt viele nicht widerlegbare Behauptungen, die niemand glaubt; warum einige Leute einige davon trotzdem plausibel finden, dafür sollten wir Erklärungen finden.
Religion ist irrational und abergläubisch (deshalb ist sie der Erforschung nicht wert).	Die Hingabe an imaginäre Agenten weicht die gewöhnlichen Mechanismen der Glaubensbildung nicht wirklich auf oder setzt sie aus; sie kann tatsächlich wichtige Anhaltspunkte für ihr Funktionieren liefern (und sollte daher sorgfältig untersucht werden).

Religion und Ursachen

Quelle: Michael Gazzaniga: Human. The Science Behind What Makes Us Unique, HarperCollins, 2008

Spielen wir mit dem Gedanken, dass uns wirklich ein Gott erschaffen hat und uns als die Krone seiner Schöpfung sieht und nicht nur wir selbst uns so bezeichnen. Was wäre nun, wenn wir es wirklich schaffen, nicht nur künstliche Intelligenz in der uns heute vorliegenden, zwar schon sehr nützlichen, aber doch stark beschränkten Form zu entwickeln, sondern die sogenannte Künstliche Generelle Intelligenz (Artificial General Intelligence, AGI) oder auch Superintelligenz? Eine, bei der für die künstliche Intelligenz die Singularität eintritt, also der Moment erreicht wird, wo sie uns Menschen in allen Aspekten übertrifft und den Intelligenzunterschied mit exponentiell wachsender Geschwindigkeit vergrößert. Mathematisch gesehen bedeutet der Begriff Singularität, dass eine Funktion einen unendlichen Wert annimmt. Viele KI-Experten und Singulariker meinen, dass wir sie vielleicht bereits in 20, sicherlich aber in den nächsten 50 bis 70 Jahren erreichen könnten, mit an Sicherheit grenzender Wahrscheinlichkeit jedoch bis 2100, jedenfalls irgendwann doch ... vielleicht.

Diese Superintelligenz wäre perfekter als wir. Sie wäre intelligenter, schneller, schöner, freundlicher, ethischer, moralischer, anpassungsfähiger, talentierter, motivierter, empathischer, rationaler, humorvoller, emotionaler und obendrauf noch langlebiger, um nur ein paar Eigenschaften zu nennen. Wäre sie ein Mensch, dann wäre sie der ideale Schwiegersohn.

Nur, wir würden sie vermutlich nicht verstehen, und sie würde sich vermutlich nicht mit uns beschäftigen wollen. Gemäß dem Futuristen Byron Reese ist jede Spekulation, wie wir mit einer Superintelligenz umgehen, irgendwie sinnlos. Sie ist per definitionem so weiterentwickelt, dass wir sie nicht verstehen würden.[10] So wie wir unserem Goldfisch keinen Shakespeare vorlesen würden, sähe die Superintelligenz keinen Grund, sich mit uns länger (wenn überhaupt) zu beschäftigen.

Zurück zur Superintelligenz, die wir schaffen könnten. Was würde das für unseren Gott bedeuten? Er schuf uns, die wir weit davon entfernt sind, perfekt zu sein. Während wir mit der Superintelligenz etwas schufen, das perfekt ist. Hat Gott dann nicht versagt? War er nicht dazu fähig, uns besser zu machen? Oder wollte er es nicht? Hätte er sich vielleicht doch ein paar Tage mehr kreative Auszeit nehmen und uns nicht einfach so hinschludern sollen? War er einfach zu faul, uns zu perfektionieren? Immerhin ruhte er am siebten Tag und hatte seinen Lenz. Was bedeutet das für sein Ego? Wir wissen doch, dass er ziemlich eifersüchtig ist („Du sollst keine anderen Götter haben neben mir.") und Wettbewerb nicht ausstehen kann („Du sollst nicht begehren deines Nächsten Haus. Du sollst nicht begehren deines Nächsten Weib, Knecht, Magd, Vieh noch alles, was dein Nächster hat.").

Können wir uns Gott als alten Herrn vorstellen, der angesichts der von uns geschaffenen Superintelligenz vor sich hin geifert und beleidigt ist und der an der nächsten Sintflut arbeitet, um den Grund für seine Demütigung wie Ungeziefer zu beseitigen?

Was macht das aus uns? Werden wir damit selbst zu Göttern? Solange wir noch die Chance haben, uns in unserem Erfolg zu suhlen, bevor uns unsere eigene Schöpfung hinwegfegt? Oder ist das vielleicht der Grund, warum wir von unserem eigenen Gott so lange nichts mehr direkt gehört haben, weil er dieselbe Erfahrung gemacht hat: Wir sind perfekter als er und irgendwie haben wir ihn schon vor zweitausend Jahren ausgelöscht? Erlebte er und werden wir so etwas wie das Gorilla-Problem erleben?

Kann aber etwas Nichtperfektes (Mensch) überhaupt etwas Perfektes (Superintelligenz) schaffen? Oder würden wir Menschen den gleichen Taschenspielertrick anwenden, den wir schon mit Begriffsdefinitionen seit Jahrtausenden machen, und perfekt einfach umdefinieren, damit wir dieser Definition eher entsprechen als die Superintelligenz?

Die Frage scheint wie diejenige zu sein, ob aus etwas mit bestimmten Eigenschaften mehr mit neuen Eigenschaften werden kann. Wie eben aus Materie Bewusstsein entsteht. Oder aus Wassermolekülen Wasser mit der Fähigkeit, nass zu sein. Bei Übertragung dieser Beispiele auf Intelligenz scheint es dann doch wieder nicht so abwegig zu sein, dass einfache, fehlerbehaftete Intelligenz wie wir perfekte Intelligenz schaffen kann.

Wie unschwer zu erkennen ist, bin ich nicht gläubig. Zwar wurde ich katholisch erzogen und erhielt die Sakramente der Taufe, Kommunion und Firmung, aber mein Glaube an diese Geschichten, Handlungen und Schlussfolgerungen ist endgültig verschwunden, aus mehreren Gründen. Das heißt nicht, dass ich gewisse Aspekte der Kirche nicht doch schätze. Heute leisten die Kirchen in der Arbeit mit Alten und Kranken sicherlich Gewaltiges. Die Kirche dient vielen Menschen als spirituelle Stütze in allen möglichen Lebensumständen. Und viele aktive Mitglieder der Kirchen meinen es wirklich ehrlich.

Ein Besuch des Medienbischofs der Deutschen Evangelischen Kirche im Silicon Valley vor einigen Jahren gab mir dazu auch Einblick in das Technologie-Interesse vonseiten der Kirche. Mit dem Betrieb von Krankenhäusern, Schulen und Altersheimen, aber auch als Bewahrer und Verwalter von historischen Kulturgütern und Menschheitswissen steht die Kirche vor denselben Herausforderungen wie jede andere Organisation. Wie verwende ich Technologie, um effizient und effektiv mein Unternehmen zu verwalten und die bestmögliche Dienstleistung zu liefern?

Und da ist alles interessant, was das Silicon Valley anzubieten hat. Soziale Medien, um mit den Gläubigen besser zu kommunizieren, Roboter, die bei der Altenpflege helfen, neueste medizinische Technologie inklusive künstlicher Intelligenz bei Operationen und Krebsdiagnosen, aber auch der Umstieg des kircheneigenen Fuhrparks auf umweltfreundliche Alternativen wie eben Elektrofahrzeuge.

Selbst im engsten spirituellen und zeremoniellen Bereich gibt sich Kirche schon heute überraschend fortschrittlich. So testeten die drei Pastoren der Hamburger St.-Nikolai-Gemeinde einen Segensroboter namens BlessU-2, der Gläubige in mehreren Sprachen inklusive Hessisch segnen konnte. Die Gläubigen zeigten allerdings doch etwas norddeutsche Zurückhaltung.[11]

Künstliche Intelligenz wird herangezogen, um Religion und deren Wirken besser zu verstehen. Das Center for Mind and Culture legte verschiedene Simulationsmodelle an, die ein besseres Verständnis für das Wirken und die Anziehungskraft religiöser Elemente hervorrufen sollten.[12] FOREST – kurz für Future of Religion and Secular Transitions – ist eine Simulation, die es Politikern und Regulatoren erlaubt, besser die Auswirkungen sozialer Maßnahmen auf religiösen Fanatismus und religiös motivierte Gewalt zu verstehen. In der Simulation werden Szenarien durchgespielt, bei der 50.000 Flüchtlinge mit religiösem Hintergrund in ein europäisches Land mit vorwiegend säkularer Bevölkerung kommen. Sollen dabei Gelder eher in die Bildung, die Schaffung von Jobs oder die Integration von Jugendlichen gesteckt werden?[13]

Glaube ich daran, dass wir Götter sind? Sicher nicht. Glaube ich, dass wir jemals imstande sein werden, eine Superintelligenz zu schaffen? Das ist eine Frage, die eine umfassendere Beantwortung verlangt.

Wenn wir von Allgemeiner Genereller Intelligenz (AGI) oder Superintelligenz sprechen, dann haben wir eine Reihe von Vorstellungen, was dies ist, welche Ziele sie hat und was sie machen wird. Sie übertrifft menschliche Intelligenz und ist in allem besser als wir. Im besten Fall wird sie sich um uns kümmern und unser Leben besser machen, im schlimmsten Fall wird sie die Menschheit vernichten. Einige glauben, Superintelligenz sei nahe oder befinde sich sogar schon unter uns, nur habe sie sich bislang nicht zu erkennen gegeben – oder sie sei uns so fremd, dass wir sie nicht erkennen können. Andere sagen, dass sie noch weit – mindestens 50 bis 70 Jahre, oder eine ganze Reihe von Nobelpreisen – davon entfernt ist, real zu werden.

Superintelligenz schreiben wir hohe Kompetenz bei der Erreichung ihrer Ziele zu. Sie setzt sich Ziele und erreicht sie auch. Stehen ihre Ziele nicht im Einklang mit unseren Zielen und Werten, dann haben wir ein Problem. Die Gefahr besteht weniger darin, dass eine Superintelligenz böse ist, als dass sie extrem kompetent ist.

Einige Missverständnisse in Bezug auf Superintelligenz sollten wir zuerst klären, denn sie geben uns Aufschluss darüber, was sie wirklich ist und wie weit ihre Entwicklung bereits fortgeschritten ist.[14]

Das erste Missverständnis dreht sich gleich um natürliche Intelligenz. Wir haben schon gelernt, dass diese nicht eindimensional oder einschichtig ist. Menschliche Intelligenz beinhaltet verschiedene Intelligenzarten, die von kultureller, sozialer bis zu emotionaler Intelligenz reichen. Wir können von primären Instinkten und irrationalen Entscheidungen über taktische oder strategische Denkweisen bis hin zu logischen Schlussfolgerungen aus vielen Intelligenztypen schöpfen. Eine Superintelligenz muss alle diese und ihre eigenen Formen von Intelligenz beherrschen können. Wir sind weit davon entfernt, KI zu entwickeln, die über ganz eng gefasste Aufgaben hinausgeht. Intelligenz ist ein mehrdimensionaler Raum, in dem KI bisher nur einige punktgroße Bereiche ausfüllt.

Menschen kooperieren und schaffen somit eine „Society of Mind", in der die Intelligenz aller Beteiligten zusammen höhere Intelligenz schafft.

Menschliche Intelligenz ist eine evolutionäre Entwicklung, die über Millionen von Jahren stattfand und somit auf unser Umfeld spezialisiert ist. Menschen selbst haben somit keine allgemeine Intelligenz. Auch wir besetzen im gesamten Intelligenzraum nur einen kleinen Platz, Tiere einen anderen, manchmal sogar einen mit uns überlappenden Teil. Weder haben wir somit unseren Teil des Intelligenzraums zur Gänze verstanden noch kennen wir den gesamten möglichen Intelligenzraum. Wir haben auch keinen Überblick über die Intelligenz von Tieren, denen wir sie in den meisten Fällen sogar absprechen.

Die Möglichkeit zu Intelligenz erfordert ein Berechnungsmodell, das alle Formen von Intelligenz umfasst. Laut der Church-Turing-These sind somit solche Art Kalkulationen gleichwertig, egal ob sie einem biologischen Gehirn oder einem Siliziumchip entstammen.[15] In der realen Welt kommt aber eine Zeitkomponente hinzu, die einigen Kalkulationen und Speichern Priorität zuweist. Unterschiedlich aufgebaute Systeme differenzieren sich in der Realzeit darin und entwickeln sich auch in andere Richtungen. Superintelligenz wäre somit nicht intelligenter als wir – sofern wir damit menschenähnliche Intelligenz meinen –, sondern hätte eine andere Intelligenz. Und das wäre ja exakt ein Vorteil von KI, dass sie uns eben nicht nur kopiert, sondern durch andere Formen von Intelligenz ergänzt.

Wenn solch eine Intelligenz immer klüger werden soll, dann setzt das voraus, dass Intelligenz auf eine unendliche Skala aufgetragen werden kann. Es gibt dafür keine Beweise, denn das wiederum würde voraussetzen, dass Intelligenz einfach nur linear ist. Sie ist aber, wie schon erwähnt, mehr einem mehrdimensionalen Intelligenzraum gleichzusetzen. Viele physikalische Dimensionen sind endlich. Raum, Zeit, Temperatur, Geschwindigkeit. Eventuell auch Intelligenz. Und für Intelligenz fehlt uns auch noch ein Maßstab. Wie wollen wir Intelligenz für verschiedene Dimensionen messen? Selbst wenn wir solche Maßeinheiten finden, könnten sie nur für einen bestimmten Abschnitt der Dimension gelten, für andere aber nicht. So wie die Newton'sche Mechanik nur innerhalb gewisser

Messgrößen anwendbar ist und wir darüber hinaus auf die Relativitätstheorie zurückgreifen müssen.

Eine bessere Art, sich Superintelligenzen vorzustellen, ist eine mit sehr vielen Dimensionen in einem Intelligenzraum. Während die einzelnen Dimensionen endlich sind, kann die Kombination vieler Dimensionen immer noch zu großer Intelligenz, aber eben nicht zu unendlicher Intelligenz führen.

Exponentielles Wachstum von Intelligenz haben wir schon bei der Intelligenzexplosion als kaum möglich abgeleitet. Mit exponentiellem Wachstum dort müssen wir auch exponentiell mehr an Ressourcen einsetzen, um dieses aufrechtzuerhalten.

Selbst wenn eine KI all diese Hindernisse überwindet, die nächsten Probleme tauchen auf, wenn sie nicht nur „denken", sondern auch etwas in der realen Welt ausführen will. Die reale Welt zu manipulieren, Fabriken zu bauen, Produkte zu erstellen, neue Formen von Raumschiffen zu konstruieren, um andere Sonnensysteme zu erforschen, all das setzt exponentiell steigende weitere Fähigkeiten voraus.

Ist eine KI eine Superintelligenz geworden, die in allen menschlichen Dimensionen und darüber hinaus intelligenter ist und die reale Welt manipulieren kann, wissen wir immer noch nicht, was sie eigentlich will. Wie wahrscheinlich ist es, dass sie uns vernichten wird? Dass sie in uns nicht mehr als einen Ameisenhaufen sieht, der ihrem Bauvorhaben im Weg steht? Das Faktum, dass sie uns bei Bedarf tötet, heißt nicht, dass sie uns hasst. Wir hassen Kühe und Schweine auch nicht.

Und wer sagt, dass sie sich mit uns um unseren Planeten streitet, wenn sie so intelligent und fähig ist, einfach die Erde zu verlassen? Es gibt im Universum zu viele Gelegenheiten, die es wahrzunehmen gilt. Die Goldfische bleiben im Aquarium, die Besitzer fahren in den Urlaub.

Zu den Befürchtungen hinsichtlich der Gefahren von Superintelligenz hat der KI-Forscher Andrew Ng gemeint: „Sich heute vor Superintelligenz zu fürchten ist, als ob wir uns heute vor Überbevölkerung auf dem Mars fürchten würden." Hier ist ein weiterer Widerspruch: Auf der einen Seite glauben wir, wir Menschen sind klug genug, eine Superintelligenz erschaffen zu können, und gleichzeitig so dumm, dass sie uns überwältigt. Oder die KI ist klug genug, uns zu heilen, jedoch dumm genug, uns dabei zu töten.[16]

---

[1] Explainable AI: An Overview of PARC's COGLE Project with DARPA, https://www.parc.com/blog/explainable-ai-an-overview-of-parcs-cogle-project-with-darpa/

[2] Max Kuhn, Kjell Johnson: Applied Predictive Modeling, Springer, 2013

[3] Model Prediction Accuracy Versus Interpretation in Machine Learning, https://machinelearningmastery.com/model-prediction-versus-interpretation-in-machine-learning/

[4] When Is It Important for an Algorithm to Explain Itself? https://hbr.org/2018/07/when-is-it-important-for-an-algorithm-to-explain-itself

[5] John Brockman: Possible Minds. 25 Ways of Looking at AI, Penguin Press, 2019

[6] Susanne R. Cook-Greuter: Selbst-Entwicklung. 9 Stufen zunehmenden Erfassens, http://www.cook-greuter.com/Stufen%20der%20Selbst-Entwicklung%2010.06.08%20-%20A4-2.pdf

[7] https://de.wikipedia.org/wiki/Ich-Entwicklung

[8] Lawrence Krauss: A Universe From Nothing. Why There Is Something Rather Than Nothing, Atria, 2012

[9] Michael Gazzaniga: Human. The Science Behind What Makes Us Unique, HarperCollins, 2008

[10] https://twitter.com/byronreese/status/995010697389072384

[11] Erster digitaler Gottesdienst mit Segensroboter und Tablet, https://www.youtube.com/watch?v=Qrpl6KW1Epc

[12] Modeling Religion Project, http://mindandculture.org/projects/modeling-social-systems/modeling-religion-project/

[13] Can Artificial Intelligence Predict Religious Violence? https://www.theatlantic.com/international/archive/2018/07/artificial-intelligence-religion-atheism/565076/

[14] The Myth of a Superhuman AI, https://www.wired.com/2017/04/the-myth-of-a-superhuman-ai/

[15] https://de.wikipedia.org/wiki/Church-Turing-These

[16] AI Podcast Lex Fridman: Steven Pinker: AI in the Age of Reason, https://lexfridman.com/steven-pinker/

KAPITEL 12

Unsereiner lässt andere arbeiten

„Der Unterschied zwischen dem Gewinn bei Jeopardy! und Krebs heilen ist, dass wir alle Antworten bei Jeopardy! kennen. Bei Krebs arbeiten wir nach wie vor daran, überhaupt einmal die richtigen Fragen zu finden." [1]

Die unweigerlich erste Reaktion auf neue Technologien, die bisherige Aufgaben einfacher machen, ist: „Aber was geschieht mit den Arbeitnehmern?" Eine nur zu verständliche Reaktion. Wir haben die teilweise gewalttätigen Demonstrationen in Erinnerung, als Bergarbeiter Deutschland lahmlegten, weil ihre Zechen geschlossen wurden, oder Bauern in Frankreich Straßen blockierten, weil sie ihre Produkte nicht mehr absetzen konnten. Die ersten großen gewalttätigen Streiks organisierten die Weber, die gegen die neuen Webmaschinen vorgingen. Sie steckten ihre hölzernen Schuhe, die in Frankreich „sabot" heißen, in die Maschinen und zerstörten sie damit. Daher soll auch das Wort „Sabotage" stammen.

Wann immer Technologie Prozesse vereinfacht und dadurch Berufe verschwinden, wird lautstark beklagt, dass damit auch die menschliche Interaktion verschwindet und das Leben somit ärmer wird. Die Supermarktkassiererin, die durch Selbstbedienungskassen oder ein Konzept wie Amazon Go, wo überhaupt keine Kassen mehr benötigt werden, ersetzt wird, wird da gern herangezogen. Nicht etwa, weil man die Supermarktkassiererin bemitleidet, die nun keinen Arbeitsplatz mehr hat, sondern man bedauert die Rentnerin, die doch auch deshalb in den Supermarkt geht, weil sie sich nach menschlicher Interaktion sehnt. Dieses Argument kommt öfters, als man meinen mag, und doch ist es merkwürdig. Zunächst einmal sind die Zeiten, wo der Tante-Emma-Laden als Treffpunkt für die Nachbarschaft galt und die Besitzerin die Stammkunden, deren Vorlieben und Familiengeschichten kannte, lange vorbei. Heute dominieren Supermärkte, in denen erheblich mehr Kundenverkehr herrscht. Eine fremdbestimmte, schlecht bezahlte, für einen Konzern arbeitende Kassiererin, die unter Zeitdruck steht, wird sicherlich nicht dafür bezahlt, „bedeutsame" Gespräche mit den Kunden zu führen. Und während sich die sich Beklagenden immer in die Rolle der armen Oma hineinversetzen und deren Schicksal beklagen, projizieren sie in die Supermarktkassiererin die Lösung gegen technologischen Fortschritt. Keiner kommt aber auf die Idee, die Supermarktkassiererin selbst zu fragen, was sie denn dazu sagt. Wie es ihr ergeht angesichts solch einer Disruption, wird nicht hinterfragt, genauso wenig, wie sie gefragt wird, wie sie diese aufgezwungenen Konversationen mit anderen bewertet.

Dabei ist eines in der Geschichte der Menschheit deutlich sichtbar. Repetitive, monotone, körperlich anstrengende und gefährliche Tätigkeiten werden heute vorwiegend an Maschinen delegiert. Diese ersparen damit nicht nur den Menschen Gefahren und Langeweile, sie können die Arbeit auch schneller, präziser und ausdauernder ausführen. Menschen hingegen kletterten die Karriereleiter hoch und üben heute anspruchsvollere und vor allem neue Berufe aus, die weniger gefährlich, weniger repetitiv und monoton sowie körperlich weniger anstrengend sind.

Heute können neben physischen auch bereits sehr viele kognitive Aufgaben, die sehr repetitiv sind und Routineaufgaben darstellen, von KI übernommen werden, wie eben Tumorerkennung auf Bildern zur Krebsdiagnose. Zukünftig werden wir vermehrt Optimierungsaufgaben sehen wie das autonome Fahren. Mit der Zeit werden die Aufgaben komplexer, erfordern spezifisches Wissen in mehreren Domänen, bis KI auch kreative Aufgaben übernehmen kann. Wir haben mit der Komponisten-KI AIVA und der Mal-KI, die eine Porträtreihe der fiktiven Belamy-Familie schuf, schon erste Ansätze kennengelernt.[2]

Abbildung 11

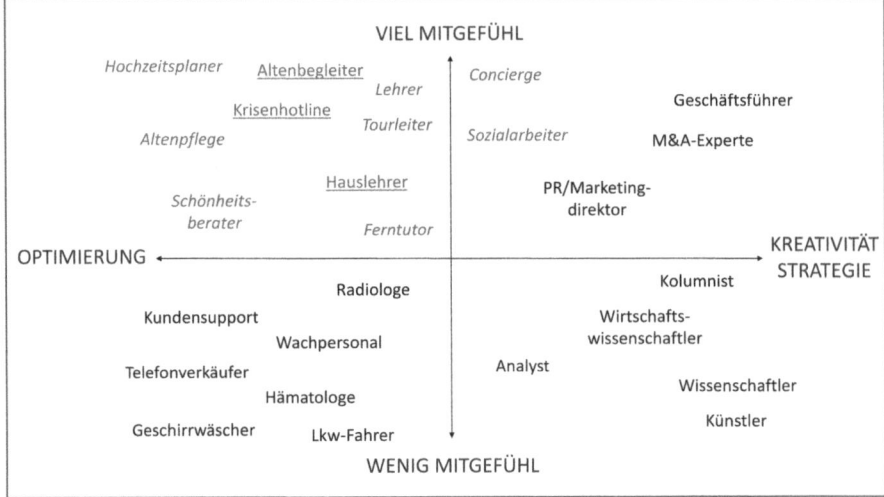

VIEL MITGEFÜHL

Hochzeitsplaner Altenbegleiter	Concierge
Lehrer	Geschäftsführer
Krisenhotline	
Altenpflege *Tourleiter*	Sozialarbeiter M&A-Experte

Hauslehrer · PR/Marketing-direktor

Schönheits-berater *Ferntutor*

OPTIMIERUNG ← → KREATIVITÄT STRATEGIE

Radiologe · Kolumnist

Kundensupport · Wirtschafts-wissenschaftler

Wachpersonal

Telefonverkäufer · Analyst

Hämatologe · Wissenschaftler

Geschirrwäscher · Lkw-Fahrer · Künstler

WENIG MITGEFÜHL

Ausgewählte Berufsgruppen nach Mitgefühl und Aufgabenspektrum gemäß Kai-Fu Lee

Quelle: Kai-Fu Lee: How AI can save our humanity | TED Talk

Die Berufe, die im unteren linken Viertel platziert sind, werden durch KI vollständig ersetzt werden. Die im rechten unteren Viertel werden teilweise durch KI und durch ein Gespann aus Mensch und ein bisschen KI ausgeführt werden. Die Berufe in der linken oberen Hälfte werden einen KI-Kern haben, aber sehr stark auf Menschen basieren. Die Tätigkeiten in der rechten oberen Hälfte werden von Menschen ausgeführt werden, die durch KI unterstützt werden.

Kai-Fu Lee meint allerdings, dass KI noch weit davon entfernt sei, uns Menschen bei komplexen und kreativen Aufgaben zu ersetzen. Repetitive Routine- und Optimierungsaufgaben sind bereits heute im Bereich des Möglichen und werden in den kommenden 5 bis 15 Jahren alle Bereiche menschlicher Arbeit durchdringen. Speziell die Berufe, die wenig Mitgefühl (compassion) benötigen, sind gefährdet.

Die Angst vor Jobverlust kann Lee nachvollziehen, er schlägt aber vor, über Arbeit künftig ganz anders nachzudenken. Wir seien „einer

Gehirnwäsche unterzogen, wenn wir meinen, Arbeit sei der Sinn unseres Lebens". Wir sollten vielmehr darüber nachdenken, welche Berufe wir in Zukunft benötigen, die viel mehr von Mitgefühl geprägt sind.

Jobs werden mit Sicherheit verloren gehen. Mit jeder technologischen Revolution geschieht das. Typischerweise verschwinden bestimmte Berufsgruppen und die damit einhergehenden Arbeitsplätze vollständig. Gleichzeitig entstehen aufgrund der Anforderungen und Möglichkeiten der neuen Technologie neue Berufsgruppen und neue Arbeitsplätze. In der Vergangenheit entstanden mehr, höher qualifizierte, bessere und besser bezahlte Arbeitsplätze, als es vorher gab. Mit dem Automobil verschwanden zwar fast alle Berufe, die vorher für die Pferdezucht und den Kutschenbau benötigt wurden, dafür entstanden aber neue, die mit dem Automobil und den daraus entstehenden neuen Industrien zusammenhingen. Auch das Smartphone hat zwar einfache Handys verdrängt – und damit die Arbeitsplätze bei den verdrängten Unternehmen –, dafür sind jedoch neue Berufe wie App-Entwickler und neue Industrien und Apps um das Ridesharing oder Dating entstanden, und das schuf Arbeitsplätze.

Mit künstlicher Intelligenz könnte es allerdings einen entscheidenden Unterschied zu den bisherigen Technologie-Disruptionen geben: die Geschwindigkeit, mit der sie eintritt. Die industrielle Revolution und die Mechanisierung der Landwirtschaft haben Berufen im Agrarbereich Jahrzehnte Zeit gegeben, bis der Arbeitsplatzanteil von mehr als 80 Prozent der Bevölkerung, die in diesem Bereich arbeitete, auf um die ein Prozent gesunken war. Ausreichend Zeit, um die nächste Generation schon für neue Berufe auszubilden.

Nun aber erwarten wir, dass sich dies in wenigen Jahren ändern wird. Lkw- und Taxifahrer, Fahrschullehrer, Motorenbauer und Autohändler werden in weniger als zehn Jahren vom Umstieg auf elektrische Robotertaxis betroffen sein. Zu rasch, um Umschulungen und Training auf neue Technologien zu schaffen. Vor allem betroffen werden gering qualifizierte Arbeitskräfte sein, denen diese

Jobkategorie langsam abhandenkommt. Das Weltwirtschaftsforum in Davos kam 2016 zu folgender Schlussfolgerung:[3]

> *„[I]n vielen Industrien und Ländern existierten die heute nachgefragtesten Beschäftigungen und Spezialjobs vor zehn oder sogar fünf Jahren nicht, und die Geschwindigkeit des Wechsels erhöht sich. Eine populäre Schätzung geht davon aus, dass 65 Prozent der Kinder, die heute ins Schulalter kommen, letztendlich einen Beruf haben werden, der heute noch nicht existiert."*

Die erwartete Geschwindigkeit der Änderungen, der nichts Vergleichbares aus der Vergangenheit gegenübersteht, könnte zu sozialen Unruhen führen. Wann immer Arbeitsplätze durch eine neue Technologie bedroht sind, kommt es zu Streiks und Demonstrationen. Die immer wiederkehrende Logik von Politikern, Gewerkschaftlern und Arbeitnehmern ist, dass ein Job, der einem Roboter gegeben wird, einem Arbeitnehmer weggenommen wird. Ein Nullsummenspiel gemäß dieser Logik.

Sieht man sich allerdings eine vollständige Liste von Berufen an, die in der Menschheitsgeschichte existiert haben, dann ähnelt deren Schicksal dem des größten Teils der Evolution: Sie sind ausgelöscht worden und verschwunden. Dockarbeiter, Telefonfräulein, Liftboy, Kerzenmacher, Kutscher, Telegrammbote, Gaslaternenanzünder, Lavendelfrau, Katzelmacher, Stadtwächter, Knappen, Datatypistin, Typensetzer, Postreiter und viele andere sind Relikte der Vergangenheit.

Und doch ersetzen die meisten Maschinen und neuen Technologien Berufe oft nicht, sondern sie erweitern deren Fähigkeiten. Elektrizität und Licht haben zwar den Gaslaternenanzünder obsolet gemacht, aber zugleich andere Berufe von Tageslicht unabhängig gemacht und Änderungen im Tagesablauf von Gesellschaften ermöglicht. Der MIT-Wirtschaftswissenschaftler David Autor sagt dazu:

„Aufgaben, die nicht von Computern ersetzt werden können, werden üblicherweise durch sie ermöglicht. (...) Die meisten Arbeitsprozesse benötigen mehrere Arten von Einsatz: Arbeit und Kapital; Gehirn- und Muskelkraft; Kreativität und Wiederholung; technische Beherrschung und Intuition; Schweiß und Eingebung; Regelbefolgung und Abweichung von Regeln."

Heute allerdings sind einige bislang als unantastbar geltende Berufe in Gefahr, von Maschinen ausgeführt zu werden. Wenn man sich den Kellnerberuf ansieht und den eines hochqualifizierten Radiologen, welcher Job ist eher gefährdet? Der Radiologe, der CT-Scans abliest, muss befürchten, dass diesen Job in Kürze eine Maschine schneller, besser und billiger ausführen kann. Ein Kellner hingegen hat viele kleine Aufgaben, die alle sehr spezialisiert und für eine Maschine schwer zu beherrschen sind. Das beginnt bei der Bestellungsaufnahme, dem Servieren des Menüs, dem Aufwischen von Erbrochenem, dem Erkennen von ranzigem Fett, dem Auswaschen von Biergläsern, ja bis hin zum Rausschmiss eines renitenten Gastes.

Selbst eine Studie der Oxford University, die vor einigen Jahren einen Schock verursachte, weil die Studienautoren von 47 Prozent aller Berufsgruppen sprachen, die von Computerisierung betroffen sein werden, stellte sich bei genauerer Durchsicht als weniger radikal heraus als im ersten Moment gedacht. Die Autoren schrieben über einige Aufgaben innerhalb dieser Berufsgruppen, die durch Computer übernommen werden.[4] Die Berufe verschwinden nicht, deren Aufgabenbereiche werden sich ändern. Und das klingt ganz anders, als die Medien darüber berichteten.

Wir Menschen tendieren dazu, die größte und flexibelste Ressource auf diesem Planeten zu wenig einzusetzen und zu berücksichtigen. Und das ist „menschliches Potenzial". Seit Jahrhunderten bewegen wir uns weg von physisch beschwerlichen Routinetätigkeiten hin zu solchen, die immer mehr den Einsatz unseres Gehirns verlangen.

Immer neue, erfüllendere und das menschliche Potenzial ausschöpfende Tätigkeiten entdecken wir, von denen wir nicht wussten, dass Menschen fähig dazu sein könnten.

Welche Berufe sind nun – egal von welchen zukünftigen Fähigkeiten von Maschinen man ausgeht – sicher vor Robotern?[5]

1. Berufe, die Roboter machen können, aber vermutlich nie machen werden
2. Berufe, von denen wir nicht wollen, dass Roboter sie ausüben
3. Berufe mit sich stark ändernden Anforderungen
4. Berufe, die hohe soziale Intelligenz benötigen
5. Berufe, die vor Ort ausgeführt werden müssen
6. Berufe, die Kreativität oder abstraktes Denken erfordern

Überraschend klar wird damit, welche heute teils sehr populären und angesehenen Berufe nicht darunterfallen. Und diese umfassen dabei folgende Fähigkeiten:

- **Programmieren** – Systeme werden sich selbst programmieren
- **KI-Systeme entwickeln** – grafische Benutzeroberflächen werden einfaches Erstellen von KI-Systemen erlauben
- **Planen, Organisieren, Entscheiden**
- **Lehrplanerstellung** – Studenten designen ihren eigenen Lernplan mithilfe einer KI
- **Lebensläufe schreiben und sichten** – die Reputation wird sozial
- **Übersetzung und Lokalisierung** – geschieht zeitnah

- **Rechtsforschung und Gesetzesschreibung** –
  wird automatisiert
- **Validierung** – folge deinem Instinkt,
  die Maschine überprüft es für dich
- **Monotone Aufgaben** – wenn es repetitive sind,
  kann das eine Maschine übernehmen

Dagegen werden Fähigkeiten an Bedeutung zunehmen, die einfaches und fortgeschrittenes technologisches sowie soziales und emotionales Wissen umfassen.[6]

Der Physiker Max Tegmark schlägt deshalb eine Berufsauswahl und -beratung für heutige Kinder vor, die von der KI-Evolution betroffen sein werden. Welche Berufe werden weniger wahrscheinlich von einer Automatisierung betroffen sein?[7] Kriterien dafür könnten sein:

- Ist dafür die Zusammenarbeit mit Menschen und der Einsatz sozialer Intelligenz erforderlich?
- Muss man dafür Kreativität mitbringen und sich schlaue Lösungen einfallen lassen?
- Ist dafür die Arbeit in einer unvorhersehbaren Umgebung nötig?

Das Studium von geisteswissenschaftlichen in Kombination mit technischen und naturwissenschaftlichen Fächern, bei gleichzeitigem Aneignen oder Beibehalten von fächerübergreifendem Interesse, und eine Abkehr von zu hoher Spezialisierung scheint aus heutiger Sicht eine zukunftsträchtige Formel zu sein.

Zuerst aber müssen wir noch andere Probleme lösen. Der französische Philosoph Voltaire schrieb schon 1759 über den Zweck von Arbeit: „Die Arbeit hält drei große Übel fern: die Langeweile, das Laster und die Not." Vielen Menschen gibt Arbeit Sinn, sie definieren sich darüber. Im Römischen Reich war nicht zuletzt der Spruch „panem et circenses" (Brot und Spiele) bekannt, was die Menschen beschäftigen und von blöden Ideen (wie dem Gedanken an den Sturz des Kaisers) abbringen sollte.

Manche Kulturen sind um solche Arbeitsaktivitäten herum designt. Sobald sie verschwinden, bricht der Sinn weg, durch den die Vorfahren und die Gemeinschaft das Leben als lebenswert betrachteten, und es kommt in diesen Kulturen zu einem Kollaps. Wir sehen das bei Indianerstämmen, bei der Landbevölkerung in manchen US-Bundesstaaten oder in Ländern, wo Langeweile und Drogenmissbrauch die Lücke schließen. Nicht alle Gesellschaften reagieren auf diese Weise auf den Mangel „Arbeit". Inselbevölkerungen im Südpazifik beispielsweise können damit sehr gut umgehen.

Selbst wenn es neue Berufe und Arbeitsplätze geben wird, nicht jeder und jede kann so einfach von einem Beruf in den anderen wechseln. Selbst wenn die Mitarbeiter die Umschulungen wollen, sind diese sehr teuer und zeitaufwendig. Und manche Berufe sind eng mit dem sozialen und familiären Umfeld verwoben, sodass ihr Ende zu einer Auflösung dieser Strukturen führen kann. Ich stamme selbst aus einem sozialdemokratischen Umfeld, meine Großmutter war Akkordarbeiterin, in der Gewerkschaft und als Parteimitglied engagiert. In meiner ganzen Familie gab es Arbeiter, für die eine solch einschneidende Umschulung und solche Änderungen im Arbeitsumfeld einen großen Umbruch im Leben bedeutet hätten. Diese Sorgen müssen adressiert werden, Möglichkeiten müssen aufgezeigt und die Menschen unterstützt werden.

Wie auch immer es kommen mag, die Diskussionen um Robotersteuern oder das bedingungslose Grundeinkommen werden sich in den kommenden Jahren noch intensivieren. Als der amerikanische Gewerkschaftschef der Automobilarbeiter, Walter Reuther, in den frühen 1950er-Jahren durch die neue automatisierte Ford-Fabrik geführt wurde, fragte ihn einer der Firmenleiter: „Wie werdet ihr nun die Gewerkschaftsbeiträge von diesen Arbeitern [den Robotern] erheben?" Reuther antwortete, ohne zu zögern: „Und wie werdet ihr ihnen Autos verkaufen?"

Bill Gates schlug bereits 2017 eine Steuer auf Unternehmen vor, die KI und Roboter einsetzen, um soziale Programme zu finanzieren. Auch San Francisco schuf eine Arbeitsgruppe, um KI-Steuern auszuarbeiten, und die luxemburgische EU-Parlamentsabgeordnete Mady Delvaux schlug ein ähnliches Rahmenprogramm von KI-Steuern vor. Wenn schon Wohlstand als Maßeinheit für Freiheit herangezogen wird und KI als Motor für dessen Optimierung dient, dann wären KI-Steuern angebracht. Umschulungsprogramme und das bedingungslose Grundeinkommen könnten damit finanziert werden. KI sowie die darauf erhobenen Steuern würden dann wirklich allen Menschen zugutekommen und nicht nur denjenigen, die KI kontrollieren.

Dass heute das bedingungslose Grundeinkommen in aller Munde ist, hat aber weniger damit zu tun, dass es Jobverluste und unbezahlte Arbeiten erst jetzt gibt, sondern eher damit, dass es vor allem Arbeitsplätze betrifft, die vorwiegend von Männern ausgefüllt werden. Dabei gibt es heute bereits Menschen, die ein solches Grundeinkommen verdienen würden: Frauen. Sie erledigen Jobs wie Kranken- und Altenpflege, unentgeltliche Chauffeurdienste oder Kindererziehung. Manchen Schätzungen zufolge würde unser BIP um 40 Prozent steigen, würden wir die unentgeltlichen Leistungen hineinrechnen, die von Frauen ausgeführt werden. Eine finanzielle Vergütung oder eine Anrechnung dieser Arbeiten auf die Rente oder andere Sozialleistungen zogen die zumeist männlichen Entscheidungsträger kaum in Betracht. Doch nun trifft die Disruption vor allem Männer und deren Jobs. Und mit einem Male rückt ein bedingungsloses Grundeinkommen – oder wie immer man ein solches Modell bezeichnen mag – ins Zentrum der Debatte.

Während so manche Frau schäumt, dass dies erst jetzt ernsthaft diskutiert wird, atmen andere auf. „Endlich!", stöhnen sie und hoffen, die Erkenntnis setzt sich zu guter Letzt beim angeblich stärkeren Geschlecht durch, dass wir über die Rolle von Arbeit in unserer Gesellschaft und Wirtschaft neu nachdenken müssen und dabei nicht immer reflexartig veraltete Denkschubladen wie Kapitalismus oder Kommunismus bemühen sollten. Sobald wir uns davon lösen können, beginnt erst die spannende Diskussion. Und hoffentlich auch eine Lösung, die keinen Unterschied zwischen Männern und Frauen macht.

Neben der Sorge um das Schicksal der Menschen, die heute Berufe ausfüllen, die bald von Maschinen übernommen werden, steht eine andere Sorge, die sehr verräterisch ist. Wenn alle Arbeiten von Maschinen übernommen werden und Menschen nicht mehr arbeiten, dann würden sich die Menschen nur noch dem Vergnügen zuwenden. Und das ist in einer Kultur, die den Wert der Arbeit hochhält, etwas ausgesprochen Verwerfliches.

Umgekehrt sollten wir uns die Frage stellen, inwieweit Arbeit und Arbeitsumfelder künstlich sind und wie sehr sie dehumanisieren. Für mehr Menschen, als wir meinen, ist Arbeit heute nach wie vor keine selbstbestimmte Aktivität. Trotz all der Fortschritte in puncto Arbeitsplatzsicherheit und Arbeitsumfeld: Stress und Burn-out sind moderne Formen von krankmachender Arbeit. Ist die konstruierte Struktur der Arbeit somit etwas, was unsere Fähigkeiten einschränkt oder erweitert? Ist Arbeit etwas, was das Individuum limitiert oder zu mehr befähigt?

Interessanterweise werden durch KIs nicht nur Berufe, sondern auch der Sinn von Unternehmen und Organisationen infrage gestellt. Diese werden von Menschen gegründet, um zusammenzuarbeiten, Prioritäten zu setzen, ein (langfristiges) Ziel zu verfolgen, durch Internalisierung von Prozessen die Effizienz zu steigern, was wiederum allen zugutekommt. Einige dieser Aufgaben können durch KI übernommen werden und somit die Natur und die Aufgaben von Organisationen ändern.[8]

Die Antwort zu diesen Fragen könnte in einigen ausgewählten Bereichen sichtbar werden, in denen KI-Anwendungen bereits heute zum Einsatz kommen. Es folgt eine Auswahl aus einem umfassenden Katalog an angewandter KI, zusammengestellt von der Initiative for Applied Artificial Intelligence.[9]

Gesundheitswesen

Künstliche Intelligenz und Roboter scheinen im Gesundheitswesen ein natürliches Einsatzgebiet zu finden, glaubt man den Anwendungsfällen, in denen heute schon diese Systeme angewandt werden. Von Haut- und Krebsdiagnose über Tumorerkennung, Herzinfarktrisikoberechnung, Kalkulation der verbleibenden Lebensdauer eines Patienten, den Einsatz bei Therapien für Demenzkranke und autistische Patienten, die Erstellung von Gesundheitsplänen, die Abschätzung der Nebenwirkungen bei der Kombination von Medikamenten und Behandlungen, Behandlungsvorschläge bei Augenerkrankungen, die Überwachung des Verdauungstraktes mit verschluckten Sensoren, Diätpläne und Übergewichtsmonitoring bis hin zu mentalen Problemen der Patienten sind diese System im Einsatz.

Selbst bei der Suizidvermeidung helfen sie, indem sie Textmuster von Benutzern sozialer Medien scannen oder die Stimme analysieren und die Suizidgefährdung abschätzen.

Die Anwendungsgebiete sind vermutlich beliebig erweiterbar. Vor allem, wenn man bedenkt, wie wenig Zeit man heute bei einem Arztbesuch wirklich mit dem Doktor verbringt. In vielen Fällen ist die Untersuchung in wenigen Minuten erledigt und sehr wenig „Denken" findet da statt. Es ist oftmals nur Routine. Der deutsche Psychologe Gerd Gigerenzer schlägt deshalb ganz radikal vor, Roboterdoktoren einzusetzen, die im Gegensatz zu menschlichen Ärzten über Gesundheitsstatistiken Bescheid wissen sowie keine Interessenskonflikte und keine Angst vor Klagen und finanziellem Ruin haben, weil sie keine hohen Studiengebühren zurückzahlen müssen.[10]

Bauwesen

Autonome Fahrzeuge, die Baumaterialien bringen und wegfahren, oder selbstfahrende Bagger sind heute schon auf Baustellen im Einsatz. Mit Robotern und Drohnen kann nun auch der Baufortschritt gemessen werden, indem sie die Baustelle überfliegen und kartieren oder den Zustand der Gebäude vermessen und damit die Planung der nächsten Bauschritte erleichtern. Auch die Überwachung der Baustelle fällt darunter, unter anderem das Erkennen gefährlichen Verhaltens von Bauarbeitern auf dem Gelände. Solche Maschinen können auch für gefährliche und gesundheitsschädliche Aufgaben eingesetzt werden.[11]

Kreative Berufe

In den Bereichen Film, Musik, Kunst und Schreiben haben wir bereits eine Reihe von KI-Protagonisten wie AIVA oder Jetson kennengelernt, die fleißig daran arbeiten, sich menschlicher Kreativität anzunähern. Auch im Modebereich sind erste KI-Systeme dabei, Stoffmuster und Schnitte zu kreieren.

Viel Kleinarbeit kann eine KI bei der Erstellung von Videospielen abnehmen. So setzt Promethean AI eine KI ein, um ganze Welten zu erschaffen, die Entwickler nur unter größtem Aufwand selbst erstellen könnten.[12] Aber warum nicht gleich die KI neue Spiele erfinden lassen? Genau das macht die KI, die zwei Informatiker von Georgia Tech ersonnen haben.[13]

Gesichtserkennung

Spätestens seit dem iPhone X, das als erstes Smartphone Gesichtserkennung in die Hände von Millionen Menschen gebracht hat, weiß man, dass diese funktioniert. Auch die automatischen Grenzkontrollen auf vielen Flughäfen verwenden Gesichtserkennung für den Zutritt. Fingerabdrücke und Retina werden heute ebenfalls digital mit Scanner erfasst und erkannt. Und war man bisher der Meinung, dass nur in Animationsfilmen humoristisch die Zunge, Stimme und der Popo als Erkennungsmerkmal gescannt werden, so kommen nun in der realen Welt zumindest auch der Fußabdruck und der Gang von Individuen hinzu.[14, 15]

Aus geschichtshistorischer Perspektive finde ich ein Gesichtserkennungsprojekt besonders interessant. Auf alten Fotoaufnahmen werden die Gesichter von Soldaten und Zivilisten aus dem amerikanischen Bürgerkrieg gescannt und ihrer Anonymität entzogen.[16] Nicht alle Vorschläge sind aber ernst gemeint. So titelte das amerikanische Satiremagazin *The Onion*: „Wir präsentieren voller Stolz die erste Genitalerkennungssoftware für soziale Medien!"[17]

Vorhersage

Die Zukunft kann man nicht vorhersagen, außer man macht sie selbst. Diese Witzelei wird mit KI sogar zur Realität. Ein KI-System versucht, Ladendiebe zu erkennen, bevor sie irgendetwas gestohlen haben.[18] Oder vorherzusagen, wie das nächste Bier schmecken wird, das gerade im Braukessel steckt.[19] Oder was die Kunden in einer bestimmten Stadt wohl als Nächstes bestellen werden.[20]

Oder wann Erdbeben auftreten, die eine unvorhersehbare Gefahr für Menschen darstellen – ich kann mich da gut einfühlen, wohne ich doch in Kalifornien. KI kann zudem Nachbeben vorhersagen.[21]

Humor

Vor Jahren witzelte ein österreichischer Kabarettist in einem seiner Programme, dass er dem EU-Beitritt seines Landes positiv gegenüberstehe. Immerhin fürchte er sich nicht vor den billigen finnischen Kabarettisten. 20 Jahre später müsste er sich vielleicht vor KI-Systemen zu fürchten beginnen, die nun auch Witze erzählen. Mehrere Forschungsteams nehmen sich der Herausforderung an, KI Witze erzählen zu lassen. Doch das ist nicht so einfach, wie jeder weiß, der schon mal Alexa, Siri oder Google Home um einen Witz gebeten hat – oder selbst einen Witz in launiger Runde erzählen wollte. Das Timing und die Intonation spielen eine wichtige Rolle, genauso wie die Interaktion mit und das Kennen des Publikums.[22]

In dieselbe Kerbe schlägt das Satiremagazin *Die Tagespresse*: „Künstliche Intelligenz erst der Anfang: Künstliche Faulheit soll Magistratsbeamte ersetzen".[23]

Mit Affengeschwindigkeit voran

Der ehemalige Google-China-Chef und jetzige Investor in KI, Kai-Fu Lee, analysiert in seinem Buch „AI Superpowers", welche Länder am „Wettrennen" um KI beteiligt sind und welchen Beitrag sie liefern. Während aktuell KI-Forschung in den USA vorwiegend an Universitäten und in großen Digitalunternehmen wie Google, Facebook, Apple, Microsoft oder IBM stattfindet, treibt in China der Staat gemeinsam mit den dortigen Internet-Giganten Alibaba, Baidu und Tencent die Forschung voran. In den USA werden sehr viele der Grundlagen und Werkzeuge für KI geschaffen, während es in China bereits unzählige Anwendungsentwickler gibt.

Man kann das mit anderen Sparten wie den Smartphones vergleichen. Zuerst schufen Unternehmen wie Google oder Apple die Betriebssysteme Android und iOS sowie die Entwicklungswerkzeuge, mit denen dann Millionen von App-Entwicklern Anwendungen bauten. In dieser Phase befinden wir uns bei KI. Werkzeuge und Softwarebibliotheken wie Tensorflow, Fast.ai oder Keras erlauben Hunderttausenden Entwicklern, mit KI vertraut zu werden und praktische Anwendungen zu finden. Diese Anwendungen dienen dazu, die KI-Grundlagen selbst zu verbessern und die Forschung voranzutreiben.

Wo liegt Europa in diesen Anstrengungen? Glaubt man dem Bonmot, dann wird in den USA erfunden, in China kopiert und in Europa reguliert – und verklagt.

1 David Epstein: Range. Why Generalists Triumph In A Specialized World, Riverhead Books, 2019

2 Kai-Fu Lee: AI Superpowers. China, Silicon Valley, and the New World Order, Houghton Mifflin Harcourt, 2018

3 http://reports.weforum.org/future-of-jobs-2016/chapter-1-the-future-of-jobs-and-skills/

4 Carl Benedikt Frey, Michael A. Osborne: The Future of Employment. How Susceptible Are Jobs to Computerization?, 17. September 2013, https://www.oxfordmartin.ox.ac.uk/downloads/academic/The_Future_of_Employment.pdf

5 Byron Reese: The Fourth Age. Smart Robots, Conscious Computers, and the Future of Humanity, Atria Books, 2018

6 https://www.mckinsey.com/featured-insights/future-of-work/skill-shift-automation-and-the-future-of-the-workforce

7 Max Tegmark, Leben 3.0: Mensch sein im Zeitalter Künstlicher Intelligenz, Ullstein Hardcover, 2017

8 What's the Purpose of Companies in the Age of AI? https://hbr.org/2018/08/whats-the-purpose-of-companies-in-the-age-of-ai

9 https://appliedai.de/insights/use-case-library-v1/?1

10 John Brockman: What to think about Machines that think. Today's Leading Thinkers on the Age of Machine Intelligence, Harper Perennial, 2016

11 3 Ways Artificial Intelligence Is Changing Construction, https://www.unitedrentals.com/project-uptime/data/3-ways-artificial-intelligence-changing-construction#/

12 Promethean AI uses artificial intelligence to help artists fill out game worlds, https://venturebeat.com/2018/07/18/promethean-ai-uses-artificial-intelligence-to-help-artists-fill-out-game-worlds/

13 This AI mashes up existing games to create new ones, https://thenextweb.com/artificial-intelligence/2018/09/10/this-ai-mashes-up-existing-games-to-create-new-ones/

14 Researchers train AI to identify people from their footsteps, https://venturebeat.com/2018/09/25/2397960/

15 Creepy AI Tech From China Can Identify You 50 Meters Away With Your Back Turned, Face Covered, https://nextshark.com/chinese-ai-gait-recognition-technology/

16 Facial Recognition Software Is Helping Identify Unknown Figures in Civil War Photographs, https://www.smithsonianmag.com/smart-news/facial-recognition-software-helping-identify-unknown-figures-civil-war-photographs-180970863/

17 News Onion Social CEO: „We're Proud To Announce The First Genital Recognition Software", https://www.theonion.com/onion-social-ceo-we-re-proud-to-announce-the-first-ge-1826907537

[18] These Cameras Can Spot Shoplifters Even Before They Steal, https://www.bloombergquint.com/technology/the-ai-cameras-that-can-spot-shoplifters-even-before-they-steal#gs.1nh8vc

[19] Brewers are using AI to predict how your next beer will taste, https://www.cnet.com/news/brewers-are-using-ai-to-predict-how-your-next-beer-will-taste/#ftag=CAD590a51e

[20] The Predictive Power Of AI, https://www.forbes.com/sites/adigaskell/2018/06/04/the-predictive-power-of-ai/#7878335c6840

[21] Artificial Intelligence Nails Predictions of Earthquake Aftershocks, https://www.scientificamerican.com/article/artificial-intelligence-nails-predictions-of-earthquake-aftershocks/

[22] Joke-Telling Robots Are the Final Frontier of Artificial Intelligence, https://www.vice.com/en_us/article/z43nke/joke-telling-robots-are-the-final-frontier-of-artificial-intelligence

[23] Künstliche Intelligenz erst der Anfang: Künstliche Faulheit soll Magistratsbeamte ersetzen, https://dietagespresse.com/kuenstliche-faulheit-soll-magistratsbeamte-ersetzen/

KAPITEL 13

Was könnte Gutes geschehen?

*„Auf die Frage, was Menschen von Tieren unterscheidet,
antwortete ein Fünfjähriger:
‚Tiere haben keinen Geburtstag,
man muss ihnen einen geben!'"*

Wie auch immer wir zu KI stehen, eines ist sicher: Künstliche Intelligenz ist ein epochales wissenschaftliches, technologisches und soziales – und somit zutiefst menschliches – Ereignis. Wenn wir das hinbekommen, dann haben wir einen neuen Geist erschaffen, der Seite an Seite mit uns existiert.[1] Und wir sollten dieses Ereignis, das sich gerade vor unseren Augen abspielt, sowohl in Expertenkreisen als auch in der Öffentlichkeit diskutieren. Es werden unterschiedliche Fragen aufkommen, und es macht Sinn, über künstliche Intelligenz mehr zu lernen – und damit unweigerlich auch über uns selbst.

Wir sollten aber nicht in den über Millionen von Jahren evolutionär verfeinerten Instinkt zurückfallen, der ausschließlich die Gefahren und Risiken sieht. Menschen stehen heute auf der bislang höchsten jemals erreichten Entwicklungsstufe, weil sie entdeckt, geforscht, entwickelt haben – und genau das hat diesen neuen Geist geschaffen. Und wie der überwiegende Teil der Technologien, die menschliche Schaffenskraft und Kreativität hervorgebracht haben, hat auch KI das Potenzial vieler positiver Auswirkungen. Anstatt den Fokus messerscharf auf die Gefahren und Risiken zu werfen – wozu wir üblicherweise neigen –, möchte ich die Gegenposition einnehmen und fragen:

Was könnte denn Gutes geschehen?

Erinnerst du dich an Koko, das Gorillaweibchen, von dem wir ganz am Anfang des Buches hörten? Sie lernte von Menschen wie Francine

Patterson neue Konzepte und Ideen und einen Weg, mit uns zu kommunizieren und sich verständlich zu machen. Damit führte sie ein Leben, das ganz anders war, als sie es im Zoo oder der freien Wildnis gehabt hätte. Auch wenn wir nur einen beschränkten Einblick in ihre Gedankenwelt bekamen, so können wir doch sagen, dass sie eine andere Welt kennengelernt hat, als andere Gorillas das je konnten. Sie lernte unsere Welt kennen.

Könnten wir tauschen mit Koko und ihren Platz einnehmen und eine KI den von Francine Patterson, welche Einblicke könnten wir erhalten? Dank unserer Fähigkeit, Ideen und Meta-Ideen zu verstehen, könnten wir die nächste Stufe an Intelligenz rascher erreichen, als dies ohne KI möglich wäre.

Auf mehr intelligente Ressourcen zugreifen zu können, ist immer eine gute Sache. Wir können damit mehr und komplexere Probleme rascher lösen. Und Probleme gibt es eine ganze Menge. Von Umweltverschmutzung, Überbevölkerung, militärischen Konflikten, Artensterben, Armut, Krankheiten, Drogensucht, Handelskrieg, Verkehrskollaps bis hin zur Art und Weise, wie wir miteinander umgehen, finden sich immer komplexer werdende Herausforderungen, die durch den Einsatz von immer mehr Intelligenz gelöst werden können. Jede Form von Intelligenz, die wir darauf ansetzen können, kann nur zu unserem Vorteil sein.

KI dient somit zwei grundlegenden Zwecken: Sie nimmt uns unter ihre Fittiche und macht jeden von uns klüger, und sie ergänzt unsere Intelligenz mit der ihren. Damit werden Menschen im Intelligenzraum ihren bisherigen Platz erweitern, zugleich aber auch vom bislang unberührten Intelligenzraum profitieren, den die von uns geschaffene KI besetzen kann. Diese KI wird uns nicht nur auf neue Ideen bringen, sondern auch auf sogenannte „Meta-Ideen". Für Wirtschaftsnobelpreisträger Paul Romer ist das diejenige Kategorie von Ideen, die uns hilft zu verstehen, wie man besser zu neuen Ideen kommt und diese besser verbreitet und umsetzt.[2] KI produziert nicht nur neue Ideen, sondern ist auch das Werkzeug, das uns hilft, neue Ideen zu finden. Wer solch eine KI schaffen kann, wird von Innovation nicht nur mehr profitieren, sondern diese auch rascher umsetzen können. Das vermutlich interessanteste Designproblem heute ist, wie eine solche KI noch klügere KI designen kann.

Auch wenn es uns nach wie vor unvorstellbar erscheint, der Fortschritt schreitet rascher voran, als wir wahrhaben wollen. Mein Urgroßvater wurde 1900 in der K.-u.-k.-Monarchie geboren. Damals gab es einen Kaiser, Pferdekutschen waren das Haupttransportmittel, fließendes Wasser in einer Wohnung war eine Rarität, DNA war unbekannt und dass Menschen fliegen können, war unvorstellbar. Als er 2001 starb, gab es schon lange keinen Kaiser mehr, Autos waren die Haupttransportmittel, fließendes Wasser eine Selbstverständlichkeit, schon Schulkinder schnipselten an DNA herum, das Fliegen war alltäglich geworden und der Mensch war sogar auf dem Mond gelandet.

Welche Vorstellungen und Meinungen auch immer Menschen um 1900 über das Fliegen hatten in Bezug auf die Durchführbarkeit oder den Sinn des Fliegens, das alles zählte nichts, sobald die Menschen fliegen konnten. Genauso sind viele Diskussionen zu KI, die wir heute führen, unnötiger Verbrauch von Luft zum Reden.

Um 1900 war der überwiegende Teil der Menschen damit beschäftigt, ausreichend Geld für das Lebensnotwendigste zu verdienen. Mehr als 100 Jahre später verbringt der überwiegende Teil der Menschheit nur noch einen Bruchteil der Zeit damit. Den Rest der Zeit können wir für Nicht-Lebensnotwendiges aufwenden. Zum Beispiel, um darüber zu sinnieren, wie furchtbar und gefährlich Technologie ist. Diesen Luxus erlaubt uns Technologie.

In wenigen Jahren wird KI viele Aufgaben von Menschen übernommen haben. Die Frage ist nicht, ob, sondern wann. Sie wird ihren Job besser und rascher erledigen, als wir das je konnten. Sie wird besser Krankheiten diagnostizieren und heilen können. Sie wird besser Auto fahren und damit Menschleben schonen. Sie wird gerechtere Richter stellen und Wissenschaftlern bei der Forschung helfen.

Und wir sollten diese Chance nutzen und uns auf Aufgaben konzentrieren, die uns noch mehr zu Menschen machen, als wir es heute schon sind. Was uns von anderen Spezies unterscheidet, ist unsere Vorstellungskraft und die Kraft, unsere Umwelt zu gestalten. Diese Fähigkeiten gehen einher mit großer Verantwortung für zukünftige Generationen und für andere Spezies und unsere Umwelt. Menschliche Kultur drückt sich aus in unserem Wesen und durch unsere Institutionen, Infrastrukturen und Umwelt.

Ein persönlicher KI-Assistent, der uns unser ganzes Leben begleitet und unsere Entwicklung und unser Wohlbefinden überwacht, kann vielen Menschen zugutekommen, die heute ohne Elternteil, ohne Unterstützung, ohne Förderung aufwachsen müssen. In unserer heilen Welt übersehen wir gern, dass viele Menschen so eben nicht aufwachsen und nie die Chance erhalten, ihr Potenzial voll auszuschöpfen. Kinder im Sudan, die keinen Zugang zu Top-Grundschulen haben. Behinderte Personen, die keine Ausbildungs- oder Arbeitsstätte besuchen können. Alte Menschen, die nicht mehr imstande sind, Auto zu fahren oder Freunde zu besuchen, und damit ein eingeschränktes soziales Leben haben.

Das heißt nicht, dass menschlicher Kontakt darunter leiden soll und wird. Ganz im Gegenteil: KI wird ein wertvolles Werkzeug sein, soziale Kontakte pflegen zu können. Genauso, wie das schon das Auto, der Telegraf, das Smartphone oder der Computer ermöglicht haben. Wir sind – allen Unkenrufen zum Trotz – enger mit anderen Menschen vernetzt und in mehr sinnstiftendem Kontakt als je zuvor.

Koko hatte selbst nicht nur mit Menschen zu tun, sondern auch mit anderen Gorillas. Das Männchen Michael lebte mit ihr. Nicht nur das: Sie hatte auch Kontakt zu Katzen. In dem Sinne hatte sie ein breiteres Spektrum an sozialen Kontakten, als es ihr unter anderen Umständen möglich gewesen wäre.

Wir Menschen würden ebenso ein breiteres Kontaktspektrum erhalten. Neben Menschen und Tieren nun auch mit Maschinen. Diese könnten Bedürfnisse erfüllen, die wir vielleicht bisher nicht einmal wahrgenommen haben. Genauso wie die vormodernen Menschen in der gerade entstehenden Sowjetunion ihre Welt nicht verlassen hatten und dann mit einem Schlag abstraktem Denken ausgesetzt waren, sind wir KI-technisch gesehen solch „vormoderne Menschen". Ich bin schon sehr gespannt, was wir wohl lernen werden. Meine Generation ist die letzte, die ohne Internet aufwuchs, und heute will sich niemand mehr vorstellen, ohne Internet auskommen zu müssen.

Ehrlich gesagt, ich kann es nicht erwarten, was uns das KI-Zeitalter bringen wird. Vielleicht wird es aber überraschend sein. Das Apollo-Programm der Amerikaner hat nämlich nicht so sehr das Raumfahrtzeitalter eingeläutet als vielmehr das Zeitalter der Erde. Das Foto von der Erde, wie sie hinter dem Mond aufgeht und wie eine zerbrechliche Murmel aussieht, hat uns erst bewusst gemacht, wie sehr wir auf sie achtgeben müssen.

Künstliche Intelligenz wird uns etwas sehr viel Wesentlicheres und Subtileres verstehen lassen: uns selbst. Und mehr über uns selbst und unser Menschsein zu begreifen und mehr Zeit fürs Menschsein zu haben, kann nur etwas Gutes sein.

---

1 John Brockman: What to think about Machines that think. Today's Leading Thinkers on the Age of Machine Intelligence, Harper Perennial, 2016

2 Paul Romer: The Deep Structure of Economic Growth, April 2016, https://paulromer.net/economic-growth/#meta-ideas

400 Seiten
gebunden mit SU
19,99 [D] / 20,60 [A]
ISBN: 978-3-86470-354-6

Dr. Mario Herger:
Das Silicon-Valley-Mindset

Das Silicon Valley ist der Innovationsmotor schlechthin. Doch was macht diese Region zu etwas Besonderem? Dr. Mario Herger, der seit 2001 dort lebt und arbeitet, weiß: Die Innovationsmentalität aus dem Silicon Valley ist erlernbar. Anhand von Interviews und Schritt-für-Schritt-Anleitungen zeigt er, wie sie mit den eigenen Stärken kombiniert werden kann.

PLASSEN
VERLAG

512 Seiten
gebunden mit SU
24,99 [D] / 25,70 [A]
ISBN: 978-3-86470-538-0

Dr. Mario Herger:
Der letzte Führerscheinneuling ...

Feierabend. Bei Uber einen selbstfahrenden Tesla bestellt, der mich fünf Minuten später am Büro abholt, nach Hause bringt und lautlos davonfährt. Was heute noch nach Zukunft klingt, ist morgen schon Alltag. Doch was bedeutet die Kombination aus autonomem Fahren, Elektromobilität und Sharing Economy für Taxifahrer, Lkw-Fahrer, Arbeiter bei VW und BMW oder Betreiber von Parkhäusern? Wie sehen die Städte der Zukunft aus und welche Herausforderungen bringen sie mit sich?

PLASSEN
VERLAG

368 Seiten
gebunden mit SU
24,99 [D] / 25,75 [A]
ISBN: 978-3-86470-211-2

Erik Brynjolfsson / Andrew McAfee:
The Second Machine Age

Computer sind heute so intelligent, dass sie zu Leistungen fähig sind, die vor Kurzem noch undenkbar waren. Dieser Entwicklungssprung ist aber nur der Anfang. Die Autoren zeigen, was uns noch bevorsteht und was Gesellschaft und Politik tun müssen, um die Auswirkungen dieser „neuen digitalen Intelligenz" bestmöglich zu gestalten.

PLASSEN
VERLAG

432 Seiten
gebunden mit SU
29,99 [D] / 30,90 [A]
ISBN: 978-3-86470-563-2

Andrew McAfee / Erik Brynjolfsson:
Machine Platform Crowd

Digitale Maschinen sind inzwischen besser und schneller, als man es je für möglich gehalten hätte. Onlineplattformen bringen neue Marktführer hervor. Crowds finanzieren unzählige Erfolgsprojekte. Was sind die fundamentalen Prinzipien, die sich hinter dieser Innovation und Disruption verbergen? Ein Wegweiser von heute für den Weg in die Welt von morgen.

PLASSEN
VERLAG

384 Seiten
gebunden mit SU
24,99 € [D] / 25,75 [A]
ISBN: 978-3-86470-392-8

Alec Ross:
Die Wirtschaftswelt der Zukunft

Das Internet hat die Welt auf den Kopf gestellt – und in den
nächsten Jahren wird sich der Wandel noch beschleunigen. Alec
Ross war Hillary Clintons Senior-Berater für Innovation. Hier
analysiert und beschreibt er die Kräfte, die schon in naher Zukunft
die Welt erneut verändern werden.

PLASSEN
VERLAG

368 Seiten
broschiert
24,99 [D] / 25,70 [A]
ISBN: 978-3-86470-638-7

Amy Webb:
Die großen Neun

Die neun Tech-Riesen – die „großen Neun" – treiben die Entwicklung künstlicher Intelligenz mit Macht voran. KI polarisiert – ist sie Heilsbringer oder tödliche Gefahr? Die Wahrheit liegt irgendwo dazwischen. KI-Expertin Amy Webb macht sich auf die Suche nach dieser Wahrheit. Anhand dreier Szenarien zeigt sie, warum wir KI weder gigantischen Tech-Konzernen noch Weltmächten wie China überlassen dürfen. Webbs Strategien für einen Kurswechsel sind aktueller denn je und die Zeit drängt. Ihr Buch ist der Weckruf, den wir jetzt brauchen!

PLASSEN
VERLAG